孟子集註 備旨 懸吐 完譯

孟子集註 備旨(Ⅱ)

孟子集註 備旨 懸吐 完譯

孟子集註 備旨(Ⅱ)

曉明 金慶國
木仁 朴相澤
譯註

전남대학교출판부

孟子集註 備旨 懸吐 完譯

孟子集註 備旨(II)

인쇄 | 2016년 2월 20일
발행 | 2016년 2월 26일

저자 | 曉明 金慶國·木仁 朴相澤

발행인 | 지병문
발행처 | 전남대학교출판부

등록 | 1981. 5. 21. 제53호
주소 | 61186 광주광역시 북구 용봉로 77
전화 | (062) 530-0571~2, 마케팅부 530-0573
팩스 | (062) 530-0579
홈페이지 | http://www.cnup.co.kr
이메일 | cnup0571@hanmail.net

값 25,000원

ISBN 978-89-6849-189-4 (94820) 세트
ISBN 978-89-6849-296-9 (94820)

이 도서의 국립중앙도서관 출판예정도서목록(CIP)은 서지정보유통지원시스템 홈페이지(http://seoji.nl.go.kr)와 국가자료공동목록시스템(http://www.nl.go.kr/kolisnet)에서 이용하실 수 있습니다.
(CIP제어번호 : CIP2016005356)

鄒國亞聖公

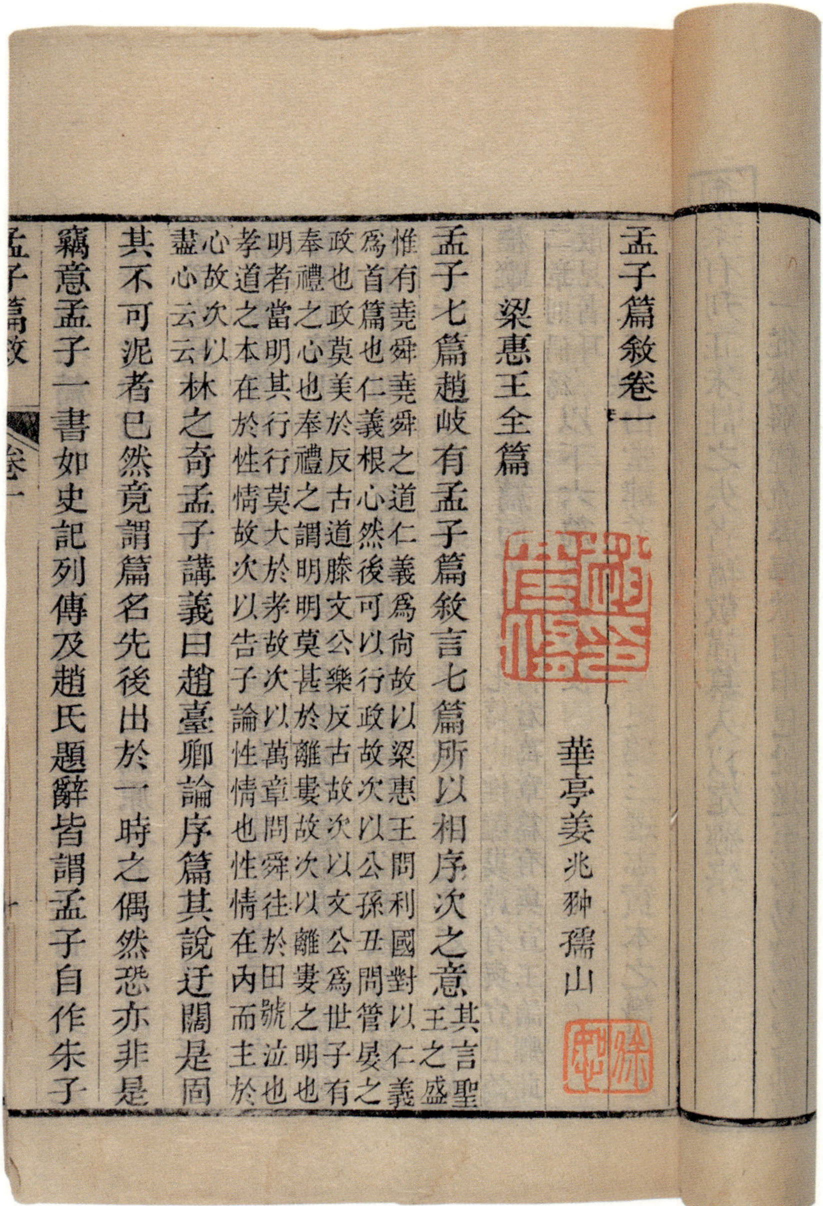

孟子篇敘卷一

華亭姜兆翀穉山

梁惠王全篇

孟子七篇趙岐有孟子篇敘言七篇所以相序次之意其言聖王之盛惟有堯舜堯舜之道仁義爲尙故以梁惠王問利國對以仁義爲首篇也仁義根心然後可以行政故次以公孫丑問管晏之政也政莫美於反古道滕文公樂反古故次以文公爲世子有奉禮之心也奉禮之謂明明莫甚於離婁故次以離婁之明也明者當明其行行莫大於孝故次以萬章問舜往於田號泣也孝道之本在於性情故次以告子論性情也性情在內而主於心故次以盡心云云林之奇孟子講義曰趙臺卿論序篇其說迂闊是固其不可泥者已然竟謂篇名先後出於一時之偶然恐亦非是竊意孟子一書如史記列傳及趙氏題辭皆謂孟子自作朱子

孟子篇敘

孟子故里(亞聖殿)

일러두기

❶ 譯註의 底本은 《新訂四書補註備旨》(鄧林 著, 鄧煜 編次, 祁文友 重校, 杜定基 增訂, 上海 天寶書局, 1915), 《經書: 大學 論語 孟子 中庸》(庚辰新刊 內閣藏板本 影印本, 成均館大 大東文化研究院, 1965), 《四書章句集註》(中華書局, 1983), 《孟子譯注》(楊伯峻 著, 中華書局) 등이다.

❷ 原文의 懸吐는 《四書諺解》(保景文化社, 1984)와 《論語(附諺解)》(學民文化社)를 기본으로 삼았고, 集註와 備旨는 譯註者가 직접 懸吐하였다.

❸ 번역은 축자식逐字式 번역을 원칙으로 하되, 필요에 따라 일부 현대식 표기법도 병행하여 일반 독자들의 이해를 높이도록 했다.

❹ 본문의 배열은 原文, 한글 譯, 註解의 순으로 했고, 독자들의 이해를 위해 어려운 한자들의 訓과 음을 표기했다.

❺ 集註의 내용만 가지고 이해하기 힘든 부분은 《孟子集註大全疏註》의 일부 내용을 인용하고 원문과 함께 실었다.

❻ 《 》는 書名에 〈 〉는 篇名에 사용하였다.

머리말

宋代의 巨儒 朱熹(1130~1200)는 중국 儒學의 집대성자이자 우리나라 性理學에 가장 큰 영향을 미친 인물이다. 朱熹가 일생동안 정리하고 연구한 儒家經傳들은 주로 五經과 四書 및 北宋의 주돈이周敦頤(1017~1073)·정호程顥(1032~1085)·정이程頤(1033~1107)·소옹邵雍(1011~1077)·장재張載(1020~1077) 등의 著作들이다.

이들 儒家經傳들에 대해 朱子는 "四子는 六經의 입문서이고, 《近思錄》은 四子의 입문서이다. 四子, 六經之階梯. 《近思錄》, 四子之階梯." (《朱子語類》 卷105)라고 했는데, 여기에서 四子는 '四書'를, 六經은 '五經'을, 《近思錄》은 朱子와 여조겸呂祖謙이 북송 諸子들의 학설을 공동으로 편찬한 성리학 해설서를 각각 의미한다. 朱子의 이 말은 곧 四書의 지위가 북송 諸子들의 저작보다 높고 五經의 지위가 四書보다 높기 때문에 배우는 자들이 마땅히 《近思錄》에서 시작하여 四子에 이르고, 다시 四子로부터 五經에 이르러야 한다는 말이다.

六經의 입문서인 '四書'는 곧 《大學》·《論語》·《中庸》·《孟子》 등을 말한다. 이 四書의 중요성에 대해서 朱子는 그의 〈書臨漳所刊四子後〉에서 다음과 같이 강조하고 있다. "河南 程氏는 사람을 가르치는데 있어서 반드시 먼저 《大學》·《論語》·《中庸》·《孟子》 등의 책에 힘을 쏟은 후에 六經을 접하도록 했다. 이는 대개 그 난이難易와 원근遠近과 대소大小의 차례가 진실로 이와 같아야 어지럽지 않기 때문이다. 河南程夫子之

教人, 必先使之用力乎《大學》·《論語》·《中庸》·《孟子》之書, 然後及乎六經. 蓋其難易, 遠近, 大小之序, 固如此而不可亂也." 이런 이유로 朱子는 二程사상을 계승하여《大學》·《論語》·《孟子》·《中庸》등에 심혈을 기울여 註解를 함으로써《四書章句集註》를 완성한 것이다.

四書를 공부하는 순서에 대해서 程子는 "《大學》은 孔氏의 遺書이며 처음 배우는 사람이 德에 들어가는 문이다. 大學, 孔氏之遺書, 而初學入德之門也."라고 했고, 朱子는 이를 계승하여 "《大學》을 처음과 끝을 완전히 관통하여 모두 의심나는 바가 없게 된 후에 가히《論語》와《孟子》에 미칠 수 있고, 또 의심나는 바가 없게 된 후에 가히《中庸》에 미칠 수가 있다. 大學首尾貫通, 都無所疑然後, 可及語孟, 又無所疑然後, 可及中庸."(大全註疏)라고 했다. 곧《大學》에서 학문의 처음과 끝을 꿰뚫어 말하였기 때문에《大學》을 먼저 읽고, 이어서《論語》와《孟子》를 읽어야만 학문의 길에 쉽게 들어갈 수 있으며, 나아가 학문의 大體가 갖추어져 나머지 공부가 저절로 된다는 말이다.

저자는 오래전부터 經書研究와 經書講讀에 종사하면서《四書集註》와《四書備旨》에 대한 註解 작업을 추진해 왔는데, 그 결과 지난 2009년에 처음으로《大學章句 備旨》를 출간하였고, 이어서《論語集註 備旨(Ⅰ)》(2010)·《論語集註 備旨(Ⅱ)》(2011)·《論語集註 備旨(Ⅲ)》(2012)·《論語集註 備旨(Ⅳ)》(2013)·《中庸章句 備旨》(2014)·《孟子集註 備旨(Ⅰ)》(2015)을 세상에 선보였으며, 이번에 다시《孟子集註 備旨(Ⅱ)》를 출간하게 되었다.

譯註의 底本으로 삼은《四書補註備旨》는 朱子의《四書集註》에 明代 등림鄧林이 章節마다 要旨를 찬술撰述하고, 등욱鄧煜이 編次하여《四書備旨》라고 명명한 다음, 다시 清代 기문우祁文友의 重校와 두정기杜定基의 補註를 거쳐 增訂하여 완성된 것이다. 書名을〈備旨〉라고 말한 것은

聖賢의 立言에 매 章마다 각각 매 章의 宗旨가 실려 있기 때문에 배우는 자들이 潛心硏究해야 한다는 의미를 담고 있다.

끝으로 본 書의 출간을 위해 그 동안 자상한 가르침을 베풀어주신 弦齋 金永雄 선생님, 본문의 험난한 한자변환 작업을 해준 李鎬俊 선생님, 원고 교정에 힘써준 李恩珍 선생님, 表紙題字를 써주신 翠亭 任春植 선생님께도 진심으로 감사의 마음을 전한다.

아울러 본 書의 출판에 도움을 준 전남대학교 당국과, 편집과 출판을 위해 노고를 다해주신 전남대학교출판부 관계자 분들께도 이 자리를 빌어 깊은 감사의 마음을 전한다.

丙申年 立春節

著者 謹識

목차

公孫丑章句(下) ······ 185

孟子集註

卷三

公孫丑章句(上)

凡九章

모두 9장이다.

[3·1]

公孫丑ㅣ問曰 夫子ㅣ當路於齊하시면 管仲晏子之功을 可復許乎잇가

공손추公孫丑가 물어 가로되 "부자夫子께서 제齊나라에서 중요한 지위에 계신다면 관중管仲과 안자晏子의 공을 다시 기대할 수 있겠습니까?"

公孫丑는 孟子弟子니 齊人也라 當路는 居要地也라 管仲은 齊大夫니 名은 夷吾니 相桓公하여 霸諸侯라 許는 猶期也라 孟子ㅣ未嘗得政에 丑ㅣ蓋設辭以問也라

공손추公孫丑는 맹자의 제자이니 제齊나라 사람이다. '당로當路'는 중요한 자리를 차지하는 것이다. 관중管仲은 제齊나라의 대부大夫이며 이름이 이오夷吾이니, 환공桓公을 도와 제후의 패자霸者가 되게 하였다. '허許'는 기약함과 같다.

맹자가 일찍이 정사政事를 얻지 못하자 공손추公孫丑가 대개 가설하여 물은 것이다.

주해

● 當路(당로) : 정권을 장악하다. '당권當權'·'당정當政'과 같다.
당唐나라 맹호연孟浩然의 〈유별왕유시留別王維詩〉에 나온다. "當路誰相假, 知音世所稀." 稀(드물 희)

● 晏(편안할 안) 覇(으뜸 패)

【備旨】

公孫丑ㅣ問曰 吾夫子ㅣ固有志用世矣러시니 設使今日得居要路하사 而秉齊國之政하시면 如當日管仲晏子之功業을 可復自期許乎잇가하니 蓋戰國之時에 崇尙覇功하여 多尊管晏이라 故로 公孫丑之言이 如此라

공손추가 물어 가로되 "우리 夫子께서 진실로 세상에 등용될 뜻이 있으시니 가령 금일 능히 중요한 지위에 처하여 제나라의 정권을 잡으신다면, 당일 관중管仲·안자晏子와 같은 공업功業을 다시 스스로 기약할 수 있겠습니까?"

대개 전국시대에 패공覇功을 숭상하여 대부분 관중과 안자를 존중하였기 때문에 공손추의 말이 이와 같은 것이다.

주해

● 用世(용세) : 세상에 쓰임을 당하다. 곧 '벼슬에 등용되다'는 뜻이다.
당唐나라 대숙륜戴叔倫의 〈기맹교시寄孟郊詩〉에 나온다. "用世空悲聞道淺, 入山偏喜識僧多."

孟子曰 子誠齊人也로다 知管仲晏子而已矣온여

맹자 가라사대 "그대는 진실로 제齊나라 사람이로다. 관중管仲과 안자晏子만 알 따름이구나!"

齊人은 但知其國에 有二子而已요 不復知有聖賢之事라

'제인齊人'은 다만 그 나라에 두 사람만 있다고 알 뿐이요, 다시 성현의 일이 있다는 것은 알지 못한 것이다.

주해

- 경원보씨慶源輔氏가 말했다. "世衰道微, 聖學不明. 人不知有學問, 則亦不復知有聖賢之事業. 雖有英才美質, 不覺溺於時俗之見聞而已. 此齊人之所以但知其國之有二子也."(大全註疏)

【備旨】

孟子ㅣ因鄙之曰 齊人之所知者는 管仲晏子也니 誠齊人也로다 亦惟知有管仲晏子而已矣온여 外此而聖賢之學術事功이 高出於管晏之上者를 皆所不知也니 非誠齊人而何오

맹자께서 인하여 그를 비루鄙陋하게 여겨 가라사대 "제나라 사람이 아는 바는 관중과 안자이니 그대는 진실로 제나라 사람이로다. 또한 오직 관중과 안자만 있다고 알 따름이요. 이들 외에도 성현의 학술과

사공事功이 관중과 안자 보다 크게 뛰어난 자가 있다는 것을 모두 알지 못하니, 진실로 제나라 사람이 아니고 어느 나라사람이리오?"

주해

● 事功(사공) : 사업事業과 공적功績.
《삼국지三國志》 卷26의 〈위서魏書·견초전牽招傳〉에 나온다. "而漁陽傅容在雁門有名績, 繼招後, 在遼東又有事功云." 雁(기러기 안) 遼(멀 료)

或이 問乎曾西曰 吾子ㅣ與子路孰賢고
曾西ㅣ蹵然曰 吾先子之所畏也니라
曰 然則吾子ㅣ與管仲孰賢고
曾西ㅣ艴然不悅曰 爾何曾比予於管仲고 管仲은 得君이 如彼其專也며 行乎國政이 如彼其久也로되 功烈이 如彼其卑也하니 爾何曾比予於是오하니라

혹자가 증서曾西에게 물어 가로되 "그대가 자로子路와 더불어 누가 더 어진가?"
증서가 불안해하며 가로되 "우리 선자先子께서 경외하는 분입니다."
가로되 "그렇다면 그대가 관중과 더불어 누가 더 어진가?"
증서가 노한 기색으로 기뻐하지 아니하고 가로되 "그대는 어찌 곧 나를 관중에게 비교하는가? 관중은 인군人君의 독임獨任을 얻은 것이 저와 같이 전임專任하였으며, 국정을 행하는 것이 저와 같이 오래되었으되 공열功烈이 저와 같이 낮았으니 그내는 어찌 곧 나를 이 사람에게 비교하는가?"

孟子ㅣ引曾西與或人問答如此라 曾西는 曾子之孫이라 蹵은 不安貌라 先子는 曾子也라 艴은 怒色也라 曾之言은 則也라 烈은 猶光也라 桓公이 獨任管仲四十餘年하니 是專且久也라 管仲이 不知王道而行霸術 故로 言功烈之卑也라

楊氏曰 孔子ㅣ言子路之才曰 千乘之國에 可使治其賦也라하시니 使其見(현)於施爲ㅣ如是而已니 其於九合諸侯하여 一匡天下는 固有所不逮也라 然則曾西ㅣ推尊子路如此 而羞比管仲者는 何哉오 譬之御者컨대 子路則範我馳驅而不獲者也요 管仲之功은 詭遇而獲禽耳라 曾西는 仲尼之徒也라 故로 不道管仲之事라

맹자께서 증서曾西와 혹인或人의 문답을 인용함이 이와 같다. '증서曾西'는 증자曾子의 손자다. '축蹵'은 불안한 모양이다. '선자先子'는 증자曾子이다. '불艴'은 성난 얼굴이다. '증曾'이란 말은 '곧'의 뜻이다. '열烈'은 빛남과 같다. 환공이 유독 관중에게 40여년의 정사를 맡기니, 이는 오로지 맡기고 또한 오래 맡긴 것이다. 관중이 왕도王道를 알지 못하고 패술霸術만을 행하였기 때문에 공열功烈이 낮다고 말한 것이다.

양씨楊氏 가로되 "공자가 자로子路의 재주에 대해 '천승千乘의 나라에 그 병사를 다스리게 할 수 있다'라고 하셨으니, 가사 그가 실행에 드러낸 것이 이와 같을 뿐이니 그가 제후들을 규합糾合하여 크게 天下를 바로잡은 것은 진실로 미치지 못할 바가 있다. 그렇다면 증서가 자로를 추존함이 이와 같으면서 관중과 비교하는 것을 부끄러워하는 것은 무엇 때문인가? 이를 말 모는 것에 비유하건대 자로는 자신의 말 모는 것을 법대로 하되 잡지 못한 것이요, 관중의 공은 예법을 속여가면서 짐승을 잡았을 뿐이다. 증서는 공자의 무리였기 때문에 관중의 일을 말하지 않은 것이다."

주해

- 所畏(소외) : 경외하는 사람. 곧 학문의 조예를 두고 한 말이다.
- 蹴然(축연) : 놀라고 불안한 모습. 蹴(삼갈 축)

《장자莊子·덕충부德充符》에 나온다. "子產蹵然改容更貌曰 '子無乃稱!'" 이에 대해 成玄英의 疏에 "蹵然, 驚慚貌也."라고 해석했다. 驚(놀랄 경) 慚(부끄러울 참)

- 功烈(공열) : 공훈功勳과 업적業績.
- 獨任(독임) : 홀로 신임을 받다. '전임專任'과 같다.

한漢나라 추양鄒陽의 〈옥중상서자명獄中上書自明〉에 나온다. "故偏聽成姦, 獨任成亂."

- 施爲(시위) : 실행. 행동.
- 詭遇(궤우) : 예법을 위배하고 수레를 몰아 짐승을 사냥하다. 詭(속일 궤)

《孟子·등문공滕文公》 하편에 나온다. "吾爲之範我馳驅, 終日不獲一. 爲之詭遇, 一朝而獲十." 이에 대해 趙岐의 注에 "橫而射之, 曰詭遇, 非禮之射, 則能獲十."라고 했고, 朱熹의 四書集注에 "詭遇, 不正而與禽遇也."라고 해석했다. 馳(말달릴 치) 驅(말몰 구)

- 孰(누구 숙) 曾(이에 증) 艴(발끈할 불)

【備旨】

獨不聞曾西與或人問答之言乎아 昔者에 或人이 問於曾西曰 吾子ㅣ自視인댄 與子路孰賢고
曾西ㅣ以其擬己太高로 蹵然不安曰 子路之才之學은 乃吾先子曾子之所敬畏者也니 豈予之所敢比乎아
或人이 又問曰 子ㅣ旣不敢比子路하니 然則吾子自視인댄 與管仲孰賢고
曾西ㅣ以其擬己太卑로 艴然怒而不悅曰 吾雖不敢比子路나 爾何曾比予於管仲고 管仲이 爲桓公所獨任하여 尊

爲仲父하니 其得君이 如彼其專也요 且執齊國之權이 四十餘年이라 其行乎國政이 如彼其久也니 其專且久하여 宜其所成就者ㅣ大矣어늘 顧乃會盟征伐하여 不過假仁假義하여 其功烈이 如彼其卑而無足觀也하니 爾何曾比予於是哉오하니라

홀로 증서曾西와 혹인或人의 문답의 말을 들어보지 못했는가? 옛날 혹인이 증서에게 물어 가로되 "그대가 스스로 보건대 자로子路와 더불어 누가 더 어진가?"

증서가 자신을 너무 높게 비교하기 때문에 놀라고 불안해 하며 가로되 "자로의 재주와 학문은 곧 우리 선자先子이신 증자曾子께서 경외하신 바이니, 어찌 내가 감히 비교하겠습니까?"

혹인이 또 물어 가로되 "그대가 이미 감히 자로에게 비교하지 못하니, 그렇다면 우리 그대가 스스로 보건대 관중과 더불어 누가 더 어진가?"

증서가 자신을 너무 낮게 비교하자 발끈 화를 내며 기뻐하지 않고 가로되 "내가 비록 감히 자로에게 비교하지 못하나 그대가 어찌 이에 나를 관중에게 비교하는가? 관중이 환공에게 홀로 신임을 얻어 중부仲父처럼 존귀하게 되었으니 그가 인군의 신임을 얻은 것이 저와 같이 전임專任하였고, 또한 제나라의 권력을 잡은 지 40여년이니 그가 국정을 행한 것이 저와 같이 오래 되었소. 그가 국정을 전임專任하고 또한 오래되어 마땅히 그가 성취한 바가 클 것인데, 다만 이에 회맹會盟과 정벌征伐만을 일삼고 仁을 빌리고 義를 빌리는데 불과하여 그 공열功烈이 저와 같이 낮고 볼 만한 것이 없거늘 그대는 어찌 곧 나를 이 사람과 비교하는가?"

주해

● 擬(헤아릴 의) 顧(다만 고)

曰 管仲은 曾西之所不爲也어늘 而子ㅣ爲我願之乎아

(맹자) 가라사대 "관중은 증서曾西도 노하며 기뻐하지 않는 자이거늘 그대는 내가 그와 같이 되기를 바라는가?"

曰은 孟子言也라 願은 望也라

'왈曰'은 맹자의 말이다. '원願'은 바라는 것이다.

주해

● 不爲(불위) : 노하며 기뻐하지 않다.
"不爲就艴然數語上見."(四書補註備旨)

【備旨】

由曾西與或人問答之言으로 觀之컨대 則管仲之功烈은 乃曾西之所不屑爲者也라 曾西與我同道니 曾西不爲則 亦我之所不爲也어늘 而子乃以復許爲我願望之乎아

"증서曾西와 혹인或人이 문답하는 말로 말미암아 살피건대 관중管仲의 공렬功烈은 증서도 달갑게 여기지 않는 바이다. 증서와 나는 道를 함께

하니 증서가 기뻐하지 않는다면 또한 나도 기뻐하지 않는 바이다. 그런데도 그대는 곧 다시 허여하여 내가 그와 같이 되기를 바라는가?"

주해

● 屑(달갑게여길 설)

曰 管仲은 以其君霸하고 晏子는 以其君顯하니 管仲晏子는 猶不足爲與잇가

가로되 "관중管仲은 그 인군人君을 패자가 되게 하였고, 안자晏子는 그 인군을 드러나게 하였으니 관중과 안자는 오히려 기뻐할 만하지 않습니까?"

顯은 顯名也라

'현顯'은 이름을 드러내는 것이다.

【備旨】

丑이 乃盛稱管晏曰 管仲之在齊也는 相桓公하고 主盟中國하여 以其君稱霸於當時요 晏子之在齊也는 相景公하고 能行古法하여 以其君顯名於天下라 管仲晏子之功이 其大如此어늘 夫子猶以爲不足爲與잇가

공손추가 이에 관중과 안자를 크게 칭송하여 가로되 "관중이 제나

라에 있으면서 환공桓公을 돕고 중국의 맹주가 되어 그 인군을 당시에 패자로 일컬어지게 하였습니다. 안자가 제나라에 있으면서 경공景公을 도와 옛 법을 행하여 그 인군을 천하에 이름이 드러나게 하였습니다. 관중과 안자의 공이 이와 같이 크거늘 부자께서는 오히려 기뻐할 만하지 못하다고 여기십니까?"

曰 以齊로 王이 由反手也니라

(맹자) 가라사대 "제나라로써 왕도王道를 행하는 것이 손바닥을 뒤집는 것과 같으니라."

反手는 言易也라

'반수反手'는 쉽다는 말이다.

주해

- '왕王'은 왕도정치를 일으키는 것이다. '유由'는 '유猶'와 통한다.
  "王是興王. 由猶通."(四書補註備旨)

【備旨】

> 孟子曰 在我當要路於齊엔 則以齊로 致王이 由反手之易也니 豈獨以霸以顯己哉아

맹자 가라사대 "내가 제나라에서 중요한 지위에 있게 되면 제나라

를 가지고 왕도정치를 일으키는 것이 마치 손바닥을 뒤집는 것처럼 쉬울 것이니, 어찌 다만 패자가 되게 하고 이름을 드러내게 할 뿐이리오?"

曰 若是則弟子之惑이 滋甚케이다 且以文王之德으로 百年而後崩하사되 猶未洽於天下어시늘 武王周公이 繼之然後에 大行하니 今言王若易然하시니 則文王은 不足法與잇가

가로되 "이와 같다면 곧 제자의 의혹이 더욱 심해집니다. 또한 문왕文王의 덕으로 백 년을 다스린 이후에 돌아가셨으나 오히려 천하를 교화시키지 못하셨거늘, 무왕武王과 주공周公이 이를 계승한 연후에 교화가 크게 행해졌습니다. 이제 왕도를 행하는 것이 이와 같이 쉽다고 말씀하시니 곧 文王도 법 삼지 못하다는 것입니까?"

滋는 益也라 文王이 九十七而崩하니 言百年은 擧成數也라 文王이 三分天下에 纔有其二러니 武王이 克商하여 乃有天下하고 周公이 相成王하여 制禮作樂然後에 敎化大行이라

'자滋'는 더함이다. 문왕文王이 97세에 돌아가셨으니 백 년이라 말한 것은 성수成數를 들어 말한 것이다. 문왕이 천하를 삼분하여 겨우 그 둘을 두었는데, 무왕武王이 상商나라를 이겨 이에 천하를 차지하였고, 주공周公이 성왕成王을 도와 예禮를 제정하고 음악을 지은 연후에 교화가 크게 행해졌다.

주해

- 法(법) : 법으로 삼다. '칙則'과 같다.
  "法, 則也. 有疑孟子過於自許意."(四書補註備旨)
- 동양허씨東陽許氏가 말했다. "武王周公繼之然後大行. 此言周公制禮作樂之後, 雖殷之頑民莫不率化趍善之時也."(大全註疏) 頑(완고할 완) 趍(추창할 추)
- 滋(불을 자) 崩(무너질 붕) 洽(윤택할 흡) 纔(겨우 재)

【備旨】

> 丑ㅣ因孟子言齊王反手하여 疑其自許太過曰 夫子以管晏爲不足爲하사 弟子旣已惑矣어늘 今又言以齊王猶反手라하시니 若是則弟子之惑이 滋甚케이다 且以文王之德으로 其及於人者盛矣요 享壽百歲而後崩하여 其德之施也久矣니 宜乎致王之易라 然이나 猶三分有二하여 其德이 只怙冒於西土而已요 未盡洽於天下어시늘 及武王周公繼之하여 一則纘緖克商하고 一則制禮作樂然後에 敎化始大行於天下而王業成焉이라 是는 文王尙不能及身而王이 如此어늘 今言反手王齊若是之易然하시니 則非惟管晏不足爲이요 卽文王之德도 亦不足法與잇가하니 此丑不能無惑也라

공손추가 맹자께서 제나라에서 왕도를 일으키는 것이 손바닥을 뒤집는 것과 같이 쉽다고 말씀하신 것으로 인하여 그 자허함이 너무 지나침을 의심하여 가로되 "부자夫子께서 관중과 안자를 기빼할 수 없다고 해서 제자가 이미 의혹스러웠는데, 이제 또 제나라에서 왕도를 일으키는 것이 마치 손바닥을 뒤집는 것처럼 쉽다고 하시니 이와 같다

면 제자의 의혹이 더욱 심해집니다.

또한 文王의 덕으로 그 남에게 교화를 미치는 것이 성하고 백세를 누린 이후에 돌아가셔서 그 덕을 베푸신 것이 오래 되었으니 의당 왕도를 일으키기가 쉬웠을 것입니다. 그러나 오히려 천하를 삼분하여 둘을 차지하고도 그 덕이 다만 서쪽 땅만 믿고 의지할 뿐이요 천하를 모두 교화시키지 못했습니다.

그러다가 무왕武王과 주공周公이 계승하여 한편으로는 곧 실마리를 이어 상나라를 이기고, 한편으로는 곧 예禮를 제정하고 음악을 지은 연후에 교화가 비로소 천하에 크게 행해져서 왕업이 이루어졌습니다. 이는 문왕도 오히려 능히 몸에 미쳐 왕도를 일으키지 못한 것이 이와 같거늘, 이제 손바닥 뒤집듯이 제나라에 왕도를 일으키는 것이 이처럼 쉽다고 말씀하시니, 그렇다면 곧 다만 관중과 안자를 기뻐하지 못할 뿐만 아니라 곧 문왕의 덕도 법 삼지 못하다는 것입니까?"

이는 공손추가 능히 의혹이 없을 수 없는 것이다.

주해

● 怙(믿을 호) 冒(무릅쓸 모) 纘(이을 찬)

曰 文王은 何可當也시리오 由湯으로 至於武丁히 賢聖之君이 六七이 作하여 天下ㅣ歸殷이 久矣니 久則難變也라 武丁이 朝諸侯有天下하되 猶運之掌也하시니 紂之去武丁이 未久也라 其故家遺俗과 流風善政이 猶有存者하며 又有微子 微仲 王子比干 箕子 膠鬲이 皆賢人

也라 相與輔相之 故로 久而後에 失之也하니 尺地도 莫非其有也며 一民도 莫非其臣也어늘 然而文王이 猶方百里起하시니 是以難也니라

가라사대 "문왕文王을 어찌 당할 수 있으리오? 탕왕湯王으로부터 무정武丁에 이르기까지 현인과 성인같은 인군人君이 6, 7명 정도 출현하여 천하가 은나라에 귀복歸服한지가 오래 되었으니 오래되면 변하기가 어려운 법이다.
무정이 제후들의 조회를 받아 천하를 소유하되 마치 손바닥 위에 놀리는 것과 같이 하였다. 주왕紂王이 무정으로부터 떨어진지 오래되지 않아서 그 공훈세가功勳世家와 유속遺俗과 유풍流風과 선정善政이 여전히 남아 있었으며, 또한 미자微子와 미중微仲과 왕자인 비간比干과 기자箕子와 교격膠鬲이 모두 현인으로 서로 더불어 주왕紂王을 보필하였기 때문에 오랜 시간이 지난 후에야 천하를 잃은 것이다. 한 척의 땅도 그의 소유 아님이 없었으며 백성 한 명도 그의 신하 아님이 없었거늘, 문왕이 방 백리의 땅으로 흥기하시니 이 때문에 어려웠다."

當은 猶敵也라 商自成湯으로 至於武丁히 中間에 太甲 太戊 祖乙 盤庚은 皆賢聖之君이라 作은 起也라 自武丁至紂히 凡七世라 故家는 舊臣之家也라

'당當'은 대적함과 같다. 상商나라 성탕成湯으로부터 무정武丁에 이르기까지 중간에 태갑太甲·태무太戊·조을祖乙·반경盤庚은 모두 현인과 성인 같은 인군이었다. '작作'은 일어남이다. 무정으로부터 주왕紂王에 이르기까지 모두 7세이다. '고가故家'는 구신舊臣의 집안이다.

주해

- 難變(난변) : 변하기 어렵다. 곧 상商나라를 버리고 다른 사람을 섬기는 것이 어렵다는 말이다. "難變言難舍商而事別人."(四書補註備旨)
- 箕(키 기) 膠(아교 교) 鬲(막을 격)

【備旨】

孟子曰 文王之德至盛하니 何可當也리오 但其所以難王者는 夫亦所遇之難耳라 商業이 始於成湯하여 由湯而太甲太戊祖乙盤庚以至於武丁히 賢聖之君이 凡六七作하니 其累世德澤이 深入人心하여 天下歸殷이 久矣니 久則思慕之情이 深하여 其心難變而之他也라 故로 當武丁之時하여 國運雖衰나 王業未改하니 一加振作하고 赫然中興하여 遂能朝諸侯有天下하되 猶運之掌也하시니 紂之去武丁之世ㅣ 尙未久也라 其在下則舊臣之故家와 前民之遺俗이요 其在上則昭代之流風과 本朝之善政이 猶有存而未廢者하며 且貴戚之卿에 又有微子焉微仲焉王子比干焉箕子焉하며 異性之卿則有膠鬲焉하니 此五人者는 皆有德之賢人也라 相與同心匡救하여 以輔相之故로 紂雖無道나 國不遽亡하여 必待日久而後失之也하니 是文王所遇之難이 如此요 況當紂之時하여 依然一統之天下하여 尺地도 莫非商之有也며 一民도 莫非商之臣也어늘 然而文王이 僅守侯邦하여 猶方百里起焉하시니 是文王所處之難이 又如此라

是以로 終不能成一統之大業而致王이 若斯之難也니 孰謂文王爲不足法乎아

맹자 가라사대 “文王의 덕이 지극히 성하니 어찌 가히 당하리오? 다만 그가 왕도를 일으키기 어려웠던 것은 또한 만난 때가 어려웠기 때문이다.

상商나라의 기업基業이 성탕成湯에서 시작되어 탕왕湯王으로 말미암아 태갑太甲·태무太戊·조을祖乙·반경盤庚·무정武丁에 이르기까지 현인과 성인 같은 인군이 모두 6, 7명이 나왔으니, 그 여러 세대에 걸친 덕택德이 인심에 깊이 스며들어 천하가 은나라에 귀복歸服한지가 오래되었다. 오래되면 사모하는 정이 깊어서 그 마음이 변하여 다른 사람에게 가는 것이 어렵다. 그러므로 무정의 때를 당하여 국운이 비록 쇠퇴하였으나 왕업이 바뀌지 않았으니 한번 진작振作하여 혁연赫然히 다시 일어나 마침내 제후들의 조회를 받아 천하를 소유하되 마치 손바닥 위에 놀리는 것과 같이 하였다.

주왕紂王의 무정의 시대와 떨어진지 오래되지 않아 그 아래에 있는 것은 곧 구신舊臣의 고가故家와 전민前民의 유속遺俗이며, 그 위에 있는 것은 곧 소대昭代의 유풍流風과 본조本朝의 선정善政이 여전히 남아 없어지지 않은 것이 있으며, 또한 귀척貴戚의 벼슬아치로 미자微子와 미중微仲과 왕자 비간比干과 기자箕子가 있으며, 이성異姓의 벼슬아치로 교격膠鬲이 있었으니 이 다섯 사람은 모두 덕이 있는 현인이다. 이들이 서로 더불어 한마음으로 널리 구하여 주왕紂王을 보필했기 때문에 주왕이 비록 무도하였으나 나라가 갑자기 망하지 않고 반드시 오랜 시간을 기다린 후에 천하를 잃은 것이니 문왕이 처한 바의 어려움이 이와 같았다. 하물며 주왕의 시대에 의연히 천하를 통일하여 한 척의 땅도 상商나라의 소유가 아닌 것이 없으며, 백성 한 명도 상나라의 신하가 아님이 없었거늘, 문왕이 삼가 나라를 지켜 여전히 방 백 리의 땅으로 왕도를 일으켰으니 문왕이 처한 바의 어려움이 또한 이와 같았다. 이 때문에 끝내 능히 통일의 대업을 이루지 못하였고 왕업을 이루는데 이와 같은 어려움이 있었으니, 누가 문왕을 법 삼지 못하다고 이르리오?"

주해

- 昭代(소대) : 정치가 청명清明한 시대. 주로 본조本朝나 당금의 시대를 칭송하는 말로 쓰인다.
  唐나라 최도崔塗의 《문복問卜》 시에 나온다. "不擬逢昭代, 悠悠過此生." 擬(헤아릴 의)
- 貴戚(귀척) : 제왕帝王의 친척.
  《예기禮記·월령月令》 편에 나온다. "(仲冬之月)雖有貴戚近習, 毋有不禁." 이에 대해 鄭玄의 注에 "貴戚, 謂姑姊妹之屬."이라 했다.
- 匡(바로잡을 광) 孰(누구 숙)

齊人이 有言曰 雖有智慧나 不如乘勢며 雖有鎡基나 不如待時라하니 今時則易然也니라

"제齊나라 사람이 말하여 가로되 '비록 지혜가 있다고 하나 형세를 타는 것만 같지 못하며, 비록 자기鎡基를 가지고 있다 하나 농사철을 기다리는 것만 같지 못하다' 라고 하니, 지금의 때는 그렇게 하기가 쉬우니라."

鎡基는 田器也라 時는 謂耕種之時라

'자기鎡基'는 농기구이다. '시時'는 밭 갈고 씨 뿌리는 때를 말한다.

주해

- 鎡基(자기) : 농기구. 鎡(호미 자)
  "鎡基耒耜之屬."(四書補註備旨) 耒(쟁기 뢰) 耜(보습 사)

【備旨】

夫觀文王之事則致王이 誠係乎時勢也라 齊人이 嘗有言曰 人之作事也에 雖有智慧之巧나 不如乘其可爲之勢니 不得其勢則智慧將安施乎며 人之治田也에 雖有鎡基之備나 不如待其可耕之時니 不得其時則鎡基將安用乎아하니 吾謂以齊로 王이 猶反手者는 亦以今時之時勢則易然也니 豈若文王所遭時勢之難哉아

무릇 문왕의 일을 살펴보면 곧 왕업을 이루는 일이 진실로 시세時勢와 관계가 된다. 제나라 사람이 일찍이 말하여 가로되 '사람이 일을 하는데 비록 지혜의 공교함이 있으나 그 행할 수 있는 형세를 타는 것만 같지 못하니 그 형세를 얻지 못하면 곧 지혜를 장차 어디에 쓸 것이며, 사람이 농사를 짓는데 비록 농기구를 갖추었으나 경작할 수 있는 때를 기다리는 것만 같지 못하니 그 때를 얻지 못하면 곧 농기구를 장차 어디에 쓰겠는가?'라고 하였다.

내가 '제나라로써 왕도王道를 행하는 것이 손바닥을 뒤집는 것과 같다'라고 말한 것은 또한 지금의 시세時勢로 보면 그렇게 하기가 쉬운 것이니, 어찌 문왕이 만난 시세時勢의 어려움과 같으리오?

夏后殷周之盛에 地未有過千里者也하니 而齊ㅣ有其地矣며 雞鳴狗吠ㅣ相聞而達乎四境하니 而齊ㅣ有其民矣니 地不改辟矣며 民不改聚矣라도 行仁政而王이면 莫之能禦也리라

하후夏后와 은殷과 주周가 성할 때에도 땅이 천리를 넘는 자가 있지 아니하였으니 제나라가 천리의 땅을 소유하였으며, 닭이 울고 개가 짖는 소리가 서로 들려 사방 국경에까지 이르렀으니 제나라가 천리 안의 백성을 소유하였다.
제나라가 땅을 더 개척하지 않고 백성을 다시 더 모으지 않더라도 인정仁政을 행하여 왕도를 일으킨다면 능히 막을 자가 없을 것이다.

此는 言其勢之易也라 三代盛時에 王畿不過千里어늘 今齊已有之하니 異於文王之百里요 又雞犬之聲相聞하여 自國都로 以至於四境하니 言民居稠密也라

이는 그 형세가 쉬운 것을 말한 것이다. 삼대三代가 성할 때에도 왕기王畿가 천리를 넘지 않았거늘 지금 제나라가 이미 천리의 땅을 소유하였으니 문왕이 소유한 백리와 다른 것이요, 또한 닭과 개의 울음소리가 서로 들려 국도國都로부터 사방 국경에 이르니 거주하는 백성들이 조밀稠密함을 말한 것이다.

주해

- 王畿(왕기) : 天子의 도성都城 부근의 땅. 畿(경기 기)
  《주례周禮·하관夏官·직방씨職方氏》에 나온다. "乃辨九服之邦國, 方千里曰王畿."
  쌍봉요씨雙峯饒氏가 말했다. "勢是指事力而言. 有地則有財, 有民則有兵, 地廣則財富, 民衆則兵强. 旣富且强所以擧事易. 文王百里地狹民少所以難."(大全註疏)
- 吠(짖을 폐) 辟(열 벽) 禦(막을 어) 稠(빽빽할 조)

【備旨】

何以見勢之易於王也오 彼夏后殷周之盛에 王畿之地ㅣ未有過千里者也로되 而齊則已有千里之地矣니 豈但文王百里之地已哉아 鷄鳴狗吠之聲이 彼此相聞하여 自國都而達乎郊外之四境하여 而齊則已有旣庶之民矣니 豈如文王百里之民已哉아 有其地則地已辟而不待改辟矣요 有其民則民已聚而不待改聚矣니 乘此勢以行仁政而王天下면 自莫之能禦也리니 夫何難於王哉리오

어찌 시세時勢가 왕도를 일으키는데 쉽다는 것을 알 수 있으리오? 저 하후夏后와 은殷과 주周가 성할 때에 왕기王畿의 땅이 천리를 넘은 자가 있지 않았으되, 제나라는 이미 천리의 땅을 소유하였으니 어찌 다만 文王의 백리 땅에 그치리오?

닭 울고 개 짖는 소리가 서로 들려 국도國都로부터 교외의 사방 국경에 이르러 제나라는 이미 많은 백성을 소유하였으니 어찌 文王처럼 백리의 백성에 그치리오?

그 천리되는 땅을 소유하면 땅이 이미 개척되어 다시 개척할 필요가 없으며, 그 천리의 백성을 소유하면 백성이 이미 모여서 다시 모을 필요가 없으니, 이러한 형세를 타서 인정仁政을 행하고 천하에 왕도를 일으키면 저절로 막을 수가 없을 것이니 무릇 어찌 왕도를 일으키는데 어려움이 있으리오?

且王者之不作이 未有疏於此時者也하며 民之憔悴於虐政이 未有甚於此時者也하니 飢者에 易爲食이며 渴者에 易爲飮이니라

또한 왕도王道를 일으킨 자가 나오지 않음이 이 때 보다 소원한 적이 없으며, 백성들이 학정虐政에 초췌憔悴함이 이 때 보다 심한 적이 없으니, 굶주린 자는 먹는 것을 쉽게 구하고 목마른 자는 음료를 쉽게 구하는 법이다.

此는 言其時之易也라 自文武至此ㅣ七百餘年이니 異於商之賢聖繼作이요 民苦虐政之甚이 異於紂之猶有善政이라 易爲飮食은 言飢渴之甚에 不待甘美也라

이는 그 당시가 쉬운 것을 말한 것이다. 문왕文王과 무왕武王으로부터 당시에 이르기까지 칠 백여 년이니 상商나라가 어질고 성스러운 인군人君이 이어서 출현한 것과 다른 것이요, 백성들이 학정虐政에 심하게 고통 받은 것이 주왕紂王 때에도 여전히 선정善政이 있었던 것과는 다른 것이다. 먹는 것과 음료를 쉽게 구한다는 것은 기갈飢渴이 심하여 감미로운 맛을 기다리지 않음을 말한 것이다.

주해

- 易爲食, 易爲飮 : 굶주린 자는 먹는 것을 쉽게 구하고, 목마른 자는 음료를 쉽게 구한다.
  "易爲飮食, 喩不待深仁厚澤如文王意."(四書補註備旨)
- 憔(수척할 초) 悴(파리할 췌) 虐(잔인할 학)

【備旨】

何以見時之易於王也오 且以文武至今七百餘年이니 王者之君不作이 未有踈於此戰國之時者也하니 豈若商之賢聖繼作乎아 自列國分爭으로 無時休息하여 民之憔悴於暴虐之政이 未有甚於此戰國時者也하니 豈若商之猶有善政乎아 乘此之時而行仁政이면 則民心易悅이 猶飢者에 不待其食之甘而易爲食也며 猶渴者에 不待其飮之美而易爲飮也니 又何難於王哉리오

어찌 당시가 왕도王道를 일으키는데 쉽다는 것을 알 수 있으리오? 또한 문왕과 무왕으로부터 지금에 이르기까지 칠 백여 년이니, 왕도를 일으킨 자가 나오지 않음이 이 전국시대 보다 소원한 적이 없으니 어찌 商나라의 어질고 성스러운 人君들이 이어서 출현한 것과 같으리오?

열국의 분쟁으로부터 휴식할 시간이 없어 백성들이 포학한 정치에 초췌함이 이 전국시대 보다 심한 적이 없으니, 어찌 商나라에 여전히 선정善政이 있는 것과 같으리오?

이때를 틈타 인정仁政을 행하면 민심이 쉽게 기뻐하여 마치 굶주린 자가 달콤한 음식을 기다리지 않고 먹는 것을 쉽게 구하는 것과 같으며, 마치 목마른 자가 좋은 음료를 기다리지 않고 마시는 것을 쉽게 구하는 것과 같으니, 또한 왕도를 일으키는데 무슨 어려움이 있으리오?

孔子曰 德之流行이 速於置郵而傳命이라하시니

공자 가라사대 "덕의 유행流行은 치우置郵로 명을 전달하는 것 보다 빠르니라."

置는 驛也요 郵는 馹也니 所以傳命也라
孟子ㅣ引孔子之言이 如此라

'치置'는 역驛이요, '우郵'는 역마이니 명을 전달하는 것이다.
맹자가 공자의 말씀을 인용함이 이와 같다.

주해

● 置郵(치우) : 거마車馬로 문서나 소식을 전달하다. 또는 문서나 소식을 전달하는 역말과 역참. 置(역말 치) 郵(역참 우)
초순焦循(1763~1820)의 《孟子正義》에 "置、郵、傳三字, 同爲傳遞之稱. 以其車馬傳遞謂之置郵, 謂之驛. 其傳遞行書之舍, 亦卽謂之置郵, 謂之驛."이라 했다.
"馬遞曰置. 步遞曰郵. 傳命, 傳王者之命."(四書補註備旨)
● 驛(역참 역) 馹(역말 일)

【備旨】

夫時勢固易於行仁政이요 而仁政之行이 本自速者를 孔子有言曰 德化之流行也는 心相感通하여 其機不疾而速하고 不行而至하여 殆速於置郵而傳命焉이라하시니 德行之速이 如此온 而況有時勢之可乘乎아

무릇 시세時勢가 본디 仁을 행하는 것 보다 쉬우며 인정仁政을 행하는 것이 본래 스스로 빠르다는 것을 孔子께서 말씀하시기를 덕화德化의 유행은 마음이 서로 감통感通하여 그 기미機微를 신속하게 하지 않아도 빠르고 행하지 않아도 이르게 되어 거의 역마로 명을 전달하는 것 보다 빠르다'라고 하시니, 德化의 유행이 이와 같이 빠르거늘 하물며 시세를 탈 수 있음에랴!

當今之時하여 萬乘之國이 行仁政이면 民之悅之ㅣ猶解倒懸也리니 故로 事半古之人이요 功必倍之는 惟此時ㅣ爲然하니라

지금의 때를 당하여 만승萬乘의 나라가 인정仁政을 행하면 백성들의 기뻐함이 마치 거꾸로 매단 사람을 풀어준 것과 같을 것이다. 그러므로 일은 옛 사람에 절반이요, 공은 반드시 배가 되는 것은 오직 이 때가 그러한 것이다.

倒懸는 喻困苦也라 所施之事ㅣ半於古人 而功倍於古人은 由時勢易而德行速也라

'도현倒懸'는 곤고困苦함를 비유한 것이다. 베푼 일이 옛 사람보다 절반에 지나지 않으나 공은 옛 사람보다 배가 되는 것은 시세時勢가 쉽고 덕화德化의 流行이 빠르기 때문이다.

주해

● 倒懸(도현) : 사람의 두 발을 묶어 거꾸로 매달다. 곧 사람이 곤경에 처한

경우를 말한다. 懸(매달 현)

《삼국지三國志》 卷54의 〈오서吳書·여몽전呂蒙傳〉에 나온다. "彼方首尾倒懸, 救死不給, 豈有餘力復營此哉?"

- 事半古之人 : 일이 옛 사람의 절반이다. '사事'는 仁政을 행하는 일이다. '고인古人'은 文王을 말한다.

"事是行仁之事. 古人指文王. 半謂不必百年繼世."(四書補註備旨)

【備旨】

> 若以當今易爲飮食之時하여 而兼齊千里萬乘之國이면 則旣有其時하고 又有其勢하니 於此而行仁政之德이면 則民之悅之ㅣ猶解倒顚之苦也리라 故로 所施之事는 雖半於古人하여 不必百年而繼世나 而致王之功은 必倍於古人하여 不止三分而有二요 惟在此時爲能然하니 由其時勢旣易하고 德行自速이라 是以로 用力少而成功多也니 齊王反手ㅣ豈虛語哉아 而子ㅣ乃以管晏爲我願乎아

만약 지금처럼 먹고 마시는 것을 쉽게 할 수 있는 때를 당하여 제나라의 천리 땅과 만승의 나라를 겸한다면 곧 이미 그 때를 소유하고 또 그 형세를 소유한 것이니, 이에 인정仁政의 덕을 행한다면 백성들의 기뻐함이 마치 거꾸로 매달려 있는 고통을 풀어준 것과 같을 것이다. 그러므로 베푼 일이 비록 옛 사람보다 절반으로 반드시 백 년동안 세대를 잇지 않더라도 왕도를 일으킨 공은 반드시 고인의 배가 되어 천하의 삼분지 이를 소유하는데 그치지 않을 것이요, 오직 이 때가 능히 그러한 것이니 그 시세時勢가 이미 쉽고 덕화德化의 유행이 저절로 빠르기 때문이다. 이 때문에 힘은 적게 쓰나 공은 크게 이루는 것이니, 제나라에서 왕도를 일으키는 것이 손바닥을 뒤집는 것과 같다고 한

말이 어찌 빈말이겠는가? 그대는 이에 관중과 안자처럼 내가 되기를 원하는가?

[3·2]

公孫丑ㅣ問曰 夫子ㅣ加齊之卿相하사 得行道焉하시면 雖由此霸王이라도 不異矣리니 如此則動心가 否乎잇가

孟子曰 否라 我는 四十이라 不動心호라

공손추가 물어 가로되 "부자夫子께서 제나라의 경상卿相에 오르시어 도를 행할 수 있다면 비록 이로 말미암아 패업霸業와 왕업王業을 이룬다고 하여도 괴이할 것이 없을 것이니 이와 같다면 마음이 동요되겠습니까?"

맹자 가라사대 "아니다. 나는 사십 세에 마음이 동요되지 않았노라."

此은 承上章하여 又設問孟子ㅣ若得位而行道하시면 則雖由此而成霸王之業이라도 亦不足怪어니와 任大責重이 如此면 亦有所恐懼疑惑而動其心乎아하니라 四十은 彊仕니 君子道明德立之時라 孔子四十而不惑도 亦不動心之謂니라

이는 앞 장을 이어 또 가설하여 "맹자께서 만약 지위를 얻어 도를 행할 수 있다면 비록 이로 말미암아 패왕霸王의 업을 이룬다고 할지라도 또한 괴이할 것이 없거니와, 임무가 크고 책임이 무거움이 이와 같으면 또한 두렵고 의혹된 바가 있어 그 마음이 동요되겠습니까?"라고

묻은 것이다.

사십 세에 벼슬을 하니 군자가 도를 밝히고 덕을 세우는 때이다. 공자가 사십 세에 의혹됨이 없다고 하였으니, 또한 마음이 동요되지 않음을 말한 것이다.

주해

- 動心(동심) : 마음이 동요하다. 마음에 의구심이 생기다.
  "動心指心中擔當不起有所疑懼."(四書補註備旨) 懼(두려워할 구)
- 彊仕(강사) : 벼슬을 하기 시작하는 사십 세를 말한다. '强仕'와 같다. 彊(굳셀 강)
  《예기禮記·곡례상曲禮上》에 나온다. "人生十年曰幼學. 二十曰弱冠. 三十曰壯有室. 四十曰强而仕. 五十曰艾服官政. 六十曰耆指使. 七十曰老而傳."

【備旨】

> 公孫丑ㅣ問曰 設若夫子ㅣ一旦加以齊國之卿相하사 而得以行其所學之道焉하시면 雖由此卿相之位而致主於霸王之業이라도 固夫子之能事니 亦不足怪異矣어니와 但任大責重이 如此면 亦有所恐懼疑惑而動其心이 否乎잇가 孟子曰 謂我當大任而動心者는 否也라 我는 當四十之時에 此心已無所疑懼 而不動矣온 而況於今日乎아

공손추가 물어 가로되 "만약 부자께서 하루아침에 제나라의 경상卿相에 올라 그 배운 바의 도를 행하실 수 있다면, 비록 이 경상卿相의 지위로 말미암아 인군人君이 패업과 왕업을 이루게 할지라도 진실로 夫子의 능력이니 또한 괴이할 것이 없습니다. 다만 이와 같이 임무가 크고 책임이 막중하다면 또한 두렵고 의혹된 바가 있어 그 마음이 동요되

겠습니까?"

맹자 가라사대 "나를 두고 대임大任을 맡아 마음이 동요된다고 말하는 것은 잘못이다. 나는 사십 세가 되어 이 마음에 이미 의구疑懼한 바가 없어 동요됨이 없거늘 하물며 지금 나이에 있어서랴!"

曰 若是則夫子ㅣ過孟賁이 遠矣사소이다
曰 是ㅣ不難하니 告子도 先我不動心하니라

가로되 "이와 같다면 부자夫子께서 맹분孟賁을 지나침이 심원하십니다."
가라사대 "이는 어려운 일이 아니니 고자告子도 나보다 먼저 마음을 움직이지 않았느니라."

孟賁은 勇士라 告子의 名은 不害라 孟賁血氣之勇을 丑蓋借之하여 以贊孟子不動心之難이라
孟子言告子未爲知道로되 乃能先我不動心하니 則此亦未足爲難也라

'맹분孟賁'은 용사이다. 고자告子의 이름은 불해不害이다. 맹분의 혈기의 용맹을 공손추가 대개 이를 빌어 맹자의 부동심不動心의 어려움을 찬미한 것이다.

맹자께서 고자告子가 道를 알지 못하되 이에 능히 나보다 먼저 부동심不動心을 하니 이는 또한 어렵지 않다고 말한 것이다.

주해

- 孟賁(맹분) : 전국시대 제齊나라의 용사. 힘이 강하여 산채로 소뿔을 뽑았다고 전한다. 賁(들깨 분)
  신안진씨新安陳氏가 말했다. "告子强制其心而能不動. 孟子有定見有定力而自然心不動. 此處孟子亦姑借告子而淺說耳."(大全註疏)

【備旨】

> 公孫丑ㅣ贊之曰 夫子當大任而不動心이 若是면 則夫子能荷一世之重하니 而過於孟賁擧一物之重者ㅣ殆遠矣로소이다
> 孟子曰 不問心之所以不動 而但曰不動이면 是亦不難하니 如告子雖未知道로되 乃能先我不動心하여 不待四十而已然矣니 何足爲難哉아

공손추가 찬미하여 가로되 "부자夫子께서 대임大任을 담당하되 마음이 동요되지 않음이 이와 같으시면 부자께서 능히 일세一世의 중임을 맡을 수 있으니 맹분孟賁이 무거운 물건 하나를 드는 것 보다 지나침이 거의 심원하십니다."

맹자 가라사대 "마음이 동요되지 않는 이유를 묻지 않고 다만 동요되지 않는다고 말하면 이 또한 어려운 일이 아니다. 예를 들어 고자告子가 비록 도를 알지 못하되 이에 능히 나보다 먼저 부동심不動心을 하여 사십 세를 기다리지 않고 이미 그렇게 되었으니, 어찌 족히 어렵다고 하리오?"

曰 不動心이 有道乎잇가
曰 有하니라

가로되 "마음이 동요되지 않는데 道가 있습니까?"
가라사대 "있느니라."

程子曰 心有主면 則能不動矣라

정자程子 가로되 "마음에 주장함이 있으면 능히 마음이 동요되지 않을 수 있다."

주해

● 道(도) : 방법.
"道是方法. 丑亦大槪問, 非專問孟子."(四書補註備旨)

【備旨】

公孫丑ㅣ又問曰 夫子以不動心爲不難하니 不知케라 欲心之不動이 果有道以主之乎아
孟子曰 人以一心而應天下事하되 惟其有主라야 乃能不動이니 是不動心이 固有道也라

공손추가 또 물어 가로되 "夫子께서 부동심不動心을 어렵지 않다고 하시니, 마음이 동요되지 않는데 과연 방법이 있다고 주장할 수 있는지 모르겠습니다."

맹자 가라사대 "사람이 한 마음으로 천하의 일에 대응하되 오직 주

장함이 있어야 곧 능히 마음이 동요되지 않으니, 이렇게 마음이 동요되지 않는데 진실로 방법이 있느니라."

北宮黝之養勇也는 不膚撓하며 不目逃하여 思以一豪挫於人이어든 若撻之於市朝하여 不受於褐寬博하며 亦不受於萬乘之君하여 視刺萬乘之君호되 若刺褐夫하여 無嚴諸侯하여 惡聲이 至커든 必反之하니라

북궁유北宮黝가 용勇을 기르는 방법은 살갗을 찔러도 움츠러들지 않고 눈을 찔러도 눈동자를 돌려 피하지 않으며, 털끝만큼이라도 남에게 모욕을 받았다고 생각하면 마치 시장에서 매질을 당하는 것처럼 여겼다.
갈관박褐寬博에게도 모욕을 받지 않았으며 또한 만승萬乘의 군주에게도 모욕을 받지 않아, 만승의 군주를 찔러 죽이는 것을 마치 갈부褐夫를 찔러 죽이는 것처럼 여겨 두려워하는 제후가 없었으며 험담하는 소리를 들으면 반드시 보복하였다.

北宮은 姓이요 黝는 名이라 膚撓는 肌膚被刺而撓屈也요 目逃는 目被刺而轉睛逃避也라 挫는 猶辱也라 褐은 毛布요 寬博은 寬大之衣니 賤者之服也라 不受者는 不受其挫也라 刺는 殺也라 嚴은 畏憚也니 言無可畏憚之諸侯也라
黝는 蓋刺客之流니 以必勝爲主 而不動心者也라

'북궁北宮'은 성이요, '유黝'는 이름이다. '부요膚撓'는 살갗이 찔러 움츠

러드는 것이요, '목도目逃'는 눈이 찔려 눈동자를 돌려 피하는 것이다. '좌挫'는 모욕과 같다. '갈褐'은 모포요, '관박寬博'은 헐렁하고 큰 옷이니 천한 자의 의복이다. '불수不受'는 것은 그 모욕을 받지 않는 것이다. '자刺'는 죽이는 것이다. '엄嚴'은 두려워하고 꺼리는 것이니 두렵고 꺼려할만한 제후가 없다는 말이다.

유黝는 대개 자객刺客의 부류이니 반드시 이기는 것을 주장하여 마음이 동요되지 않는 자이다.

주해

- 撓屈(요굴) : 살갗을 가시로 찌르면 움츠러들다. 撓(구부러질 뇨)
  조기趙岐의 註에 "人刺其肌膚, 不爲撓卻."이라 했다. 卻(물리칠 각)
- 目逃(목도) : 눈을 가시로 찌르면 눈동자를 돌려 피하다.
  손석孫奭의 疏에 "言 北宮黝之養勇, 人刺其肌膚, 不爲撓卻. 人刺其目, 不以目轉睛而逃避."라고 했다. 睛(눈동자 정)
- 市朝(시조) : 시집市集. 시장市場.
  《論語·憲問》 편에 나온다. "夫子固有惑志於公伯寮, 吾力猶能肆諸市朝." 寮(벼슬아치 료)
  "撻是鞭撻. 市朝, 人衆之地."(四書補註備旨)
- 褐寬博(갈관박) : 고대에 가난한 자들이 주로 입고 다녔던 폭이 넓고 헐렁한 옷. 褐(베옷 갈) 초순焦循의 《孟子正義》에 "上言褐寬博, 下言褐夫, 則褐寬博卽是衣褐之匹夫. 故雲獨夫被褐者. 褐寬博, 蓋當時有此稱也."라고 풀이했다.
- 黝(검푸를 유) 挫(꺾을 좌) 撻(매질할 달) 憚(꺼릴 탄)

【備旨】

所謂不動心有道者는 觀於勇士에 亦可見矣라 古有北宮黝之養勇也는(하니) 挺身而鬪에 其膚不至被刺而屈撓하며 怒目而視에 其目不至被刺而逃避하여 思以一毫나 挫

辱於人이어든 卽若撻之於市朝之大하여 挫辱而在所必報하니 卽其不肯受辱之心이 不惟不受挫於褐寬博之賤이요 亦不肯受挫於萬乘之君之貴라 是凡在彼皆不可加於我也니 而我之視刺萬乘之君貴하되 一若刺褐夫之賤하여 而不見有可畏之諸侯也요 且小有惡聲至己어든 己必以惡聲報之하니 是在我必可加於彼也니 此以必勝爲主而能不動心者라

이른바 마음이 동요되지 않는데 방법이 있다고 하는 것은 용사勇士를 살피면 또한 알 수 있다.

옛날 북궁유北宮黝가 용기를 기르는 것은 몸을 일으켜 싸우는데 그 살갗을 찔러도 움츠러들지 않았고, 성난 눈으로 노려보는데 그 눈을 찔러도 눈동자를 돌려 피하지 않았다. 털끝만큼이라도 남에게 모욕을 당하면 마치 넓은 시장에서 매질을 당하는 것같이 여겨 모욕을 당하면 반드시 보복을 하였다.

그가 모욕을 당하지 않으려는 마음이 오직 갈관박褐寬博을 입은 천한 자에게 모욕을 당하지 않았을 뿐만 아니요, 또한 만승의 군주와 같은 존귀한 자에게도 모욕을 받으려고 하지 않았다. 이는 무릇 저 사람이 모두 나에게 더할 수 없는 것이니, 내가 만승의 군주와 같은 존귀한 자를 찔러 죽이되 마치 천한 갈부褐夫를 찔러 죽여 가히 두려워할 만한 제후를 보지 못한 것처럼 한 것이요,

또한 조금이라도 험담하는 소리가 자기에게 들리면 자신이 반드시 험담하는 소리로 보복을 하였다. 이는 내가 반드시 저 사람에게 더하는 것이니 이는 반드시 이기는 것을 주장하여 마음이 동요되지 않을 수 있는 자이다.

주해

● 挺身(정신) : 몸을 일으켜 세우다. 조금도 위축되지 않고 용감하게 앞으로 나아가다. 挺(뺄 정)

孟施舍之所養勇也는 曰視不勝하되 猶勝也로니 量敵而後進하며 慮勝而後會하면 是는 畏三軍者也니 舍ㅣ豈能爲必勝哉리오 能無懼而已矣라하니라

맹시사孟施舍가 용勇을 기르는 방법에 대해서 '싸워 이길 수 없는 것을 보되 싸워 이길 수 있는 것처럼 해야 하니, 적을 헤아린 후에 진병進兵하며 승리를 고려한 후에 교전한다면 이는 삼군三軍을 두려워하는 자이니 내가 어찌 반드시 이길 수 있으리오? 능히 두려움이 없을 따름이다.' 라고 말하였다.

孟은 姓이요 施는 發語聲이요 舍는 名也라 會는 合戰也라 舍ㅣ自言其戰雖不勝이나 亦無所懼니 若量敵慮勝而後進戰이면 則是無勇而畏三軍矣라 舍는 蓋力戰之士니 以無懼爲主 而不動心者也라

'맹孟'은 성씨요, '시施'는 발어성發語聲이요, '사舍'는 이름이다. '회會'는 모여 싸우는 것이다. 사舍가 스스로 말하기를 "그 싸움에 비록 이기지 못할지라도 또한 두려워하는 바가 없으니, 만약 적을 헤아려 승리를 고려한 후에 나아가 싸운다면 곧 이는 용기가 없어 삼군三軍을 두려워하는 것이다. 사舍는 대개 힘으로 싸우는 용사勇士니, 두려움이 없는

것을 주장하여 마음이 동요되지 않는 자이다.

주해

- 無懼(무구) : 두려움이 없다. 구(두려워할 구)

"無懼者, 惟盡力向前, 正視不勝猶勝之意."(四書補註備旨)

경원보씨慶源輔氏가 말했다. "註云舍蓋力戰之士, 亦以其言而知之者也. 惟其心以無懼爲主, 故不問其徒之衆寡, 我之勝否, 遇敵則戰也."(大全註疏)

【備旨】

> 古又有孟施舍之所養勇也하니 其自言曰 人貴敢戰하니 我之視夫所不勝하되 猶夫能勝하여 勇往直前也라 設使度量敵人之强弱而後進兵하며 計慮自己之能勝而後合戰하면 則是無勇而畏三軍者也라 夫勝敗는 兵家之常이니 舍豈能決其可進可會而爲必勝哉리오 惟是進之會之하되 能無懼而已矣라하니 此以無懼爲主而能不動心者라

옛날에 또 맹시사孟施舍가 기른 용기가 있었으니 그가 스스로 말하기를 '사람은 용감히 싸우는 것을 귀하게 여기니, 나는 싸워 이길 수 없는 것을 보되 마치 이길 수 있는 것처럼 하여 용감하게 곧장 앞으로 나아간다. 가령 적의 강약을 헤아린 후에 진병進兵하며, 자신이 승리할 수 있음을 고려한 후에 교전한다면 이는 용기가 없이 삼군三軍을 두려워하는 자이다.

무릇 승패는 병가兵家의 흔한 일이니, 내가 어찌 진병進兵할 수 있고 교전할 수 있음을 결정하여 반드시 이길 수 있으리오? 오직 이 나아가고 교전하되 능히 두려움이 없을 따름이다.'라그 하니, 이는 두려움이 없는 것을 주장하여 능히 마음이 동요되지 않은 자이다.

주해

● 兵家之常(병가지상) : 병가兵家에서 흔히 일어날 수 있는 일. '勝敗乃兵家常事'에서 나온 말이다.
《水滸傳》 第55回에 나온다. "吳用勸道, '哥哥休憂, 勝敗乃兵家常事, 何必掛心? 別生良策, 可破連環軍馬.'" 掛(마음에 걸릴 괘)

● 計慮(계려) : 헤아려 생각함. '계의모려計議謀慮'.
《한비자韓非子·주도主道》 편에 나온다. "不自操事, 而知拙與巧. 不自計慮, 而知福與咎." 拙(졸렬할 졸) 咎(허물 구)

孟施舍는 似曾子하고 北宮黝는 似子夏하니 夫二子之勇이 未知其孰賢이어니와 然而孟施舍는 守約也니라

맹시사孟施舍는 증자曾子와 비슷하고 북궁유北宮黝는 자하子夏와 비슷하니, 두 사람의 용기가 누가 나은지는 알 수 없거니와 그러나 맹시사는 요약要約을 지키는 사람이다.

黝는 務敵人하고 舍는 專守己하며 子夏는 篤信聖人하고 曾子는 反求諸己라 故로 二子之與曾子·子夏는 雖非等倫이나 然이나 論其氣象이면 則各有所似라 賢은 猶勝也라 約은 要也라 言論二子之勇이면 則未知誰勝이나 論其所守면 則舍比於黝에 爲得其要也라

유黝는 남과 대적하는데 힘쓰고, 사舍는 오로지 자신의 본분을 지키며, 자하子夏는 성인을 독실하게 믿고, 증자曾子는 돌이켜 자신에게 구

하였다. 그러므로 두 사람(孟施舍와 北宮黝)은 증자·자하와 비록 같은 무리는 아니지만 그러나 기상을 논한다면 각각 비슷한 점이 있다.

'현賢'은 낫다는 뜻이다. '약約'은 요약要約이다. 두 사람의 용기를 논한다면 누가 나은지 알 수 없으나, 그 지킨 바를 논한다면 맹시사가 북궁유에 비해 그 요약을 얻은 것이라고 말한 것이다.

주해

● 同倫(동륜) : 동배同輩. 동류同類.
《한서漢書·감연수전甘延壽傳》에 나온다. "少以良家子善騎射爲羽林, 投石拔距絶於等倫." 拔(빼어날 발) 距(떨어질 거)

【備旨】

卽二子之氣象而擬之컨대 夫豈無所似乎아 孟施舍는 以無懼爲主則專於守己하여 氣象有似於曾子之反求諸己하며 北宮黝는 以必勝爲主則務於敵人하여 氣象有似於子夏之篤信聖人이라 夫黝舍二子는 皆血氣之勇이니 固未知其孰賢이어니와 然而論其所守하면 則孟施舍之無懼ㅣ比於黝之必勝에 其所守爲得其要約也라

두 사람의 기상에 대해 헤아리건대 어찌 비슷한 바가 없으리오? 맹시사는 두려움이 없는 것을 주장하니 곧 자신을 지키는데 전일專一하여 기상이 증자曾子가 돌이켜 자신에게 구한 것과 비슷함이 있다.

북궁유는 반드시 이기는 것을 주장하니 곧 사람을 대적하는데 힘써서 기상이 자하子夏가 성인을 독실하게 믿은 것과 비슷함이 있다.

무릇 북궁유와 맹시사 두 사람은 모두 혈기血氣의 용기를 가진 자이니, 진실로 누가 더 나은지는 알 수 없다. 그러나 그 지킨 바를 논한다

면 맹시사가 두려움이 없는 점이 북궁유가 이기는 것을 기필하는 것에 비하여 그 지킨 바가 그 요약을 얻은 것이다.

주해

● 擬(헤아릴 의) 懼(두려워할 구)

昔者에 曾子ㅣ謂子襄曰 子ㅣ好勇乎아 吾嘗聞大勇於夫子矣로니 自反而不縮이면 雖褐寬博이라도 吾不惴焉이리오 自反而縮이면 雖千萬人이라도 吾往矣라하시니라

옛날에 증자가 자양子襄에게 일러 가로되 "그대는 용기를 좋아하는가? 내 일찌이 대용大勇을 夫子에게 들었으니, '스스로 돌이켜 바르지 않다면 비록 갈관박褐寬博을 입은 천한 자일지라도 내가 두려워하지 않으리오? 스스로 돌이켜 바르다면 비록 천만인이라도 내가 나아가 대적할 것이다' 하셨느니라."

此는 言曾子之勇也라 子襄은 曾子弟子也라 夫子는 孔子也라 縮은 直也라
檀弓에 曰古者에 冠縮縫이러니 今也衡縫이라하고 又曰 棺束은 縮二衡三이라하니라
惴는 恐懼之也라 往은 往而敵之也라

이는 증자의 용기를 말한 것이다. '자양子襄'은 증자의 제자이다. '부

자夫子'는 공자孔子이다. '축縮'은 바르다는 뜻이다.

《예기禮記·단궁檀弓》 편에 "옛날에는 관을 곧게 꿰매었으나 지금은 가로로 꿰맨다"라고 하였고, 또 "관棺을 묶는데 곧게 두 번, 가로로 세 번 묶는다"라고 하였다.

'췌惴'는 두려워함이다. '왕往'은 가서 대적함이다.

주해

- 大勇(대용) : 큰 용기. 곧 '義理之勇'을 말한다.
  新安陳氏가 말했다. "此曾子之大勇, 以義理之直爲主而不動心者也. 孟子之論, 至此始精細, 下文至大至剛以直養而無害之說, 蓋自此自反而縮發之也."(大全註疏)
- 縮(바를 축) 惴(두려워할 췌)

【備旨】

然이나 要之컨대 皆未得爲大勇也라 昔者에 曾子ㅣ謂其門人子襄曰 子ㅣ亦好勇乎아 吾嘗聞義理之大勇於夫子矣로니 夫子ㅣ以天下에 惟理爲足恃而力不與也라 苟自反諸己而不縮하여 理屈則氣不伸하니 雖褐寬博之賤이라도 吾安得而不惴焉이리오 自反諸己而縮하여 理直則氣自壯하니 所敵者ㅣ雖千萬人之衆이라도 吾亦往而敵之矣라하시니라 由曾子所聞之大勇觀之컨댄 是以理爲主而不動心者也라

그러나 요컨대 모두 대용大勇이 되지 못한다. 옛날에 증자曾子가 그 문인인 자양子襄에게 일러 가로되 "그대도 용기를 좋아하는가? 내 일

찍이 夫子에게 의리의 대용大勇에 대해 들었으니, 부자께서 '천하에 오직 이理는 믿을 수 있되 힘力에는 맡길 수가 없다. 만일 스스로 자신에게 돌이켜 바르지 않고 이치가 맞지 않으면 곧 기氣가 펴지를 못하니, 비록 갈관박褐寬博을 입은 천한 자라도 내가 어찌 두려워하지 않으리오? 스스로 자신에게 돌이켜 바르면 곧 기氣가 저절로 장대壯大해지니 대적하는 자가 비록 천만의 무리일지라도 내가 또한 가서 대적할 것이라."라고 하셨다.

증자가 들은 대용大勇으로 말미암아 살피건대, 이는 이치를 主로 삼아 마음이 동요되지 않는 자이다.

孟施舍之守는 氣라 又不如曾子之守ㅣ約也니라

맹시사孟施舍가 지키는 것은 기氣이니, 또한 증자曾子가 지키는 것이 요약要約한 것만 같지 못하니라.

言孟施舍ㅣ雖似曾子나 然其所守는 乃一身之氣니 又不如曾子之反身循理하여 所守ㅣ尤得其要也라 孟子之不動心은 其原ㅣ蓋出於此하니 下文에 詳之라

맹시사孟施舍가 비록 증자와 비슷하나 그러나 그 지킨 바는 곧 일신의 기氣일 뿐이니, 또한 증자가 몸에서 돌이켜 이치를 따름으로써 지킨 바가 더욱 그 요체를 얻은 것만 같지 못하다.

맹자가 말한 부동심不動心은 그 근원이 대개 여기에서 나왔으니, 하문下文에 상세하게 나온다.

주해

- 守氣(수기) : 氣를 지키다. 곧 일신一身의 氣를 말한다.
- 守約(수약) : 요약要約 또는 간약簡約함을 지키다. 곧 이치를 主로 삼은 말이다.

【備旨】

觀此則孟施舍之氣象이 雖似曾子나 然이나 其所守는 乃一身之氣라 固未嘗反之於心하여 以自顧其直與不直也니 其約也ㅣ但約於黝耳라 又不如曾子之反身循理하여 而縮不縮爲勇怯하여 所守尤得其要約也라 蓋氣有時而或屈하되 理則無往而不伸하니 此曾子以理爲主 而不動心者니 非尤得其道者哉아

이를 살펴보면 곧 맹시사의 기상이 비록 증자와 비슷하나 그러나 그 지킨 바는 바로 일신의 기氣에 불과하다.

본디 일찍이 그것을 마음에서 돌이켜 스스로 그 곧음과 곧지 않음을 돌아보지 않으니, 그 요약함이 다만 북궁유보다 더 잘 요약했을 뿐이다. 하지만 또한 증자가 몸에 돌이켜 이치를 따르고 곧음과 곧지 않음으로써 용기와 비겁함으로 삼아 지킨 바가 더욱 그 요약을 얻은 것만 같지 못하다.

대개 氣는 때때로 혹 굽을 때도 있으나 이치는 가서 펴지지 않을 때가 없으니, 이는 曾子가 이치를 主로 삼아 마음이 동요되지 않은 것이니 더욱 그 道를 얻은 자가 아니리오?

曰 敢問夫子之不動心과 與告子之不動心을 可得聞與잇가

告子曰 不得於言이어든 勿求於心하며 不得於心이어든 勿求於氣라하니 不得於心이어든 勿求於氣는 可커니와 不得於言이어든 勿求於心은 不可하니 夫志는 氣之帥也요 氣는 體之充也니 夫志ㅣ至焉이요 氣ㅣ次焉이니 故曰 持其志오도 無暴其氣라하니라

가로되 "감히 묻건대 夫子의 부동심不動心과 고자告子의 부동심不動心에 대해 들을 수 있습니까?"

"고자告子가 '말의 이치를 얻지 못하면 마음에서 구하지 말며, 마음에서 얻지 못하면 기氣에서 구하지 말라' 고 말하였으니, 마음에서 얻지 못하면 기氣에서 구하지 말라고 한 것은 옳지만, 말의 이치를 얻지 못하면 마음에서 구하지 말라고 한 것은 옳지 않다.

무릇 지志는 기氣의 장수將帥요 기氣는 몸에 충만된 역량力量이니, '지志'가 이르는 곳에 '기氣' 가 뒤따라 나타나게 된다. 그러므로 그 지志를 잘 간직해야 하고 그 기氣를 남용해서는 안되는 법이다."

此一節은 公孫丑之問에 孟子ㅣ誦告子之言하시고 又斷以己意而告之也시니라 告子謂於言에 有所不達이어든 則當舍置其言而不必反求其理於心이며 於心에 有所不安이어든 則當力制其心而不必更求其助於氣라하니 此所以固守其心而不動之速也라

孟子ㅣ旣誦其言而斷之曰 彼謂不得於心而勿求諸氣者는 急於本而緩其末이니 猶之可也어니와 謂不得於言而不求諸心은 則旣失於外而遂遺其內니 其不可也ㅣ必矣라

然이나 凡曰可者는 亦僅可而有所未盡之辭耳라 若論其極이면 則志固心之所之요 而爲氣之將帥라 然이나 氣亦人之所以充滿於身 而爲志之卒徒者也라 故로 志ㅣ固爲至極이요 而氣ㅣ卽次之하니 人固當敬守其志나 然亦不可不致養其氣라 蓋其內外本末이 交相培養하니 此則孟子之心이 所以未嘗必其不動 而自然不動之大略也라

이 일절은 공손추의 질문에 대해 맹자께서 고자告子의 말을 외우고 또한 자신의 뜻으로 판단하여 고한 것이다.

고자告子가 이르기를 '말에 통달하지 못한 바가 있으면 마땅히 그 말을 버려두고 반드시 그 이치를 마음에 돌이켜 구할 필요는 없으며, 마음에 편치 못한 바가 있으면 마땅히 그 마음을 힘써 제어制御하여 반드시 그 도움을 기氣에서 구할 필요는 없다'라고 하였으니, 이는 그 마음을 굳게 지켜 동요되지 않음을 이루는 빠른 방법이다.

맹자께서 이미 그 말을 외우고 판단하여 가라사대 "그가 '마음에서 얻지 못하면 기氣에서 구하지 말라'고 말한 것은 근본을 급무急務로 삼고 말단을 느슨하게 여긴 것이니 오히려 옳다. 하지만 '말의 이치를 얻지 못하면 마음에서 구하지 말라'고 말한 것은 이미 밖에서도 잃고 마침내 그 내면도 버린 것이니 그것이 옳지 못함이 틀림없다.

그러나 무릇 '가可'라고 말하는 것은 또한 겨우 가可하되 아직 미진한 바가 있다는 말이다. 만약 그 지극함을 논한다면 지志는 본디 마음이 가는 바요 기氣의 장수將帥가 된다. 그러나 기氣 또한 사람이 몸에 충만하여 지志의 졸도卒徒가 되는 것이다. 그러므로 지志는 진실로 지극한

존재가 되고 기氣는 곧 그 다음이 된다. 사람이 진실로 마땅히 그 지志를 공경히 지켜야 하나, 그러나 또한 그 기氣를 다하여 기르지 않을 수가 없다. 대개 그 내외본말內外本末은 교체하여 서로 배양되는 것이니 이것이 바로 맹자의 마음이 일찍이 그 동요되지 않음을 기필하지는 않았으나 자연스럽게 동요되지 않은 대략大略이다.

주해

- 不得於言(부득어언) : 말의 이치를 얻지 못하다.
  "不得是不明所言之理."(四書補註備旨)
- 不得於心(부득어심) : 마음에서 얻지 못하다.
  "不得是應事與心不相安."(四書補註備旨)
- 帥(수) : 장수將帥. 주수主帥. 곧 일신을 주재主宰하는 존재를 말한다. 帥(장수 수)
  慶源輔氏가 말했다. "心有知而氣無知. 雖云氣一則能動志, 然大抵是氣隨心動. 故以志爲氣之將帥. 氣從志所使, 猶卒徒之聽命於將帥也."(大全註疏)
- 充(충) : 충만하다. 곧 일신에 충만하여 운용되는 것을 말한다.
- 持其志(지기지) : 그 뜻을 간직하다.
  "持卽敬以直內意."(四書補註備旨)
- 無暴其氣(무폭기지) : 그 氣를 드러내지 않게 하다. 그 氣를 남용하지 않다.
  "無暴卽義以方外意."(四書補註備旨)

【備旨】

丑ㅣ又問曰 黝之不動心은 其道在必勝하고 舍之不動心은 其道在無懼하며 曾子之不動心은 其道在反身循理하여 各有其道矣니 敢問夫子之四十不動心과 與告子之先夫子不動心을 其道可得聞與잇가
孟子曰 欲觀告子之不動心인댄 當觀其言이니 告子嘗曰 吾有所言而於理有不達이면 則當舍置其言而勿求其理於

心이니 若求於心則心反爲之擾矣요 吾有所爲而於心有不安이면 則當力制其心而勿求其助於氣니 若求於氣則心反爲之役矣라하니 此ㅣ告子所以固守其心而不動之速也라
今自其言斷之컨대 心은 本也요 氣는 末也니 旣有本末之分則有緩急之序하니 彼謂不得於心이어든 勿求於氣者는 急於本而緩其末이니 猶之可也어니와 若言은 外也요 心은 內也니 彼謂不得於言이어든 勿求於心者는 則旣失於外而遂遺其內니 其不可也ㅣ必矣라
然이나 要其極而論之컨대 則不可者ㅣ固不可요 而可者ㅣ亦未可也는 何則고 夫志運於一心하여 主乎氣而爲氣之將帥也요 若夫氣則爲百體之所充滿하여 而聽役於志者也니 夫志旣爲氣之帥면 則以志使氣하여 爲極至者焉이요 氣旣其體之充이면 則以氣擬志하여 卽次於志焉이라 吾故曰 人當敬持其志하여 使足以爲氣之帥요 又當無暴其氣하여 使充其體可也라하니 彼告子謂不得於心이어든 勿求於氣者ㅣ夫豈可哉아

공손추가 다시 물어 가로되 "북궁유의 부동심不動心은 그 道가 반드시 이기는데 있고, 맹시사의 不動心은 그 道가 두려워함이 없는데 있으며, 증자의 不動心은 그 道가 몸을 돌이켜 이치를 따르는데 있으니 각각 그 道가 있습니다. 감히 묻건대 夫子께서 사십이 되어 不動心을 한 것과 告子가 夫子보다 먼저 不動心을 한 그 道에 대해 들어 볼 수 있습니까?"

맹자 가라사대 "告子의 不動心을 살피고자 하면 마땅히 그 말을 살

펴야 한다. 告子가 일찍이 말하기를 '내가 말한 바에 이치에 통달하지 못한 점이 있으면 마땅히 그 말을 버려두고 그 이치를 마음에서 구하지 말아야 한다. 만약 마음에서 구한다면 마음이 도리어 이 때문에 어지럽게 된다. 내가 행한 바에 마음에 불안함이 있으면 마땅히 그 마음을 힘써 제어하여 기氣에서 도움을 구하지 말아야 한다. 만약 氣에서 구한다면 마음이 도리어 氣의 부림을 받게 된다'라고 했으니, 이는 告子가 그 마음을 굳게 지켜 不動을 이룬 빠른 방법이다.

이제 그 말에서 판단하건대 마음은 근본이요 기氣는 말단이니, 이미 본말本末의 구분이 있으면 곧 완급緩急의 차례가 있는 것이다. 告子가 '마음에서 얻지 못하면 氣에서 구하지 말라'고 말한 것은 근본을 급무急務로 삼고 그 말단을 느슨하게 여긴 것이니 오히려 옳다고 할 수 있다. 만약 말이 외면이라면 마음은 내면이니, 告子가 '말의 이치를 얻지 못하면 마음에서 구하지 말라'고 말한 것은 이미 밖에서도 잃고 마침내 그 내면도 버린 것이니 그것이 옳지 못함이 필연적이다.

그러나 그 지극함을 요약해서 논하자면 '不可'는 진실로 不可한 것이요, '可'는 또한 可한 것이 아닌 것은 무엇 때문인가? 무릇 志는 한 마음에서 운용되어 氣를 주장하고 氣의 장수將帥가 되며, 氣와 같은 경우는 온 몸에 충만하여 志의 부림을 받는 것이다. 志가 이미 氣의 장수將帥가 되면 곧 志로 氣를 부리게 되어서 지극한 곳에 이르게 되며, 氣가 이미 그 몸에 충만하면 곧 氣가 志와 유사하게 되어 志에 버금가게 된다.

내가 그러므로 가로되 '사람은 마땅히 그 志를 공경히 간직하여 氣의 장수가 되게 해야 하며, 또한 마땅히 그 氣를 남용하지 말아야 하고 그 몸에 충만하게 해야 한다'라고 말한 것이니, 저 告子가 '마음에서 얻지 못하면 氣에서 구하지 말라'고 말한 것이 어찌 옳은 말이리오?"

주해

● 擾(어지러울 요) 擬(유사할 의)

旣曰 志ㅣ至焉이요 氣ㅣ次焉이라하시고 又曰 持其志오도 無暴其氣者는 何也잇고

曰 志壹則動氣하고 氣壹則動志也니 今夫蹶者趨者ㅣ是氣也而反動其心이니라

"이미 '지志가 이르는 곳에 기氣가 뒤따라 나타나게 된다' 고 말씀하시고, 다시 '그 지志를 잘 간직하고 그 기氣를 남용해서는 안된다' 고 말씀하신 것은 무엇 뜻입니까?"

가라사대 "志가 한결같으면 氣를 움직이고, 氣가 한결같으면 志를 움직인다. 이제 넘어지는 것과 내달리는 것은 氣이나 도리어 그 마음을 움직이게 만든다."

公孫丑ㅣ見孟子言志至而氣次라 故로 問如此則專持其志可矣어늘 又言無暴其氣는 何也오하니라

壹은 專一也라 蹶은 顚躓也요 趨는 走也라

孟子ㅣ言志之所向이 專一則氣固從之나 然이나 氣之所在ㅣ專一則志亦反爲之動이니 如人顚躓趨走면 則氣ㅣ專在是而反動其心焉이니 所以旣持其志오도 而又必無暴其氣也라하시니라

程子曰 志動氣者는 什九요 氣動志者는 什一이니라

공손추가 맹자의 '지志가 이르는 곳에 기氣가 뒤따라 나타나게 된다'

는 말을 깨달았다. 그러므로 "이와 같다면 오로지 그 志만을 간직하는 것이 옳거늘 다시 그 氣를 남용하지 말라고 말한 것은 무엇 때문입니까?"라고 물은 것이다.

'일壹'은 전일專一함이다. '궐蹶'은 넘어짐이다. '추趨'는 내달리는 것이다.

맹자께서 "志가 향하는 바가 전일專一하면 氣가 진실로 따르게 된다. 그러나 氣의 소재所在가 전일專一하면 志도 도리어 동요하게 된다. 예를 들어 사람이 넘어지거나 내달리면 곧 氣가 오로지 여기에 있으나 도리어 그 마음을 동요시키는 것과 같은 이치이다. 그러므로 이미 그 志를 간직하고 또한 반드시 그 氣를 남용하지 말라"고 말씀하신 것이다.

정자程子 가로되 "志가 氣를 움직이는 것은 十分의 九요, 氣가 志를 움직이는 것은 10분의 1이다."

주해

- 顚躓(전지) : 엎어지고 넘어짐. 躓(넘어질 지)
- 蹶(넘어질 궐) 趨(달릴 추) 什(열사람 십)

【備旨】

丑ㅣ未達志至氣次之說하고 又問曰 夫子ㅣ旣曰 志ㅣ至焉이요 氣ㅣ次焉은 則志重氣輕이니 專持其志면 可矣어늘 乃必兼言曰 持其志오도 無暴其氣者는 何也잇고하니 丑ㅣ蓋不知孟子所謂次者는 乃卽次之之謂요 非後而輕之之謂也라

故로 告之曰 志氣는 本是相須持養이요 不可偏廢니 如志之所向이 專一하면 則足以動氣而使之從이나 然이나 氣

之所在ㅣ專一하면 則亦足以動志而使之馳也니 今夫人之顚蹶者趨走者는 是氣之一也나 而反能震動其心而使之不寧焉이니 此는 氣一動志之一驗也라 故로 志必當持而氣又當無暴也라하시니라

공손추가 '지志가 이르는 곳에 기氣가 뒤따라 나타난다'는 말을 깨닫지 못하고 다시 물어 가로되 "夫子께서 이미 '지志가 이르는 곳에 기氣가 뒤따라 나타난다'고 말씀하신 것은 곧 志가 중하고 氣는 가볍다는 것이니, 오로지 그 志만 잘 간직하면 옳거늘 이에 반드시 겸하여 말씀하시기를 '志를 잘 간직하고 그 氣를 남용하지 말라'고 하신 것은 무엇 때문입니까?"

공손추는 대개 맹자께서 말씀하신 '다음간다'는 것이 이에 곧 志에 다음간다는 말이며, 뒤로 삼아 그것을 가볍게 여긴다는 말이 아님을 알지 못하였다. 그러므로 고하여 가라사대 "志와 氣는 본디 서로 의지하고 간직하며 기르는 것이요, 치우쳐 폐廢할 수 없는 것이다. 만약 志가 향하는 바가 전일專一하면 氣를 움직여 따르게 할 수 있다. 그러나 氣의 소재所在가 전일專一하면 마찬가지로 志를 움직여 달려가게 할 수 있다. 이제 사람 중에 넘어지거나 내달리는 자는 이는 氣가 전일專一한 것이나 도리어 그 마음을 놀라게 하여 편치 못하게 하니, 이는 氣가 전일專一하여 志를 움직이게 하는 한 가지 증험이다. 그러므로 志는 반드시 마땅히 간직하고, 氣도 또한 남용하지 말아야 한다."

敢問夫子는 惡(오)乎長이시니잇고
曰 我는 知言하며 我는 善養吾의 浩然之氣하노라

감히 묻건대 "부자夫子께서는 장점이 무엇입니까?"
(맹자) 가라사대 "나는 남의 말을 잘 이해하며, 나는 나의 호연지기浩然之氣를 잘 기르니라."

公孫丑ㅣ復問孟子之不動心이 所以異於告子如此者는 有何所長而能然고하니 而孟子ㅣ又詳告之以其故也라
知言者는 盡心知性하여 於凡天下之言에 無不有以究極其理하여 而識其是非得失之所以然也라 浩然은 盛大流行之貌라 氣는 卽所謂體之充者니 本自浩然이어늘 失養故로 餒호되 惟孟子ㅣ爲善養之以復其初也라
蓋惟知言이면 則有以明夫道義하여 而於天下之事에 無所疑요 養氣면 則有以配夫道義하여 而於天下之事에 無所懼니 此其所以當大任而不動心也라 告子之學은 與此正相反하니 其不動心은 殆亦冥然無覺하여 悍然不顧而已爾니라

공손추가 다시 "맹자의 不動心이 告子와 다름이 이와 같은 까닭은 무슨 장점이 있어 그런 것입니까?"라고 물으니, 맹자께서 다시 그 까닭을 상세히 고하신 것이다.

'지언知言'은 마음을 다하고 性을 알아 모든 천하의 말에 그 이치를 궁구하지 않음이 없어 그 시비是非와 득실得失의 소이연所以然을 안다는 뜻이다.

'호연浩然'은 성대히 유행하는 모양이다. '기氣'는 곧 이른바 몸에 충만된 것이니 본래 스스로 호연浩然하다. 하지만 길러줌을 잃어 굶주리게 되었는데, 오직 맹자께서 이를 잘 길러 그 처음을 회복한 것이다.

대개 오직 남의 말을 잘 이해하면 도의道義에 밝아 천하의 일에 의심되는 바가 없어지며, 氣를 기르면 도의道義에 배합되어 천하의 일에 두려운 바가 없게 된다. 이것이 바로 그 대임大任을 맡아 마음에 동요되지 않는 이유이다.

告子의 학문은 이와 정히 상반되니 그 不動心은 아마도 또한 어둡고 깨달음이 없어서 단호하게 돌아보지 않을 뿐이다.

주해

- 惡乎長(오호장) : '어떤 점이 告子 보다 낫습니까?' '오惡'는 '何'와 같다. 惡(어찌 오)
  "惡, 何也. 長是高於告子意."(四書補註備旨)
- 知言(지언) : 남의 말을 이해하다.
  "知是審其理. 言指他人之言."(四書補註備旨)
- 悍然不顧(한연불고) : 단호하게 돌아보지 않다. 悍(사나울 한) 顧(돌아볼 고) 明나라 東魯古狂生의 《취성석醉醒石》 第11回에 나온다. "但一人之冤不伸, 反又殺人身、破人家, 悍然不顧." 冤(원통할 원)

【備旨】

丑ㅣ又問曰 告子之不動心이 出於强制如此하니 敢問夫子之不動心이 所以異於告子者는 有何所長而能然乎시니잇고

孟子曰 告子謂不得於言이어든 勿求於心은 是不能知言也니 我則知天下之言而究其是非得失之故하며 告子謂

不得於心이어든 勿求於氣는 是不能養氣也니 我則善養吾浩然之氣而復其盛大流行之體라 蓋惟知言이면 則無所疑요 養氣면 則無所懼니 此我之所以不動心而異於告子也니라

공손추가 다시 물어 가로되 "고자告子의 부동심不動心이 억지에서 나온 것이 이와 같습니다. 감히 묻건대 부자의 부동심이 고자와 다른 것은 무슨 장점이 있어 그러한 것입니까?"

맹자 가라사대 "고자가 말한 '말에서 얻지 못하거든 마음에 구하지 말라'고 한 것은 이는 능히 말을 알지 못한 것이니, 나는 천하의 말을 알되 그 시비是非와 득실得失의 연고를 궁구하며, 고자가 말한 '마음에서 얻지 못하거든 기氣에서 구하지 말라'고 한 것은 이는 능히 기氣를 기르지 못한 것이다. 나는 곧 나의 호연지기浩然之氣를 잘 길러서 그 성대히 유행하는 본체를 회복할 수 있노라. 대개 오직 남의 말을 이해할 수 있으면 의심할 바가 없고, 기氣를 기르면 두려울 바가 없으니 이는 내가 부동심不動心하여 고자告子와 다른 이유이니라."

敢問何謂浩然之氣잇고
曰難言也니라

"감히 묻건대 무엇을 호연지기浩然之氣라고 말합니까?"
가라사대 "말로 표현하기 어렵노라."

孟子ㅣ先言知言而丑ㅣ先問氣者는 承上文하여 方論志氣而言

也라 難言者는 蓋其心所獨得 而無形聲之驗하니 有未易以言語形容者라 故로 程子曰 觀此一言이면 則孟子之實有是氣를 可知矣라

맹자께서 먼저 '지언知言'을 말하였으나, 공손추가 먼저 '양기養氣'를 물은 것은 앞 글의 바야흐로 '지기志氣'에 대한 논의를 이어받아 말한 것이다. '난언難言'이란 대개 그 마음에 홀로 얻은 바가 형태와 소리의 징험이 없으니 쉽게 말로써 형용할 수 없다는 것이다.

그러므로 정자가 가로되 "이 한 마디를 살피면 곧 맹자께서 실제로 이러한 기氣를 지니고 있었음을 알 수 있다."고 한 것이다.

주해

● 浩然之氣(호연지기) : 지극히 성대하고 강직한 기운. '호浩'는 성대하고 강직한 모습이다. '기氣'는 정신精神을 말한다.

【備旨】

丑ㅣ又曰 敢問何謂浩然之氣잇고
孟子曰 浩然之氣는 乃吾心所獨得而無形聲者니 固有難以言語形容也라

공손추가 또 가로되 "감히 묻겠습니다. 무엇을 호연지기浩然之氣라고 합니까?"

맹자 가라사대 "호연지기는 곧 내 마음에 홀로 얻어 형태와 소리가 없는 것이니 진실로 말로써 형용하기 어렵다."

其爲氣也ㅣ至大至剛하니 以直養而無害면 則塞于天地之間이니라

"그 기氣는 지극히 크고 지극히 굳세니, 곧음으로써 기르고 해침이 없으면 곧 천지의 사이에 충만하게 된다."

至大는 初無限量이요 至剛은 不可屈撓라 蓋天地之正氣 而人得以生者니 其體段이 本如是也라 惟其自反而縮이면 則得其所養이요 而又無所作爲以害之면 則其本體ㅣ不虧而充塞無間矣리라

程子曰 天人이 一也라 更不分別이니 浩然之氣는 乃吾氣也라 養而無害면 則塞乎天地하고 一爲私意所蔽면 則欿然而餒하여 知其小也니라

謝氏曰 浩然之氣는 須於心得其正時에 識取니라 又曰 浩然은 是無虧欠時니라

'지대至大'는 애당초 한량이 없는 것이요, '지강至剛'은 굽히거나 꺾을 수 없는 것이다. 대개 천지의 정기正氣는 사람이 얻어서 태어난 것이니, 그 기상이 본래 이와 같다. 오직 그 스스로 돌이켜 곧게 하면 그 기르는 바를 얻을 것이요, 또 작위作爲하여 이를 해치지 않으면 그 본체가 이지러지지 않아 충만하여 사이가 없을 것이다.

정자 가로되 "하늘과 사람은 하나이다. 다시 분별하지 못하니 호연지기는 곧 나의 기氣이다. 길러서 해침이 없으면 곧 천지에 가득하게 된다. 그러나 한번이라도 사사로운 뜻에 가리게 되면 곧 감연欿然히 굶주려서 그 작아짐을 알 것이다."

사씨 가로되 "호연지기는 모름지기 마음에서 그 바름을 얻었을 때에 알 수 있다." 또 가로되 "호연浩然은 이지러지거나 부족한 때가 없는 것이다."

주해

- 體段(체단) : 규모. 기상氣象.
  《주자어류朱子語類》 卷六에 나온다. "中與誠與浩然之氣, 固是一事, 然其分各別. 誠是實有此理, 中是狀物之體段, 浩然之氣只是爲氣而言."
- 欿然(감연) : 홀쭉해지다. 위축되다. 마음에 차지 않다. 欿(서운할 감)
  《孟子·盡心上》에 나온다. "如其自視欿然, 則過人遠矣."
- 塞(막을 색) 撓(꺾을 요) 縮(곧을 축) 虧(이지러질 휴) 欠(부족할 흠)

【備旨】

> 姑以其體段言之컨댄 彼天地有正氣而人得之以生하니 其爲氣也ㅣ至大而不可限量하고 至剛而不屈撓하니 誠能自反常直以養是氣하여 而無所作爲以害之면 則剛大之本體ㅣ不虧而充塞乎天地之間矣니 何者ㅣ非吾氣之運用耶아

잠시 그 기상으로 말하건대, 저 천지에 정기正氣가 있어 사람이 이를 얻어 태어났다. 그 기氣는 지극히 커서 한량限量할 수 없고, 지극히 굳세어서 굽히거나 꺾을 수 없다. 진실로 능히 스스로 돌이켜 항상 곧게 하여 이 氣를 기르고, 작위作爲하여 이를 해치는 바가 없으면 곧 강대한 본체本體가 이지러지지 않고 천지의 사이에 충만하게 되니, 무엇이 내 氣가 운용運用된 것이 아니리오?

其爲氣也ㅣ配義與道하니 無是면 餒也라

"그 기氣가 의義와 도道에 짝하니, 이것이 없으면 굶주리게 되느니라."

配者는 合而有助之意라 義者는 人心之裁制요 道者는 天理之自然이라 餒는 飢乏而氣不充體也라

言人能養成此氣면 則其氣ㅣ合乎道義而爲之助하여 使其行之勇決하여 無所疑憚이요 若無此氣면 則其一時所爲ㅣ雖未必不出於道義나 然이나 其體有所不充이면 則亦不免於疑懼하여 而不足以有爲矣니라

'배配'는 합하여 도움이 있다는 뜻이다. '의義'는 人心의 재제裁制요, '도道'는 천리天理의 자연스러움이다. '뇌餒'는 주리고 궁핍하여 기氣가 몸에 충만하지 못한 것이다.

"사람이 능히 이 기氣를 양성하면 곧 그 기氣가 도의道義에 배합되어 도움이 되며, 그 행하는 것을 용맹스럽게 결단하여 의심하고 꺼리는 바가 없게 한다. 만약 이 氣가 없으면 곧 그 한 때 행하는 바가 비록 반드시 도의道義에서 나오지 않는 것은 아니나, 그러나 그 체體가 충만하지 못한 바가 있으면 또한 의구疑懼심을 면하지 못하여 훌륭한 일을 할 수 없다."라고 말한 것이다.

주해

- 餒(뇌) : 굶주리고 궁핍하다. 餒(주릴 뇌)
  "餒是體不充有無以配道義意."(四書補註備旨)
- 飢(주릴 기) 乏(부족할 핍) 憚(꺼릴 탄) 懼(두려워할 구)

【備旨】

誠能養成此氣면 則其功用이 果何如哉아 吾知其爲氣也ㅣ養成之後에 自然發奮勇往하여 配合乎道義而爲之助하여 義所當爲者를 氣卽輔之以爲하고 道所當行者를 氣卽輔之以行也라 若無此氣면 則體有不充하여 雖道義之所在나 亦將餒焉而疑懼不決者矣라

진실로 능히 이 기氣를 양성하면 곧 그 공용功用이 과연 어떠하리오? 나는 그 기氣가 양성된 후에 자연히 발분하여 용감히 나아가 도의道義에 배합되어 도움이 되며, 의리義理상 마땅히 해야 할 바를 기氣가 이를 도와서 하게 되고, 도리道理상 마땅히 행해야 할 바를 기氣가 이를 도와서 행하게 된다. 만약 이 기氣가 없으면 곧 체體가 충만하지 못하여 비록 도의道義가 있으나 또한 장차 굶주려 의구疑懼심으로 결단하지 못할 줄을 안다.

是集義所生者라 非義ㅣ襲而取之也니 行有不慊於心則餒矣니 我ㅣ故로 曰 告子ㅣ未嘗知義라하노니 以其外之也일새니라

"이는 의義를 모아 생겨난 것이니, 의義가 엄습하여 취해진 것이 아니다. 행하고서 마음에 만족하지 못함이 있으면 굶주리게 된다. 그러므로 내가 '고자告子가 아직 의義를 알지 못한다'고 말한 것이니, 바로 의義를 밖으로 삼았기 때문이니라."

集義는 猶言積善이니 蓋欲事事皆合於義也라 襲은 掩取也니 如齊侯襲莒之襲이라

言氣雖可以配乎道義나 而其養之之始에 乃由事皆合義하여 自反常直이라 是以로 無所愧怍하여 而此氣自然發生於中이요 非由只行一事하여 偶合於義하여 便可掩襲於外而得之也라

慊은 快也며 足也라

言所行이 一有不合於義 而自反不直이면 則不足於心하여 而其體有所不充矣니 然則義ㅣ豈在外哉리오 告子ㅣ不知此理하고 乃曰仁內義外라하여 而不復以義爲事하니 則必不能集義以生浩然之氣矣라

上文不得於言勿求於心은 卽外義之意니 詳見(현)告子上篇하니라

'집의集義'는 선善을 쌓는다는 말과 같으니, 대개 일마다 모두 의義에 부합되고자 한 것이다. '습襲'은 갑자기 취하는 것이니, '제후齊侯가 거莒나라를 엄습하였다'는 습襲과 같다.

"氣가 비록 도의道義에 배합될 수 있으나 그 氣를 처음 기르기 시작할 때는 일이 모두 義에 부합되기 때문에 스스로 돌이켜 항상 곧게 된다. 이 때문에 부끄러운 바가 없어 이 氣가 자연스럽게 심중에서 생기게 된다. 다만 한 가지 일을 행하여 우연히 義에 부합된다고 해서 문득 외부에서 갑자기 취하여 얻어질 수 있는 것이 아니다."라고 말한 것이다.

'겸慊'은 상쾌하며 만족함이다.

"행한 바가 한번이라도 義에 합당하지 않고 스스로 돌이켜 곧지 아니하면 곧 마음에 만족하지 못하여 그 체體를 충만되지 못하게 된다. 그러니 義가 어찌 밖에 있으리오? 고자告子가 이런 이치를 알지 못하

고 이에 '仁은 안에 있고, 義는 밖에 있다'라고 하여 다시 義를 일삼지 않으니, 반드시 義를 축적하여 호연지기浩然之氣를 기를 수 없다."라고 말한 것이다.

上文의 '말에서 얻지 못하면 마음에서 구하지 말라'는 것은 義를 밖으로 여긴 뜻이니, 〈고자告子〉 상편에 자세히 보인다.

주해

- 集義(집의) : 의를 축적하다.
  쌍봉요씨雙峯饒氏가 말했다. "先說氣配義與道, 後說集義而不及道者. 蓋道是體, 義是用, 浩然之氣有體有用. 其體配道, 其用配義. 故曰配義與道, 其體用一也. 言用則體在其中. 體上無做工夫處. 故只說集義."(大全註疏) 做(지을 주)
- 襲(엄습할 습) 慊(만족할 겸) 莒(나라이름 거) 愧(부끄러울 괴) 怍(부끄러울 작)

【備旨】

> 然이나 氣固足以配乎道矣나 而其養之之始에 當何如以爲功哉아 是必由一事之合義하여 積而至於事事皆合義면 則自反常直하니 此氣自然發生이요 非由一事偶合於義하여 便可掩襲於外而取之也라 若所行이 一有不合於義면 則自反不慊於心하여 氣卽因之以餒矣라 夫集義면 則心慊而氣生하고 不集義면 則心不慊而氣餒니 義之非在外也ㅣ明矣라 我故曰 告子ㅣ未嘗知義라하노니 正以其不求義於心而以義爲外也니 安能集義以生浩然之氣哉아

그러나 기氣가 진실로 도道와 의義에 배합될 스 있으나 氣를 처음 기

르기 시작할 때는 마땅히 어떻게 공효를 삼아야 하는가? 이는 반드시 한 가지 일이 의에 합당한 것으로 말미암아 쌓여서 일마다 모두 의에 합당하게 되면 곧 스스로 돌이켜 항상 곧게 되니 이는 氣가 자연스럽게 발생한 것이요, 한 가지 일이 우연히 義에 합당한다고 해서 곧 외부에서 갑자기 취하여 취할 수 있는 것이 아니다.

만약 행한 바가 하나라도 義에 합당하지 못한 것이 있으면 곧 스스로 돌이켜 마음에 만족하지 못하여 氣가 곧 이 때문에 굶주리게 된다.

무릇 義를 축적하면 곧 마음이 흡족하여 氣가 생겨나고, 義가 쌓이지 아니하면 곧 마음이 흡족하지 못하여 氣가 굶주리게 되니, 義의 밖에 있지 않다는 것이 분명하다.

그러므로 내가 가로되 '고자告子가 아직 일찍이 義를 알지 못한다'고 한 것은 바로 그가 義를 마음에서 구하지 않고 義가 밖에 있다고 여겼기 때문이니, 어찌 능히 義를 축적하여 호연지기浩然之氣를 기를 수 있으리오?

必有事焉而勿正하여 心勿忘하며 勿助長也하여 無若宋人然이어다

宋人이 有閔其苗之不長而揠之者러니 芒芒然歸하여 謂其人曰 今日에 病矣로라 予ㅣ助苗長矣로라하여늘 其子ㅣ趨而往視之하니 苗則槁矣러라 天下之不助苗長者ㅣ寡矣니 以爲無益而舍之者는 不耘苗者也요 助之長者는 揠苗者也니 非徒無益이라 而又害之니라

반드시 호연지기를 배양하되 기필期必하지 말고 마음에 잊지 말라. 조장助長하지 말고 송나라 사람처럼 하지 말라.
송나라 사람 중에 벼의 싹이 자라지 않는다고 근심하여 뽑은 자가 있었으니, 아무 것도 모르고 돌아와 그 자식에게 일러 가로되 '오늘은 매우 피곤하구나. 내가 벼의 싹이 자라도록 도와주었다' 라고 하거늘, 그 자식이 급히 달려가 살펴보니 싹이 말라 있었다.
천하에 싹을 자라도록 도와주는 않는 자가 적다. 배양하는 것이 무익하다고 하여 버려두는 것은 싹을 김매지 않는 자요, 싹이 자라도록 도와주는 자는 싹을 뽑는 자이니, 비단 이익이 없을 뿐만 아니라 또한 이를 해치는 것이다.

必有事焉而勿正은 趙氏 程子ㅣ以七字로 爲句하니 近世或幷下文心字讀之者도 亦通이라 必有事焉는 有所事也니 如有事於顓臾之有事라 正은 預期也니 春秋傳에 曰戰不正勝이 是也라 如作正心도 義亦同하니 此與大學之所謂正心者로 語意自不同也라
此는 言養氣者ㅣ必以集義爲事요 而勿預期其效하며 其或未充이면 則但當勿忘其所有事요 而不可作爲以助其長이니 乃集義養氣之節度也라
閔은 憂也라 揠은 拔也라 芒芒은 無知之貌라 其人은 家人也라 病은 疲倦也라 舍之不耘者는 忘其所有事요 揠而助之長者는 正之不得而妄有作爲者也라 然이나 不耘則失養而已요 揠則反以害之니 無是二者면 則氣得其養而無所害矣리라
如告子ㅣ不能集義 而欲强制其心이면 則必不能免於正助之病이니 其於所謂浩然者에 蓋不惟不善養이라 而又反害之矣니라

'必有事焉而勿正'은 조씨趙氏와 정자程子가 7字를 하나의 句를 삼았는데, 근세에는 혹 하문下文의 '心'字와 함께 읽는 자도 있으니 또한 통한다. '必有事焉'은 의도하는 바가 있는 것이니 '전유顓臾를 토벌할 계획이 있다'는 '有事'와 같다. '정正'은 미리 기약하는 것이니, 《춘추전春秋傳》에 '전쟁은 승리를 기약할 수 없다'는 것이 이것이다.

만약 '정심正心'으로 쓴다 해도 뜻이 같으니, 이는 《大學》에서 말한 '정심正心'과는 말의 의미가 자연히 같지 않다.

이는 호연지기浩然之氣를 기르는 자는 반드시 義를 축적하는 것으로 일을 삼되 미리 그 효험을 기대하지 말아야 하며, 그 혹 충만하지 않으면 다만 마땅히 그 하는 일이 있음을 잊지 말고 작위作爲하여 그 자라는 것을 도와주어서는 안된다는 말이니, 곧 義를 축적하여 호연지기를 기르는 절도節度이다.

'민閔'은 근심함이다. '알揠'은 뽑음이다. '망망芒芒'은 무지한 모양이다. '기인其人'은 집안 사람이다. '병病'은 피로함이다. '버려두고 김매지 않는다'는 것은 그 할 일을 잊는 것이요, '싹을 뽑아서 자라도록 도와준다'는 것은 미리 기대하다가 얻지 못하자 망령되이 작위作爲하는 것이다.

그러나 김매지 않는 것은 기르는 것을 잃을 뿐이요, 싹을 뽑으면 곧 도리어 해치는 것이니, 이 두 가지가 없으면 氣가 그 기름을 얻어 해치는 바가 없을 것이다.

고자告子와 같이 義를 쌓지 못하면서 억지로 그 마음을 제재制裁하려고 하면 곧 반드시 기대하거나 조장하는 병폐를 면하지 못할 것이니, 그 이른바 호연지기에 대해 잘 기르지 못할 뿐만 아니라 도리어 이를 해치는 된다.

주해

● 有事(유사) : 의도가 있다. 종사하다.

"有事是此外無他事."(四書補註備旨)

- 有事於顓臾 : 전유顓臾를 토벌하려는 의도가 있다. '전유顓臾'는 소국의 이름이다. 顓(전단할 전) 臾(잠깐 유)
《論語·季氏》 편에 나온다. "季氏將伐顓臾. 冉有季路見於孔子, 曰季氏將有事於顓臾."
- 勿助長(물조장) : 싹이 빨리 자라도록 作爲하여 돕지 말라.
남헌장씨南軒張氏가 말했다."勿助長者, 待其自充, 不可强使之充也. 此爲循天理之當然, 而不以人爲加之. 然欲不忘則近於助長, 欲不助長則或忘之. 二者之間, 守之爲難. 學者多知忘之爲害, 不知助長之爲害尤甚. 故引揠苗爲喩閔苗之不長猶憂氣之未充也, 揠以助長猶作其氣而使之充也."(大全註疏)
尤(더욱 우) 揠(뽑을 알) 閔(근심할 민)
- 芒(아득할 망) 槁(마를 고) 耘(김맬 운)

【備旨】

夫氣由集義而生하니 其用功이 當何如오 必孜孜焉以集義爲事요 而勿預期其氣之效니 久之當自充也라 其或未充이면 則是集義之功이 未至니 但當勿忘所事하여 其心이 只管集義요 切不可作爲以助氣之長也라 此則氣得所養而又無所害니 謂非集義養氣之節度乎아

然이나 正助之害는 視忘其有事者에 爲尤甚하니 養氣者ㅣ愼無若宋人然이어다 宋人有閔其苗之不長而揠拔之使長者러니 乃芒芒然昏昧無知而歸하여 謂其家人曰 予今日過勞而病矣라 予用力而助苗長矣라하여늘 其子心有所疑하여 趨而往視之하니 其所揠之苗則己槁矣러라 是宋人助長之弊如此어늘 今天下之養氣者ㅣ不爲宋人之助苗長者寡矣라 彼以氣爲無益而舍之不養者는 猶不耘苗

者也니 未甚害也어니와 至於助之長者는 正如揠苗者也니 非徒無益於氣라 而反害乎氣矣라 知助長之害면 則知當集義而不當義襲矣리니 吾之所謂善養浩然之氣 而異於告子者ㅣ以此니라

무릇 氣는 義를 축적하여 생겨나니 그 공용功用이 마땅히 어떠한가? 반드시 부지런히 義를 축적하는 것으로 일을 삼고, 그 氣의 효험을 미리 기대하지 말아야 하니, 오래되면 당연히 저절로 채워질 것이다.

혹 채워지지 않으면 곧 이는 義를 쌓은 공이 아직 이르지 못한 것이니 다만 마땅히 일할 바를 잊지 말고 그 마음으로 다만 義를 쌓는데만 관여해야 하며, 일절 작위作爲로 氣가 자라는 것을 도와서는 안된다. 이것이 곧 氣가 축적되면서도 해될 것이 없으니, 義을 축적하여 氣를 기르는 절도가 아니라고 이르리오?

그러나 미리 기대하고 조장하는 해로움이 그 일이 있음을 잊는 자와 비교해 볼 때 더욱 심하니, 氣를 기르는 자는 삼가 宋人과 같이 되지 말아야 한다.

宋人 중에 벼의 싹이 자라지 않음을 염려한 자가 있었는데, 싹을 뽑아서 자라게 하고서는 피로한 모습으로 혼매무지昏昧無知하게 돌아와 그 집안 사람에게 일러 가로되 '내가 오늘 과로하여 피곤하다. 내가 힘을 쏟아 싹이 자라는 것을 도와주었다'라고 하였다. 그 자식이 마음에 의심이 생겨 급히 달려가서 살펴보니, 그 뽑은 싹들이 이미 말라 죽어 있었다.

이 宋人이 조장하는 폐단이 이와 같거늘, 지금 천하에 氣를 기르는 자 중에 宋人처럼 싹이 자람을 돕지 않는 자가 드물다. 저 氣가 무익하다고 하여 버려두고 기르지 않는 자는 싹을 김매지 않는 자와 같으니 크게 해롭지는 않다. 그러나 자라도록 조장하는 자는 바로 싹을 뽑는

자와 같으니, 비단 氣에 무익할 뿐만 아니라 도리어 氣를 해치게 된다.

조장助長의 해로움을 알면 마땅히 의를 축적하되 마땅히 義를 갑자기 취하지 말아야 함을 알 것이다. 내가 이른바 호연지기를 잘 기르되 고자告子와 다른 것은 이 때문이다.

주해

● 孜孜(자자) : 부지런히 힘쓰는 모습. 孜(힘쓸 자)
《서경書經·익직益稷》 편에 나온다. "禹拜曰 '都帝予何言, 予思日孜孜.'"

何謂知言이니잇고
曰詖辭에 知其所蔽하며 淫辭에 知其所陷하며 邪辭에 知其所離하며 遁辭에 知其所窮이니 生於其心하여 害於其政하며 發於其政하여 害於其事하나니 聖人이 復起사도 必從吾言矣시리라

"무엇을 '지언知言'이라고 말합니까?"
(맹자) 가라사대 "편벽한 말에 대해 그 가린 바를 알며, 방탕한 말에 대해 그 빠진 바를 알며, 사악한 말에 대해 그 괴리乖離된 바를 알며, 도피하는 말에 대해 그 궁색한 바를 안다. 그 마음에서 생겨나 그 정사政事를 해치며, 그 政事에서 나와 그 일을 해치나니, 성인이 다시 출현한다고 해도 반드시 내 말을 따를 것이니라."

此는 公孫丑ㅣ復問而孟子答之也라 詖는 偏陂也요 淫은 放蕩

也요 邪는 邪僻也요 遁은 逃避也라 四者相因하니 言之病也라 蔽는 遮隔也요 陷은 沈溺也요 離는 叛去也요 窮은 困屈也라 四者亦相因 則心之失也라

人之有言이 皆本於心하니 其心이 明乎正理而無蔽 然後에 其言이 平正通達而無病하니 苟爲不然이면 則必有是四者之病矣라 卽其言之病 而知其心之失하고 又知其害於政事之決然而不可易者ㅣ如此하니 非心通於道 而無疑於天下之理면 其孰能之리오

彼告子者ㅣ不得於言而不肯求之於心하여 至爲義外之說하니 則自不免於四者之病이니 其何以知天下之言而無所疑哉리오

程子曰 心通乎道 然後에 能辨是非는 如持權衡以較輕重이니 孟子所謂知言이 是也라 又曰 孟子知言은 正如人在堂上이라야 方能辨堂下人曲直이니 若猶未免雜於堂下衆人之中이면 則不能辨決矣리라

이는 공손추가 다시 묻고 맹자가 답한 것이다. '피詖'는 치우침이요, '음淫'은 방탕함이요, '사邪'는 사벽邪辟함이요, '둔遁'은 도피함이다. 이 네 가지는 서로 원인이 되니 말의 병통이다.

'폐蔽'는 가리고 막힘이요, '함陷'은 빠짐이오, '리離'는 배반해서 떠남이요, '궁窮'은 곤궁함이다. 이 네 가지도 서로 원인이 되니 마음의 잘못이다.

사람이 하는 말은 모두 마음에 근본하니, 그 마음이 정리正理에 밝아 가림이 없은 후에 그 말이 평정平正하고 통달通達하여 병통이 없게 된다. 만일 그렇지 않으면 곧 반드시 이 네 가지의 병통이 있게 된다. 그 말의 병통에 나아가 그 마음의 잘못을 알고, 또 그것이 정사政事의

결연決然에 해가 됨을 알되 바꿀 수 없는 것이 이와 같으니, 마음으로 道를 통하여 천하의 이치에 의혹이 없지 않고서야 그 누가 능히 할 수 있으리오?

저 고자告子는 말에서 얻지 못하는데 마음에서 기꺼이 구하지 않으며, 심지어 義가 밖이 된다는 말을 하니, 스스로 네 가지의 병통을 면하지 못한 것이다. 그러니 그 어찌 천하의 말을 이해하여 의심할 바가 없으리오?

정자程子 가로되 "마음이 道에 통한 후에 능히 시비是非를 분별함은 마치 저울대를 가지고 경중輕重을 비교하는 것 같으니, 맹자가 말한 '지언知言'이 바로 이것이다."

또 가로되 "맹자의 '지언知言'은 바로 마치 사람이 당상堂上에 있어야 바야흐로 당하堂下에 있는 사람들의 곡직曲直을 분별할 수 있는 것과 같다. 만약 여전히 당하堂下에서 여러 사람들과 섞여 있는 것을 면하지 못한다면 곧 변별하여 결정할 수 없을 것이다."

주해

- 詖辭(피사) : 공정하지 못하고 한 쪽으로 치우친 말. 詖(치우칠 피)
  "詖是於正理說著一半. 蔽是心中遮卻那半也."(四書補註備旨) 遮(가릴 차)
- 淫辭(음사) : 방탕한 말.
  "淫是其說汎濫而無涯. 陷是心墮深處不出也."(四書補註備旨) 陷(빠질 함) 墮(떨어질 타)
- 邪辭(사사) : 사벽邪辟한 말.
  "邪是連半邊理都違失. 離是心中叛去正道也."(四書補註備旨)
  '사벽邪辟'은 《荀子·勸學》 편에 나온다. "君子居必擇鄉, 遊必就士, 所以防邪僻而近中正也."
- 遁辭(둔사) : 이치에 어긋나 말이 막히다. 진의眞意를 드러내지 않다. 遁(달아날 둔)
  "遁是別換話頭以支飾. 窮是心屈於理莫伸也."(四書補註備旨)
- 辨決(변결) : 변명재결辨明裁決. 곧 명확하게 분별하여 결정한다는 뜻이다.

【備旨】

丑ㅣ又問曰 養氣之說은 旣聞命矣어니와 敢問何謂知言이니잇고

孟子曰 人之有言이 皆本於心하니 如其辭之所發이 倚於一偏이면 是爲詖辭니 吾則知其心有所蔽故로 其辭詖也요 詖之不已하여 至於放蕩이면 是爲淫辭니 吾則知其心有所陷故로 其辭淫也요 淫之不已하여 至無正說이면 是爲邪辭니 吾則知其心有所離故로 其辭邪也요 邪之不已하여 必變其說이면 是爲遁辭니 吾則知其心有所窮故로 其辭遁也라

抑不特卽其言之病而知其心之失已也요 又知蔽陷離窮之失이라 旣生於其心이면 必且害於其政하여 而大綱ㅣ因之以壞矣요 旣發於其政이면 且害於其事하여 而節目이 亦因之俱壞矣리라 然이나 是害也는 乃必然之理니 雖後世有聖人復起하사도 亦必從吾生心害政과 發政害事之言矣리니 吾所謂知言者ㅣ如此니라 彼告子不得於言이어든 勿求於心은 則己之言도 且不能知어늘 其何以知人之言也哉리오

공손추가 또 물어 가로되 "'양기養氣'의 말씀은 이미 가르침을 들었거니와, 감히 묻건대 무엇을 '지언知言'이라고 합니까?"

맹자 가라사대 "사람이 하는 말은 모두 마음에 근본한다. 만약 그 말이 나온 바가 한쪽으로 치우치면 이는 '피사詖辭'가 되니, 나는 곧 그

마음에 가린 바가 있기 때문에 그 말이 치우친 것을 안다. 치우침이 그치지 아니하여 방탕함에 이르면 이는 '음사淫辭'가 되니, 나는 곧 그 마음에 빠진 바가 있기 때문에 그 말이 음탕한 것을 안다. 음탕함이 그치지 아니하여 정설正說이 없게 되면 이는 '사사邪辭'가 되니, 나는 곧 그 마음에 괴리된 바가 있기 때문에 그 말이 사악한 것을 안다. 사악함이 그치지 아니하여 반드시 그 말을 바꾸면 이는 '둔사遁辭'가 되니, 나는 곧 그 마음에 궁한 바가 있기 때문에 그 말이 막힌다는 것을 안다.

아마도 다만 그 말의 병통 때문에 그 마음의 잘못을 알 뿐만이 아니요, 또 가리고 빠지고 괴리되고 궁한 잘못을 알게 된다. 이미 그 마음에서 생겼으면 반드시 장차 그 政事를 해쳐서 대강大綱이 이로 인하여 무너지게 된다. 이미 그 정사政事에서 나왔으면 장차 그 일에 해가 되어 절목節目이 또한 이로 인하여 모두 무너질 것이다. 그러나 이 해로움은 곧 필연의 이치이니 비록 후세에 성인이 다시 출현하신다고 해도 또한 반드시 나의 '마음에서 나와 政事를 해치며, 政事에서 발하여 일을 해치게 된다'는 말을 따를 것이다. 내가 말하는 '지언知言'이란 것이 이와 같다. 저 고자告子의 '말에서 얻지 못하면 마음에서 구하지 말라'는 것은 곧 자신의 말도 능히 알지 못하거늘 어찌 남의 말을 알리오?"

주해

- 聞命(문명) : 명령이나 가르침을 받다.
  《左傳·昭公十三年》 條에 나온다. "寡君聞命矣."

宰我 子貢은 善爲說辭하고 冉牛 閔子 顏淵은 善言德行이러니 孔子ㅣ兼之하사되 曰我ㅣ於辭命則不能也로라하시니 然則夫子는 旣聖矣乎신저

"재아宰我와 자공子貢은 언사言辭를 잘하였고, 염우冉牛 민자閔子 안연顏淵은 덕행德行을 잘 말하였습니다. 그런데 孔子께서 이를 겸하셨으나 '나는 사명辭命에는 능하지 못하다' 고 하셨으니, 그렇다면 夫子(맹자)께서는 이미 성인이십니다!"

此一節은 林氏以爲皆公孫丑之問이 是也라 說辭는 言語也요 德行은 得於心而見於行事者也라 三子ㅣ善言德行者는 身有之故로 言之親切而有味也라

公孫丑言 數子各有所長 而孔子兼之나 然이나 猶自謂不能於辭命이어시늘 今孟子ㅣ乃自謂我能知言하고 又善養氣라하시니 則是兼言語德行而有之니 然則豈不旣聖矣乎아하니라

此夫子는 指孟子也라

程子曰 孔子ㅣ自謂不能於辭命者는 欲使學者로 務本而已시니라

이 절은 임씨(林之奇)가 '모두 공손추의 물음이다'라고 했으니 옳다. '설사說辭'는 言語요, '덕행德行'은 마음에서 얻어 행사行事에 나타나는 것이다. 三子가 '德行을 잘 말하였다'는 것은 몸에 이를 지니고 있기 때문에 말이 친절하고 맛이 있었던 것이다.

공손추가 말하되 "공자의 여러 제자들이 각기 장점이 있었고 공자

께서는 이를 겸하였으나, 그러나 오히려 스스로 사명辭命에는 능하지 못하다고 말씀하셨습니다. 이제 맹자께서 스스로 나는 능히 '지언知言'을 하고 또 '양기養氣'를 잘한다고 말씀하시니, 이는 언어와 덕행을 겸하여 지니신 것입니다. 그러니 어찌 이미 성인이 아니시겠습니까?"

여기에서의 '夫子'는 맹자를 가리킨다.

程子 가로되 "공자께서 스스로 사명辭命에 능하지 못하다고 말씀하신 것은 배우는 자로 하여금 근본에 힘쓰도록 하기 위한 것일 따름이다."

주해

● 善爲說辭(선위설사) : '설사說辭'를 잘하다. '說辭'는 '言辭'와 같다. 여기서는 '知言'에 속한다.

"善說辭是言合於理, 而足以達意. 屬知言邊."(四書補註備旨)

● 善言德行(선언덕행) : 덕행을 잘 말하다. 여기서는 '養氣'에 속한다.

"善言德行, 重德行不重善言. 屬養氣邊."(四書補註備旨)

● 辭命(사명) : '辭'는 文辭, '命'은 命令으로 '辭命'은 言語와 같다.

【備旨】

丑丨聞孟子知言養氣之說하고 遂以聖擬之曰 昔에 孔門弟子에 若宰我子貢則善爲說辭나 然이나 不能於說辭之外有所兼也요 若冉牛閔子顔淵則善言德行이나 然이나 不能於德行之外有所兼也로되 惟孔子丨言足爲經하고 行足爲法하여 旣兼乎數子之長이나 而猶自謂曰 我於辭命則不能也로라하시니 今夫子는 旣自謂我能知言하고 我善養氣라하시니 則是兼言語德行而有之니 豈不旣聖矣乎이신저

공손추가 맹자의 지언知言과 양기養氣의 말씀을 듣고, 마침내 성인聖人으로 견주어 가로되 "옛날 공문제자孔門弟子 중에 재아宰我와 자공子貢 같은 경우는 설사辭說를 잘 하였으나, 그러나 설사辭說 외에는 겸할 수가 없었습니다. 염우冉牛와 민자閔子와 안연顔淵 같은 경우는 덕행德行을 잘 말하였으나, 그러나 능히 덕행 외에는 겸할 수가 없었습니다. 오직 孔子께서는 말씀은 족히 경經이 되고 행동은 족히 법法이 되어 이미 여러 제자들의 장점을 겸비하셨으나, 오히려 스스로 일러 가라사대 '나는 사명辭命에는 능하지 못하다'라고 하셨습니다. 이제 夫子(맹자)께서는 이미 스스로 '내가 지언知言에 능하며 내가 양기養氣를 잘한다'라고 말씀하셨는데, 이는 언어言語와 덕행德行을 겸비하여 지니고 계신 것이니 어찌 이미 성인이 아니시겠습니까?"

曰 惡라 是何言也오 昔者에 子貢이 問於孔子曰 夫子는 聖矣乎신저 孔子曰 聖則吾不能이어니와 我學不厭而敎不倦也로라 子貢이 曰 學不厭은 智也요 敎不倦은 仁也니 仁且智하시니 夫子는 旣聖矣신저하니 夫聖은 孔子도 不居하시니 是何言也오

가라사대 "오호라! 이 무슨 말인가? 옛날에 자공子貢이 孔子께 물어 말하기를 '夫子는 성인이십니다!' 라고 하니, 孔子께서 '성인은 내가 능하지 못하거니와, 나는 배우는 것을 싫어하지 않으며 가르치기를 게을리 하지 않는다' 라고 하셨다. 자공이 말하길 '배움을 싫어하지 않는 것은 지智요, 가르치기를 게을리 하지 않는 것은 인仁입니다. 어

질고 또 지혜로우시니 夫子께서는 이미 성인이십니다!' 라고 하였다. 성인聖人은 孔子께서도 자처하지 않으셨는데, 이 무슨 말인가?"

惡는 驚歎辭也라 昔者以下는 孟子ㅣ不敢當丑之言하여 而引孔子子貢問答之辭以告之也라 此夫子는 指孔子也라 學不厭者은 智之所以自明이요 教不倦者는 仁之所以及物이라 再言是何言也하여 以深拒之하시니라

'오惡'는 경탄사이다. '昔者' 이하는 맹자께서 공손추의 말을 감당하지 못하여 孔子와 자공이 문답한 말씀을 인용해서 이를 고하신 것이다. 여기에서 夫子는 孔子를 가리킨다.

'학불염學不厭'이란 지혜가 저절로 밝아지는 바요, '교불권教不倦'이란 仁이 사물에 미치는 바이다. 거듭 '이 무슨 말인가'를 말하여 크게 이를 거절하신 것이다.

주해

- 不居(불거) : 자처하지 않다. 감당하지 못하다.
- 朱子가 말했다. "中庸, 成己仁也, 是體. 成物智也, 是用. 此學不厭, 智也是體. 教不倦, 仁也是用"(大全註疏)

【備旨】

孟子ㅣ不敢以聖自居하고 乃驚歎曰 惡라 以我爲聖은 是何言也오 昔者에 子貢이 問於孔子曰 夫子는 其道全德備之聖矣乎이신저 孔子曰 聖則吾不能이어니와 我는 但以

聖人之道로 學諸己而不厭이요 而又以聖人之道로 敎諸人而不倦也로라 子貢就其辭而贊之曰 學不厭者는 乃深見道體之無窮이니 智之所以自明也요 敎不倦者는 乃渾然物我之無間이니 仁之所以及物也라 有是仁而且有是智하시니 夫子는 旣爲仁智合一之聖矣신저

子貢孔子相問答如此하니 夫聖之名은 孔子도 尙不敢自居하시니 而子ㅣ乃謂我爲聖은 是何言也오

맹자께서 감히 성인으로서 자처하지 못하고 이에 놀라 탄식하며 가라사대 "오호라! 나를 성인이라 함은 이 무슨 말인가? 옛날 자공이 孔子께 물어 말하길 '夫子께서는 그 道가 온전하고 덕이 갖추어진 성인이십니다!'라고 하니, 공자께서 말씀하시길 '성인은 내가 능히 자처할 수 없거니와 나는 다만 성인의 도를 몸으로 배우되 싫어하지 않으며, 성인의 도를 남에게 가르치되 게을리하지 않노라.'라고 하셨다.

자공이 그 말에 따라 찬미하여 말하길 '배우기를 싫어하지 않는다는 것은 곧 도체道體의 무궁함을 깊이 볼 수 있으니 지혜가 저절로 밝아지는 바요, 가르침을 게을리하지 않는다는 것은 곧 혼연渾然히 물아物我의 사이가 없는 것이니 仁이 사물에 미치는 바입니다. 이런 仁이 있고 또 이런 지혜가 있으시니, 夫子께서는 이미 仁과 智의 合一을 이룬 성인이십니다!'라고 하였다.

子貢과 孔子께서 서로 문답한 내용이 이와 같다. 무릇 성인이라는 칭호는 孔子께서도 오히려 감히 자처하지 않으셨거늘 그대가 곧 나를 성인이라고 말하니, 이 무슨 말인가?"

昔者에 竊聞之하니 子夏子游子張은 皆有聖人之一體하고 冉牛閔子顏淵은 則具體而微라하니 敢問所安하노이다

"옛날에 제가 듣건대 자하子夏·자유子游·자장子張은 모두 성인의 한 부분씩을 지니고 있었고, 염우冉牛·민자閔子·안연顏淵은 대체적으로 갖추었으나 미약하였다고 합니다. 감히 묻건대 夫子께서는 어떤 사람 편에 자처하십니까?"

此一節은 林氏亦以爲皆公孫丑之問이라하니 是也라 一體는 猶一肢也라 具體而微는 謂有其全體로되 但未廣大耳라 安은 處也라

公孫丑ㅣ復問孟子 旣不敢比孔子면 則於此數子에 欲何所處也오

이 절은 임씨가 또한 '모두 공손추의 물음이다'라고 했으니 옳다. '일체一體'는 '일지一肢'와 같다. '대체적으로 갖추었으나 미약하다'는 것은 그 전체를 갖췄으되 다만 광대廣大하지 못할 뿐이라는 말이다. '안安'은 자처함이다.

공손추가 다시 맹자께 묻기를 "이미 감히 孔子에게 비교하지 못하신다면 이 몇 사람 중에 어느 편에 자처하시겠습니까?"라고 하였다.

주해

- 一體(일체) : 한 부분. 일면.
  "有一體, 謂子夏子游得其文學. 子張得其威儀."(四書補註備旨)
- 具體(구체) : 대체적으로 모두 갖추다.

淸나라 기윤紀昀의 《閱微草堂筆記》 卷三, 〈灤陽消夏錄〉 三에 나온다. "亦能作畫, 畫不過蘭竹數竿, 具體而已." 昀(햇빛 윤) 灤(강이름 란)
"具體是有聖人全體. 微字只輕帶說."(四書補註備旨)

【備旨】

丑ㅣ見孟子不敢以仁自居하고 又問曰 昔者에 竊聞之하니 聖人之道는 大而能博하여 全體渾然者也라 當時及門之徒에 如子夏子游子張은 學焉하여 各得其性之所近이나 皆有聖人之一體하니 是偏而未全者也요 若冉牛閔子顏淵은 則氣質不偏하고 義理皆備하여 已具聖人之全體로되(나) 特其形迹尙存而微焉耳라하니 夫子ㅣ旣不敢當孔子하시니 敢問於此數者에 果何所安而處之乎아하니라

공손추가 맹자께서 감히 仁으로 자처하지 못한 것을 보고 또 물어 가로되 "옛날 제가 듣건대 聖人의 道는 크고 능히 광박廣博하여 전체가 혼연渾然하다고 했습니다. 당시 孔門의 무리 중에 자하子夏·자유子游·자장子張과 같은 경우는 배워서 각기 그 성품에 근접한 바를 얻었으니, 모두 聖人의 한 부분씩을 얻었으나, 이는 치우쳐서 온전하지 않습니다. 염우冉牛·민자閔子·안연顏淵 같은 경우는 기질이 치우치지 않고 의리義理를 모두 갖추어 이미 성인의 전체全體를 갖추었으나 다만 형적形迹이 여전히 남아 있어 미약할 뿐입니다. 夫子께서 이미 감히 孔子를 감당치 못한다고 하시니, 감히 묻건대 이 몇 사람 중에 어느 편에 자처하시겠습니까?

曰 姑舍是하라

가라사대 "잠시 이들을 내려두라."

孟子言且置是者는 不欲以數子所至者로 自處也시니라

맹자께서 '잠시 이들을 내려두라'고 말씀하신 것은 이들 몇 사람이 이른 경지로 자처하고 싶지 않으신 것이다.

주해

- 是(시) : 앞에 나온 孔門 제자들을 말한다.
  "是字指上數子."(四書補註備旨)

【備旨】

> 孟子曰 立志欲大하며 取法欲高하니 數子ㅣ雖賢이나 吾姑舍置之也로라

맹자 가라사대 "뜻을 크게 세우고자 하며, 법을 높이 취하고자 하니, 이들 몇 사람이 비록 현명하나 나는 잠시 내려두겠노라."

曰 伯夷伊尹은 何如하니잇고
曰 不同道하니 非其君不事하며 非其民不使하여 治則進하고 亂則退는 伯夷也요 何事非君이며 何使非民이리오하여 治亦進하며 亂亦進은 伊尹也요 可以仕則仕하며 可以止則止하며 可以久則久하며 可以速則速은 孔子也시니 皆古聖人也라 吾未能有行焉이어니와 乃所願則學孔子也로라

가로되 "백이伯夷와 이윤伊尹은 어떻습니까?"
가라사대 "道가 같지 아니하니 그 명군明君이 아니면 섬기지 않으며 그 백성이 아니면 부리지 아니하여 치세에 나아가고 난세에 물러난 자는 백이伯夷이다. '누구를 섬기면 임금이 아니며 누구를 부리면 백성이 아니리오!' 하여 치세에도 나아가고 난세에도 나아간 자는 이윤伊尹이다. 벼슬할 만하면 벼슬하고 그칠 만하면 그치며, 오래 머무를 만하면 오래 머무르고, 빨리 떠날 만하면 빨리 떠난 자는 孔子이시니 모두 옛 성인이시다.
나는 아직 이런 행함에 능하지 못하거니와 이에 원하는 바는 바로 孔子를 배우는 것이니라."

伯夷는 孤竹君之長子니 兄弟遜國하고 避紂隱居라가 聞文王之德而歸之러니 及武王伐紂에 去而餓死하니라 伊尹은 有莘之處士니 湯聘而用之하여 使之就桀호되 桀不能用이어늘 復歸於湯하여 如是者五라가 乃相湯而伐桀也하니라 三聖人事

는 詳見此篇之末及萬章下篇하니라

'백이伯夷'는 고죽군孤竹君의 장자長子이다. 형제가 나라를 사양하며 주왕紂王를 피해 은거하다가 문왕文王의 덕을 듣고 그에게 귀의하였으나, 무왕武王이 주왕을 정벌하자 떠나가 굶어죽었다.

'이윤伊尹'은 유신有莘 땅의 처사處士이다. 탕왕湯王이 초빙하여 등용했으며, 걸왕桀王을 따르도록 하였으나 걸왕이 등용하지 못하여 다시 탕왕에게 돌아왔다. 이렇게 다섯 번을 하다가 이에 탕왕을 도와 걸왕을 정벌하였다.

세 성인에 관한 일은 이 편의 끝부분과 〈만장萬章〉 하편에 자세히 보인다.

주해

- 非其君(비기군) : 섬길만한 그 임금이 아니다. '君'은 곧 '명군明君'을 말한다. "非其君, 言非明君."(四書補註備旨)
- 非其民(비기민) : 부릴만한 그 백성들이 아니다. '民'은 곧 '양민良民'을 말한다.
  "非其民, 言非良民."(四書補註備旨)
- 雲峰胡氏가 말했다. "孟子以顔子具聖人之體而未極其大, 故欲學其大者. 以伯夷伊尹有聖人之德而未極其全, 故欲學其全者. 故此以下, 則專言夫子之聖."(大全註疏)

【備旨】

丑ㅣ又問曰 夫子ㅣ旣不以數子自處하시니 若伯夷伊尹은 何如하니잇고 其肯處之否乎아

孟子曰 伯夷伊尹은 與我不同道하니 彼非其可事之君則不事하며 非其可使之民則不使하여 世治則進而仕하고

世亂則退而不仕는 此伯夷以淸爲其道者也요 何事非君이리오 不必皆明君也며 何使非民이리오 不必皆良民也라하여 治世亦進而仕하고 世亂亦進而仕는 此伊尹以仕爲其道者也요 若夫可以仕則仕而無心於必仕하며 可以止則止而無心於必止하며 可以久則久而無心於必久하며 可以速則速而無心於必速은 此孔子以時爲其道者也시니라 是夷爲聖之淸이요 尹爲聖之任이요 孔子爲聖人之時니 皆古聖人也라

反之吾身컨대 不特孔子之聖을 未之能行이라 卽夷之淸尹之任도 亦未能有行焉이어니와 乃吾心之所願者는 則惟學孔子也라 我旣願學孔子면 則我之道卽孔子之道요 而與夷尹不同矣니 豈肯自處之乎아

공손추가 다시 물어 가로되 "夫子께서 이미 몇 사람에게 자처하지 아니하시니 백이와 이윤 같은 사람은 어떻습니까? 그들에게는 즐겨 자처하시겠습니까?"

맹자 가라사대 "백이와 이윤은 나와 道가 같지 않다. 저가 섬길만한 임금이 아니면 섬기지 아니하고, 부릴만한 백성이 아니면 부리지 아니하며, 치세治世에는 나아가 벼슬하고 난세亂世에는 물러나 벼슬하지 않았으니, 이 백이伯夷와 숙제叔弟는 맑음(淸)을 그 道로 삼은 것이다.

'누구를 섬기면 임금이 아니리오? 반드시 모두 명군明君일 필요는 없으며, 누구를 부리면 백성이 아니리오? 반드시 모두 양민良民일 필요는 없다'라고 하여 치세에도 나아가 벼슬하고 난세에도 나아가 벼슬했으니, 이는 이윤伊尹이 벼슬(仕)을 그 道로 삼은 것이다.

벼슬할 수 있으면 벼슬하되 반드시 벼슬하는데 마음을 두지 않으며, 그칠 수 있으면 그치되 반드시 그치는데 마음을 두지 않으며, 오래 머무를 수 있으면 오래 머무르되 반드시 오래 머무르는데 마음을 두지 않으며, 빨리 떠날 수 있으면 빨리 떠나되 반드시 빨리 떠나는데 마음을 두지 않았으니, 이는 孔子께서 때(時)를 그 道로 삼으신 것이다.

이 백이는 성인 중에 맑음을 행한 자요, 이윤은 성인 중에 벼슬을 행한 자요, 孔子는 성인 중에 때를 행한 자이니, 모두 옛날의 성인이시다.

이를 내 몸에 돌이켜보건대 다만 孔子와 같은 성인의 행을 나는 아직 행할 수 없을 뿐만 아니라 곧 백이의 맑음과 이윤의 벼슬도 능히 행할 수 없다. 오직 내 마음은 孔子를 배우는 것이다. 내가 이미 孔子를 배우고자 하니, 나의 道는 바로 孔子의 道요, 伯夷나 伊尹과는 더불어 같지 아니하니 어찌 즐겨 그들에게 자처하겠는가?"

伯夷伊尹이 於孔子에 若是班乎잇가

曰 否라 自有生民以來로 未有孔子也시니라

"백이伯夷와 이윤伊尹이 孔子와 더불어 이렇듯이 나란합니까?" 가라사대 "아니다. 生民이 생겨난 이래로 孔子만한 사람이 있지 아니하니라."

班은 齊等之貌라 公孫丑ㅣ問 而孟子ㅣ答之以不同也시니라

'반班'은 제등齊等한 모양이다. 공손추가 묻자 孟子께서 같지 않다고 답하신 것이다.

주해

- 於(어) : '여與'자와 같다.
- 齊等(제등) : 동등하다. 나란하다.
  《釋名·釋親屬》에 나온다. "士庶人曰妻. 妻, 齊也. 夫賤不足以尊稱, 故齊等言也."

【備旨】

> 丑丨又問曰 伯夷伊尹이 於孔子에 旣皆爲古之聖人이라 하시니 不知其人品이 亦果若是班乎잇가
> 孟子曰 謂其果若是班者는 否也라 自有生民以來로 其間聖人丨相繼而作하여 吾不知其凡幾矣로되 皆未有如孔子道德事功之隆者也니 豈止於夷尹乎아

공손추가 또 물어 가로되 "백이와 이윤이 孔子와 더불어 이미 모두 옛 성인이라고 하시니, 그 인품人品도 과연 이와 같이 동등한지 모르겠습니다."

맹자 가라사대 "그들이 과연 이렇게 동등하다고 말한 것은 아니다. 生民이 생겨난 이래로 그 동안 성인이 서로 이어서 출현했으나 나는 그들이 몇 사람인지는 모른다. 그러나 모두 孔子처럼 도덕道德과 사공事功이 융성한 자는 있지 아니하니 어찌 백이와 이윤에 그치시리오?"

曰 然則有同與잇가
曰 有하니 得百里之地而君之면 皆能以朝諸侯有天下어니와 行一不義하며 殺一不辜而得天下는 皆不爲也리니 是則同하니라

가로되 "그렇다면 같은 점이 있습니까?"
가라사대 "있다. 백리의 땅을 얻어 그곳에서 군왕君王 노릇을 하면 모두 제후들에게 조회를 받아 천하를 다스릴 수 있거니와, 한 가지라도 의롭지 못한 일을 행하며 한 사람이라도 무고한 사람을 죽여 천하를 얻는 일은 모두 하지 않을 것이니 이것이 바로 같은 점이니라."

有는 言有同也라 以百里而王天下는 德之盛也요 行一不義 殺一不辜而得天下를 有所不爲는 心之正也라 聖人之所以爲聖人은 其本根節目之大者가 惟在於此하니 於此不同 則亦不足以爲聖人矣니라

'유有'는 같은 점이 있다는 말이다. 백리의 땅으로 천하에 왕 노릇을 한다는 것은 德이 성한 것이다. 한 가지라도 의롭지 못한 일을 행하고 한 사람이라도 무고한 사람을 죽여 천하를 얻는 일을 하지 않는 것은 마음이 바른 것이다.

성인이 바로 성인이 되는 이유는 그 근본과 절목節目의 대체大體가 오직 여기에 있으니, 이에 같지 아니하면 또한 성인이 될 수 없다.

주해

- 君(군) : 군장君長.
- 신안진씨新安陳氏가 말했다. "上文德之盛, 根本之大也. 心之正, 節目之大也.

大根本, 節目同而小處不同, 皆可以言聖人. 若大處不同則大本已非, 吾何以觀之哉."(大全註疏)

● 辜(허물 고)

【備旨】

> 丑ㅣ又問曰 孔子ㅣ旣非夷尹可班이라하시니 然則亦有一二之同與잇가
> 孟子曰 有同하니 以言其德之盛이면 則得百里小國之地而君之면 皆能以朝諸侯而奄有天下하되 初不假於土地甲兵之力이요 以言其心之正이면 則行一不義之事하며 殺一不辜之人 而可以得天下之大는 彼皆有所不屑爲也리니 是則根本節目之大者는 三聖之所同也시니 於此不同이면 烏在其爲聖人哉리오

公孫丑 또 물어 가로되 "孔子께서 이미 백이나 이윤과 동등할 수 없다고 하시니, 그렇다면 또한 한 두 가지 같은 점이 있습니까?"

孟子 가라사대 "같은 점이 있다. 그 성한 덕으로 말하자면 곧 백리가 되는 작은 나라의 땅을 얻어 군왕 노릇을 하면 모두 제후들에게 조회를 크게 천하를 다스릴 수가 있되, 처음부터 토지와 갑병甲兵의 힘을 빌지 않았을 것이다.

그 올바른 마음으로 말하자면 곧 한 가지라도 의롭지 못한 일을 행하며 한 사람이라도 무고한 사람을 죽여 광대한 천하를 얻을 수 있으나, 그들은 모두 달갑게 여겨 행하지 않으실 것이다. 이는 곧 근본根本과 절목節目 중에 큰 것은 세 성인이 같은 점이니, 이 점에서 같지 않다면 어느 면에서 그들이 성인이 되시리오?"

주해

● 奄(클 엄) 屑(달갑게여길 설)

曰 敢問其所以異하노이다
曰 宰我子貢有若은 智足以知聖人이니 汙不至阿其所好니라

가로되 "감히 그들의 다른 점을 묻사옵니다."
가라사대 "재아宰我·자공子貢·유약有若은 지혜로 성인을 알 수 있으니, 지혜가 낮다해도 그 좋아하는 바에 아첨하지는 않았을 것이니라."

汙는 下也라 三子智足以知夫子之道하니 假使汙下라도 必不阿私所好而空譽之니 明其言之可信也니라

'와汙'는 낮음이다. 세 사람의 지혜로 夫子의 道를 알 수 있었으니, 가사 지혜가 낮을지라도 반드시 좋아하는 바에 한쪽으로 치우쳐서 헛되이 칭찬하지는 않았을 것이니, 그 말이 믿을 만하다고 밝힌 것이다.

주해

● 汙(와) : 낮다. 낮은 아래에 있다. '와하汙下' 또는 '저와低洼'의 뜻이다. 汙(낮을 와) 洼(웅덩이 와)
朱子가 말했다. "汙是汙下不平處. 或是當時方言, 當屬下句讀."(大全註疏)
경원보씨慶源輔氏가 말했다. "智足以知聖人, 則其智識高明矣. 阿私所好而空譽之, 則其識趣汙下矣. 高明與汙下正相反. 高明則不必至汙下矣. 反覆極言之, 以明三子之言必可信耳."(大全註疏)
● 阿私(아사) : 한쪽으로 치우치다. 공평하지 않다. '편사偏私'와 같다.

《晏子春秋·問下十九》에 나온다. "晏子對曰 '正士處勢臨衆不阿私, 行於國足養而不忘故.'"

【備旨】

丑ㅣ又問曰 夷尹之與孔子는 其根本節目之同則旣聞之矣어니와 敢問 孔子之所以異於夷尹者ㅣ何如하니잇고 孟子曰 孔子異於羣聖은 非我一人之私言이니 昔賢이 已有言之者矣라 蓋聖人은 原不易知하니 彼宰我子貢有若은 智識高明하여 足以知聖人之道니 假使其智識汙下라도 必不阿私其所好而空譽之온 況智而非阿者乎아 其言을 良可信也로다

공손추가 또 물어 가로되 "백이伯夷와 이윤伊尹이 孔子와 더불어 그 근본根本과 절목節目이 같다는 점은 이미 들었습니다. 감히 묻건대 孔子께서 백이와 이윤과 다른 점은 무엇입니까?"

맹자 가라사대 "孔子께서 여러 성인들과 다른 점은 나 한사람의 사사로운 말이 아니니 옛날 성현들이 이미 말한 것이 있다. 대개 성인은 원래 쉽게 알 수가 없으니, 저 재아宰我·자공子貢·유약有若은 지식이 고명高明하여 성인의 道를 알 수 있었다. 가사 그 지식이 낮을지라도 반드시 그 좋아하는 바에 한쪽으로 치우쳐서 헛되이 칭찬하지는 않았을 것이다. 하물며 그들이 지혜롭고 아첨하지 않는 사람임에랴! 그 말을 진실로 믿을 만하도다."

宰我曰 以予觀於夫子컨댄 賢於堯舜이 遠矣하시다

"재아宰我가 말하기를 '내가 夫子(孔子)를 살피건대 요순堯舜 보다 훨씬 뛰어나시다' 라고 하였다."

程子曰 語聖則不異하고 事功則有異하니 夫子賢於堯舜은 語事功也니라 蓋堯舜은 治天下하고 夫子는 又推其道하여 以垂教萬世하니 堯舜之道ㅣ非得孔子면 則後世亦何所據哉리오

程子 가로되 "성인에 대한 말은 다르지 않고, 사공事功에 대한 말은 다르다. 夫子가 요순堯舜보다 낫다는 것은 사공事功을 말한 것이다. 대개 요순堯舜은 천하를 다스렸고, 夫子는 다시 그 道를 미루어 가르침을 만세에 남기셨으니, 요순堯舜의 道가 孔子를 얻지 못했다면 후세에 또한 무엇에 의거하였으리오?"

주해

- 夫子(부자) : 여기서는 孔子를 가리킨다.
- 賢(현) : 여기서는 '낫다'는 뜻이다. '승勝'과 통한다.
  "賢是勝, 就事功說. 遠是賢之甚."(四書補註備旨)

【備旨】

宰我之言에 曰自古聖人을 首稱堯舜하니 以予觀之컨대 堯舜은 以道治唐虞之天下하고 夫子는 又推堯舜之道하여 以垂教萬世之天下하니 其功之大ㅣ賢於堯舜이 盖甚

遠矣라
此宰我智足知聖而言之니 可信者也라 夫夫子ㅣ且賢於堯舜하시니 而異於夷尹은 不待言矣니라

재아宰我의 말에 가로되 '예로부터 성인은 요순堯舜을 가장 먼저 일컬으니, 내가 살피건대 요순堯舜은 道로써 당우唐虞의 天下를 다스렸고, 夫子는 다시 요순의 道를 미루어 만세토록 천하에 가르침을 남기셨으니, 그 위대한 공이 요순보다 크게 뛰어나시다.'라고 하였다.

이는 재아宰我의 지혜로 성인을 알 수 있어 한 말이니 믿을 만하다. 무릇 夫子께서 요순堯舜 보다도 뛰어나시니, 백이·이윤과 다르다는 것은 말할 필요도 없다.

子貢이 曰見其禮而知其政하며 聞其樂而知其德이니 由百世之後하여 等百世之王컨댄 莫之能違也니 自生民以來로 未有夫子也시니라

"자공子貢이 말하길 '그 禮를 보고 그 정사政事를 알며, 그 음악을 듣고 그 덕德을 아는 법이다. 백세 이후에 백세의 왕을 평가하건대 이를 피할 자가 없으니, 生民이 생겨난 이래로 夫子 같은 사람이 있지 않다.' 고 하였다."

言大凡見人之禮則可以知其政이요 聞人之樂則可以知其德이라 是以로 我從百世之後하여 差等百世之王컨대 無有能遁其情者니 而見其皆莫若夫子之盛也시니라

대범 사람의 禮를 보면 곧 그 정사政事를 알 수 있고, 사람의 음악을 들으면 그 덕德을 알 수 있다. 이 때문에 내가 백세의 후에 백세의 왕을 차등差等하건대, 그 실정을 피할 수 있는 자가 없으니, 그들 모두가 夫子 같이 성하지 못함을 알 수 있다는 말이다.

주해

● 等(등) : 우열을 평가하다. '등차等差'와 같다.
新安陳氏가 말했다. "差等猶言品第情實也. 以見禮知政, 聞樂知德二句鑒之, 皆不能逃於洞察之下."(大全註疏)

【備旨】

> 子貢之言에 曰先王之政이 雖息이나 苟見其所遺之禮有文質이면 而知其所施之政有煩簡하며 先王之德이 雖泯이나 苟聞其所遺之樂有美善이면 而知其所存之德有性反이니 我由百世之後하여 以禮樂差等百世之王컨대 其德政之汙隆이 皆莫之於能違而遁其情也라 但見自生民以來로 未有我夫子一身 而備帝王之政하고 一心而兼神聖之德者也시니 豈非萬世莫及者哉아 此子貢智足知聖而言之可信者也니 夫百世皆不能及하니 而異於夷尹은 又不待言矣라

자공子貢의 말에 가로되 '先王의 정사政事가 비록 끝났으나 만일 선왕이 남긴 예禮에 문질文質이 있음을 보면, 그 베푼 정사에 번잡하고 간략함이 있음을 알 수 있다. 선왕의 덕이 비록 없어졌으나 만일 선왕이

남긴 음악에 아름다움이 있음을 들으면, 그 남아있는 덕에 성반性反이 있음을 알 수 있다.

내가 백세 후에 예악으로 백세의 왕을 차등差等하건대, 그 德과 政事의 낮고 성함이 모두 그 실정을 피하여 달아날 수 있는 것이 없다. 다만 生民이 생겨난 후로 우리 夫子와 같이 한 몸에 제왕의 政事를 갖추고 있고, 한 마음에 신성神聖의 덕을 겸비한 자가 있지 않음을 알 수 있으니, 어찌 만세토록 남들이 미치지 못할 자가 아니겠는가?'라고 하였다.

이는 子貢의 지혜로 聖人을 알 수 있어서 한 말이니, 믿을 만하다. 무릇 백세토록 모두 미칠 수 없으니, 백이·이윤과 다르다는 것은 다시 말할 필요가 없다.

주해

- 文質(문질) : 문장의 표현과 품덕. '文'은 외재적 표현, '質'은 品德을 말한다. 《論語·옹야雍也》 편에 나온다. "質勝文則野, 文勝質則史, 文質彬彬, 然後君子." 이에 대해 하안何晏의 《論語集解》에 "野, 如野人, 言鄙略也. 史者, 文多而質少. 彬彬, 文質相半之貌."라고 풀이했다. 彬(빛날 빈)
- 美善(미선) : 아름답다.
  《荀子·哀公》 편에 나온다. "所謂士者, 雖不能盡道術, 必有率也. 雖不能遍美善, 必有處也."
- 性反(성반) : 본성대로 행하는 것과 본성을 회복하는 것.
  《맹자·盡心下》에 나온다. "요순은 본성대로 행한 성인이고, 탕무는 본성을 회복한 성인이다. [堯舜性者也 湯武反之也]"

有若이 曰豈惟民哉리오 麒麟之於走獸와 鳳凰之於飛鳥와 太山之於丘垤와 河海之於行潦에 類也며 聖人之於民에 亦類也시니 出於其類하며 拔乎其萃나 自生民以來로 未有盛於孔子也시니라

"유약有若이 가로되 '어찌 다만 백성뿐이리오! 달리는 짐승들에 대한 기린, 나는 새들에 대한 봉황, 개미 언덕에 대한 태산, 고인물에 대한 하해河海 등이 이런 동류同類이다. 백성들에 대한 성인聖人 또한 이런 동류同類이다. 그 동류보다 출중하며 그 무리보다 뛰어났으나, 生民이 생겨난 후로 孔子 보다 훌륭한 사람은 있지 않다.' 라고 하였다."

麒麟은 毛蟲之長이요 鳳凰은 羽蟲之長이라 垤은 蟻封也라 行潦는 道上無源之水也라 出은 高出也요 拔은 特起也라 萃는 聚也라

言自古聖人이 固皆異於衆人이나 然이나 未有如孔子之尤盛者也니라

程子曰 孟子此章은 擴前聖所未發하니 學者ㅣ所宜潛心而玩索也니라

'기린麒麟'은 모충毛蟲의 우두머리요, '봉황鳳凰'은 우충羽蟲의 우두머리다. '질垤'은 개미 언덕이다. '행료行潦'는 길 위의 근원이 없는 물이다. '출出'은 높이 빼어난 것이요, '발拔'은 특출하게 일어난 것이다. '췌萃'는 모인 것이다.

자고로 옛 성인이 진실로 모두 중인衆人과 다르나, 그러나 孔子처럼

더욱 성한 자는 있지 않다는 말이다.

程子 가로되 "《孟子》의 이 장은 이전 성인들이 발명하지 못한 것을 확충한 것이니, 배우는 자가 마땅히 잠심潛心해서 완색玩索해야 한다."

주해

- 前聖所未發(전성소미발) : 이전 성인들이 발명하지 못한 것. '미발未發'은 곧 '知言'과 '養氣'를 말한다.
- 쌍봉요씨雙峯饒氏가 말했다. "孟子要學聖人. 故於子游子夏子張冉牛閔子顏淵皆曰 姑舍是. 伯夷伊尹. 雖是古聖人. 然伯夷偏於淸, 伊尹偏於任, 不若孔子之時中."(大全註疏)
- 垤(개밋둑 질) 潦(길바닥에괸 물) 萃(모일 췌)

【備旨】

> 有若之言에 曰天地間에 豈惟民不能爲異哉리오 卽麒麟之祥而比之走獸와 卽鳳凰之靈而比之飛鳥와 卽太山之高而比之丘垤과 卽河海之深而比之行潦에 均一飛走流峙하니 類也며 聖人之於民에 其形同其性同하여 本均一人이니 亦類也로되 但聖人은 能踐形盡性하여 雖生乎羣類之中이나 實高出於羣類之上하시며 雖處乎羣萃之內나 實特超乎羣萃之表하시니 自古聖人이 皆異於衆人이 如此라 然이나 聖人固異於衆人이나 而孔子ㅣ尤異於羣聖하시니 自生民以來之聖人이 未有盛於孔子者也시니라 蓋聖人은 固民中之麟鳳山海로되 而孔子ㅣ尤聖人中之麟鳳山海也시니라 聖人이 固拔出於民之類萃 而孔子는 尤發出於聖人之類萃也시니 孰有如其尤盛者乎아하니라 此有若智足知聖而言之可信者也라 夫羣聖이 皆不

> 能同而異於夷尹은 又不待言矣라 孔子異於夷尹하니 此吾之所以願學이요 而知言養氣는 其來固有自矣니 以此而當大任이면 又何足以動其心哉아

"유약有若의 말에 가로되 '천지간에 어찌 오직 백성만 능히 다르지 않을 수 있으리오? 기린의 상서로움에 나아가 달리는 짐승에 비유함과, 봉황의 신령스러움에 나아가 나는 새에 비유함과, 태산의 높음에 나아가 개미 언덕에 비유함과, 하해河海의 깊음에 나아가 길바닥에 고인 물에 비유하면, 똑같이 날고 달리고 흐르고 높은 것이 동류이다. 성인이 백성에 대해 그 형체가 같고 그 성품이 같아서 본래 똑같은 사람이니 또한 동류이다.

그러나 다만 성인은 능히 타고난 품질稟質을 실천하고 타고난 본성을 다하여, 비록 무리들의 가운데서 태어났으나 실제로 무리들의 위에 높이 빼어나신다. 비록 모여있는 무리의 안에 처했으나 실제로 모여있는 무리의 밖으로 특출나게 뛰어났으니, 자고로 성인이 모두 衆人과 다른 점이 이와 같다.

그러나 성인은 본디 衆人과 다르나 孔子께서는 더욱 여러 성인들과 다르시니, 生民이 생겨난 후로 나타난 성인 중에 孔子보다 성한 자가 있지 아니하다.

대개 성인은 본디 백성 가운데의 기린과 봉황과 태산과 바다와 같은 존재이지만, 공자는 더욱 성인 가운데의 기린과 봉황과 태산과 바다와 같은 존재이시다. 聖人이 본디 백성의 무리 중에서 빼어나되, 孔子께서는 더욱 성인의 무리 중에서 빼어나시니, 누가 공자보다 더욱 성한 자가 있으리오?'라고 하였다.

이는 유약有若의 지혜로 성인을 알 수 있어서 한 말이니 믿을 만한 것이다. 무릇 여러 성인들이 모두 같을 수는 없으니, 백이伯夷·이윤伊尹

과 다른 것은 다시 말할 필요가 없다. 孔子께서 백이·이윤과 다르니 이는 내가 공자를 배우기 원하는 바요, 지언知言과 양기養氣는 그 유래가 진실로 기원이 있으니, 이것으로 대임大任을 맡으면 또 어찌 그 마음을 동요시킬 수 있으리오?"

주해

- 踐形(천형) : 사람이 하늘로부터 부여받은 품질稟質을 체현하다.
  《孟子·盡心上》에 나온다. "形色, 天性也, 惟聖人然後可以踐形." 唐나라 한유韓愈의 〈答侯生問論語書〉에도 나온다. "聖人踐形之說, 孟子詳於其書."
- 盡性(진성) : 하늘로부터 부여받은 본성을 완전히 발휘하다.
  《易經·說卦》에 나온다. "窮理盡性, 以至於命."

[3·3]

孟子曰 以力假仁者는 霸니 霸必有大國이오 以德行仁者는 王이니 王不待大라 湯이 以七十里하시고 文王이 以百里하시니라

맹자 가라사대 "힘으로 仁을 빌리는 것은 패자霸者이니, 패자霸者는 반드시 대국을 지니고 있다. 德으로 仁을 행하는 자는 왕자王者이니, 왕자王者는 대국을 기다리지 않는다. 탕왕湯王이 칠십 리로 하셨고, 문왕文王이 백 리로 하셨느니라."

力은 謂土地甲兵之力이라 假仁者는 本無是心而借其事하여 以爲功者也라 霸는 若齊桓晉文이 是也라
以德行仁이면 則自吾之得於心者推之하여 無適而非仁也니라

'역力'은 토지와 갑병甲兵의 힘을 말한다. '가인假仁'은 본래 이 마음이 없으면서 그 일을 빌려 功으로 삼는 것이다. '패覇'는 제齊나라 환공桓公과 진晉나라 문공文公과 같은 경우가 이것이다.

덕德으로 仁을 행하면 곧 내 마음에서 얻은 것으로부터 미루어 나가, 가는 곳 마다 仁이 아님이 없는 것이다.

주해

- 以力假仁(이력가인) : 힘으로 仁을 빌리다. '以'는 '用'과 같다.
  朱子가 말했다. "以力假仁, 仁與力是兩箇. 以德行仁, 仁便是德, 德便是仁." (大全註疏)
- 七十里(칠십리) : 탕왕이 도읍으로 삼은 '박도亳都'를 말한다. 亳(땅이름 박)
- 百里(백리) : 문왕이 도읍으로 삼은 '기주岐周'를 말한다.

【備旨】

孟子ㅣ辨王覇之所以異曰 王覇之辨은 辨諸心而已라 彼心無是仁 而以土地甲兵之力으로 假借行仁之名以爲功者는 此之謂覇니 覇者는 必有資於大國然後에 其仁을 可得而假也요 若夫以吾心之德으로 而推之以行利物之仁者는 此之謂王이니 王者는 不待於大國而德自足以有爲也라 不觀之湯文乎아 湯은 以德行仁於商하여 特以七十里而九圍是式이니 不待大也요 文王은 以德行仁於周하여 特以百里而三分有二니 不待大也라 知王者之不待大면 則覇者之必有大國을 益明也리라

孟子께서 왕자王者와 패자覇者의 다른 점을 분별하여 가라사대 "왕자와 패자의 분별은 마음에서 분별될 뿐이다. 저 마음에 이 仁이 없고

토지와 갑병甲兵의 힘으로 仁을 행하는 명분을 빌어 功으로 삼는 자는 이를 패자覇者라고 이르니, 패자는 반드시 大國에 의지한 연후에 그 仁을 얻어서 빌릴 수 있다.

내 마음의 덕으로 미루어 가서 사물을 이롭게 하는 仁을 행하는 자는 이를 왕자王者라고 이르니, 왕자는 大國을 기다리지 않아도 덕이 저절로 행해지는 것이다.

저 탕왕湯王과 문왕文王을 보지 못했는가? 탕왕은 덕으로 상商나라에 仁을 행하여 다만 칠 십리 땅으로 구위九圍의 모범이 되었으나 大國을 기다리지 않았다. 문왕은 德으로 주周나라에 仁을 행하여 다만 백 리 땅으로 천하의 삼분지 이를 소유했으나 大國을 기다리지 않았다. 그러므로 王者가 大國을 기다리지 않음을 안다면 곧 覇者가 반드시 大國을 두는 것을 더욱 분명히 알 수 있을 것이다."

주해

● 九圍(구위) : 고대 중국에서 전국을 아홉 개 지역으로 나눈 '구주九州'와 같다.
《詩·商頌·長發》에 나온다. "帝命式於九圍." 이에 대해 공영달孔穎達의 疏에 "謂九州爲九圍者, 蓋以九分天下, 各爲九處, 規圍然, 故謂之九圍也."라고 풀이했다.

以力服人者는 非心服也라 力不贍也요 以德服人者는 中心이 悅而誠服也니 如七十子之服孔子也라 詩云 自西自東하며 自南自北이 無思不服이라하니 此之謂也니라

"힘으로 사람을 복종시키는 것은 마음으로 복종하는 것이 아니라 힘이 부족하여 복종하는 것이요, 德으로 사람을 복종시키는 것은 마음으로 기뻐서 진실로 복종한 것이니 칠 십 제자가 孔子에게 복종한 것과 같다.
《詩經》에 이르되 '서쪽으로부터 하며 동쪽으로부터 하며, 남쪽으로부터 하며 북쪽으로부터 생각하여 복종하지 않는 자가 없도다!' 라고 하니, 이를 말한 것이다."

贍은 足也라 詩는 大雅文王有聲之篇이라 王霸之心이 誠僞不同이라 故로 人所以應之者는 其不同이 亦如此니라
鄒氏曰 以力服人者는 有意於服人 而人不敢不服이요 以德服人者는 無意於服人 而人不能不服이니 從古以來로 論王霸者ㅣ多矣로되 未有若此章之深切而著明也니라

'섬贍'은 만족함이다. 詩는 〈대아大雅·문왕文王·유성有聲〉 편이다. 왕자王者와 패자霸者의 마음은 진실과 거짓이 같지 않다. 그러므로 사람이 이에 응하는 것은 그 같지 않음이 또한 이와 같다.

추씨鄒氏 가로되 "힘으로 사람을 복종시키는 것은 사람을 복종시키는데 뜻이 있기 때문에 사람이 감히 복종하지 않을 수 없다. 덕으로 사람을 복종시키는 것은 사람을 복종시키는데 뜻이 없기 때문에 능히 복종하지 않을 수 없다. 옛날부터 王者와 霸者를 논한 경우는 많았으나, 이 章과 같이 심절深切하고 밝게 드러난 것이 없다."

주해

● 鄒氏(추씨) : 이름은 호浩, 字는 지완志完, 비릉인毗陵人이다. 毗(도울 비)
● 新安陳氏가 말했다. "王道純乎天理. 霸之假雜以人欲. 崇王道黜霸道, 亦擴

天理遏人欲也."(大全註疏) 黜(물리칠 출)

● 贍(넉넉할 섬)

【備旨】

> 夫霸者ㅣ以力假仁은 是以力服乎人者나 然이나 己以僞感 則人亦以僞應하나니 其服之者ㅣ非心悅而誠服也라 特屈於力之不贍하여 不得已而服之也요
> 王者ㅣ以德行仁은 是以德服乎人者나 然이나 己以誠感 則人亦以誠應하나니 其服之者ㅣ中心悅하여 其德之廣被 而誠服之也라 如七十子之服孔子는 非有勢力以驅 而流離困厄에 相從不二者ㅣ然也라
> 觀於大雅之詩에 有云 自西自東自南自北이 無思不服이라하니 夫服盡於東西南北 則德之所化者廣하고 服出於思 則誠之所孚者深하니 此正王者ㅣ以德服人 而心悅誠服之謂也니 彼霸者ㅣ何能如此리오

패자霸者가 힘으로 仁을 빌리는 것은 이는 힘으로 사람을 복종시키는 것이다. 그러나 자신이 거짓으로 감복하면 남도 또한 거짓으로 응하니, 그 복종하는 자가 마음으로 기뻐하여 진실로 복종하는 것이 아니요, 다만 힘의 부족으로 굴복하여 부득이하게 복종하는 것이다.

왕자王者가 덕으로 인을 행하는 것은 이는 덕으로 사람을 복종시키는 것이다. 그러나 자신이 진실로 감복하면 남도 또한 진실로 응하니, 그 복종하는 자가 마음으로 기뻐하여 그 덕이 널리 입혀져서 진실로 복종하는 것이다.

이는 마치 칠십 제자가 孔子에게 복종한 것과 같으니, 세력으로 몰

아가지 않고 곤액困厄을 당해 뿔뿔이 흩어져도 배반하지 않고 서로 따르는 것이 그런 것이다.

〈대아大雅〉의 詩를 살펴보건대, '서쪽으로부터 하며 동쪽으로부터 하며 남쪽으로부터 하며 북쪽으로부터 생각하여 복종하지 않는 자가 없다'고 하니, 무릇 동서남북에서 복종을 다하면 곧 덕에 교화되는 곳이 넓고, 복종이 생각에서 나오면 곧 정성으로 미더운 것이 깊으니, 이것이 바로 王者가 덕으로 사람을 복종시키니 마음으로 기뻐하며 진실로 복종한다는 것을 말한 것이니, 저 패자覇者가 어찌 능히 이와 같으리오?

[3·4]

孟子曰 仁則榮하고 不仁則辱하나니 今에 惡辱而居不仁이 是猶惡濕而居下也니라

孟子 가라사대 "仁을 행하면 영화롭고 불인不仁을 행하면 욕되나니, 지금 욕을 싫어하되 불인不仁에 자처하는 것이 마치 젖은 것을 싫어하면서 아래에 거처하는 것과 같느니라."

好榮惡辱은 人之常情이라 然이나 徒惡之而不去其得之之道면 不能免也니라

영화榮華를 좋아하고 욕됨을 싫어하는 것은 사람의 떳떳한 마음이다. 그러나 다만 이를 싫어하고 그것을 얻게 된 길을 버리지 않으면 면할 수가 없다.

주해

- 徒(한갓 도) 惡(미워할 오)

【備旨】

> 孟子ㅣ勉當時諸侯爲仁曰 人情이 莫不好榮而惡辱하나니 亦知榮辱之所由至乎아 苟人君이 能修德行善而仁 則身尊國顯하여 不期榮而自榮矣어니와 若驕奢淫佚而不仁 則身危國亂하여 不期辱而自辱矣리라
> 今國君이 徒知惡辱 而反居不仁이면 則辱必不能免이 是猶惡濕 而反居於下니 則濕必不能免也리라

孟子께서 당시 제후諸侯들에게 仁을 행하도록 권면하여 가라사대 "사람의 마음이 영화를 좋아하고 욕됨을 싫어하지 아니함이 없나니, 또한 영화와 욕됨이 말미암아 이른 이유를 아는가?

진실로 인군人君이 능히 덕을 닦고 선을 행하여 어질게 되면 곧 몸은 존귀해지고 나라는 드러나서 영화를 기약하지 않아도 저절로 영화롭게 될 것이다.

만약 교만하고 사치하며 행위가 방탕하여 불인(人君)하면 곧 몸은 위태롭고 나라는 혼란하여 욕됨을 기약하지 않아도 저절로 욕되게 될 것이다.

이제 나라의 인군人君이 다만 욕됨을 싫어할 줄만 알되 도리어 불인(人君)에 자처하면 곧 욕됨을 반드시 면치 못할 것이니, 이는 마치 젖은 것을 싫어하면서 도리어 아래에 거처하는 것과 같으니 젖는 것을 반드시 면치 못할 것이다."

주해

- 淫佚(음일) : 행위가 방탕하다. 佚(편안할 일)
- 驕(교만할 교) 奢(사치할 사)

如惡之인댄 莫如貴德而尊士니 賢者ㅣ在位하며 能者ㅣ在職하여 國家ㅣ閒暇어든 及是時하여 明其政刑이면 雖大國이라도 必畏之矣리라

"만약 욕됨을 싫어할진대 덕을 귀하게 여기며 선비를 높이는 것 만한 것이 없다. 어진사람이 지위에 있으며 능력 있는 사람이 직위에 있어 나라가 한가하거든, 이 때에 미쳐 그 형정政刑을 밝힌다면 비록 대국大國일지라도 반드시 두려워하리라."

此는 因其惡辱之情하여 而進之以强仁之事也라 貴德은 猶尙德也라 士는 則指其人而言之라 賢은 有德者니 使之在位면 則足以正君而善俗이요 能은 有才者니 使之在職이면 則足以修政而立事라 國家閒暇는 可以有爲之時也니 詳味及字 則惟日不足之意를 可見矣니라

이는 그 욕됨을 싫어하는 마음으로 인하여 굳세게 仁에 힘쓰는 일에 나아가도록 한 것이다. '귀덕貴德'은 덕을 높이는 것과 같다. '사士'는 곧 그 사람을 가리켜 말한 것이다. '현賢'은 덕이 있는 자니, 그를 자리에 앉히면 곧 인군人君을 바르게 하고 풍속을 선하게 할 수 있다. '능能'

은 재주가 있는 자이니, 그를 직위에 앉히면 곧 정사政事를 닦아 일을 바로세울 수 있다. '국가한가國家閒暇'는 나라에서 의미있는 일을 할 수 있는 때이니, '급及'字를 자세히 음미하면 '다만 시일이 부족하다'는 뜻을 알 수 있다.

주해

- 閒暇(한가) : 나라에 내우외환內憂外患이 없는 것을 말한다.
- 政刑(정형) : 정령政令과 형벌刑罰.
  《左傳·隱公十一年》 條에 나온다. "君子謂鄭莊公失政刑矣. 政以治民, 刑以正邪."
  "政指紀綱. 刑指法度."(四書補註備旨)
- 强仁(강인) : 힘써 仁을 행하게 하다. '강인彊仁'과 같다. 彊(굳셀 강)
  《禮記·表記》에 나온다. "仁者安仁. 知者利仁. 畏罪者强仁."
- 有爲(유위) : 할 일이 있다. 일을 하여 성과를 드러내다.
  《文選·幹寶·晉紀總論》에 나온다. "今晉之興也, 功烈於百王, 事捷於三代, 蓋有爲以爲之矣." 捷(이길 첩)
- 惟日不足(유일부족) : 다만 시일이 부족하다고 여기다. '惟'는 '只'와 같다. '足'은 '夠'의 뜻이다.
  《尙書·泰誓中》에 나온다. "我聞吉人爲善惟日不足, 凶人爲不善亦惟日不足."

【備旨】

> 夫辱而不惡則亦已矣어니와 如惡之인댄 莫如去不仁而爲仁이니 於是所貴在德 而尊禮有德之士니 士之賢者ㅣ任之在輔弼之位하며 士之能者ㅣ用之在有司之職이면 是有治人하여 可與圖治道라 一旦外患少息 而國家閒暇면 則遂及是時 而與賢能으로 修明其政이면 凡大綱小紀ㅣ秩然不亂이요 修明其刑이면 凡五刑五罰이 咸得其平이니 如是則吾能仁矣라

仁則邦本已固하고 國勢已强하여 雖大國이라도 亦必畏服之矣리니 何榮如之오 吾所謂仁則榮者ㅣ如此니라

무릇 욕을 당하고도 싫어하지 않는다면 또한 그만이거니와, 만약 싫어한다면 불인(人君)을 버리고 仁을 행하는 것만 같지 못하다. 이에 귀한 바를 덕에 두고 덕이 있는 선비를 예로써 높이니, 어진 선비가 임용되어 人君을 보필하는 지위에 있으며, 능력있는 선비가 등용되어 유사有司의 직위에 있으면, 이에 나라를 다스리는 사람이 있어 가히 더불어 치도治道를 도모할 수 있다.

하루아침에 외환外患이 조금씩 그쳐 나라가 한가해지면 곧 마침내 이 때에 미쳐 어질고 능력있는 자와 더불어 그 정사를 수명修明하면 무릇 대강大綱과 소기小紀가 질서정연하여 어지럽지 않게 된다. 또 그 형벌을 수명修明하면 무릇 오형五刑과 오벌五罰이 모두 그 공평함을 얻을 것이니, 이와 같으면 내가 능히 仁을 행할 수 있다.

仁을 행하면 나라의 근본이 이미 견고하고 나라의 형세가 이미 강해져서, 비록 大國일지라도 반드시 두려워하고 복종할 것이니, 얼마나 영화롭겠는가! 내가 말한 '仁을 행하면 영화롭다'는 것이 이와 같으니라.

주해

- 小紀(소기) : '세목細目'과 같다.
  홍인간洪仁玕의 《자정신편資政新篇》에 나온다. "蓋法之質, 在乎大綱, 一定不易. 法之文, 在乎小紀, 每多變遷."
- 五刑(오형) : 중국 고대의 다섯가지 형벌. 곧 '묵형墨刑', '비형劓刑', '비형剕刑', '궁형宮刑', '대벽大辟' 등을 말한다. 剕(벌벨 비) 辟(죽일 벽)
- 五罰(오벌) : '오형五刑'을 대신하는 다섯가지의 벌금형을 말한다.
  《書·呂刑》에 나온다. "五辭簡孚, 正於五刑. 五刑不簡, 正於五罰." 이에 대

해 孔傳에 "不簡核, 謂不應五刑, 當正五罰, 出金贖罪."라고 풀이했다. 贖(속바칠 속)

詩云迨天之未陰雨하여 徹彼桑土하여 綢繆牖戶면 今此下民이 或敢侮予아하여늘
孔子曰 爲此詩者ㅣ其知道乎인저 能治其國家면 誰敢侮之리오하시니라

시에 이르되 '하늘이 흐려 비를 내리기 전에, 저 뽕나무 뿌리를 벗겨 내어 창과 문을 수리하였네. 이제 아래에 사는 백성들이 혹시 감히 나를 업신여기리오!' 라고 하였다.
孔子 가라사대 "이 시를 지은 자는 그 道를 아는구나! 능히 그 나라를 잘 다스리면 누가 감히 업신여기리오?"

詩는 豳風鴟鴞之篇이니 周公之所作也라 迨는 及也라 徹은 取也라 桑土는 桑根之皮也라 綢繆는 纏綿補葺也라 牖戶는 巢之通氣出入處也라 予는 鳥自謂也라
言我之備患이 詳密如此면 今此在下之人이 或敢有侮予者乎아 周公이 以鳥之爲巢ㅣ如此로 比君之爲國이 亦當思患而預防之어늘 孔子讀而贊之하여 以爲知道也라하니라

시는 〈빈풍豳風·치효鴟鴞〉편이니 주공周公이 지은 것이다. '태迨'는 미침이다. '철徹'은 취함이다. '상두桑土'는 뽕나무 뿌리의 가죽이다. '주무綢

繆'는 얽어매서 보수하는 것이다. '유호牖戶'는 둥우리의 공기가 통하여 출입하는 곳이다. '여予'는 새가 스스로를 말한 것이다.

'내가 환난을 대비하는 것이 이처럼 자상하고 세밀하면, 이제 여기 아래에 있는 사람들이 혹시 감히 나를 업신여기는 자가 있겠는가?'라고 말한 것이다.

주공周公이 새가 집 짓는 것이 이와 같은 것으로 人君이 나라를 다스리는데 또한 마땅히 환난을 생각하며 예방해야 한다고 비유한 것이다. 孔子께서 이를 읽고 칭찬하며 道를 안다고 하신 것이다.

주해

- 桑土(상두) : 뽕나무 뿌리. 土(뿌리 두)
  "桑土桑根之皮帶土者."(四書補註備旨)
- 道(도) : 여기서는 치국治國의 道를 말한다.
- 誰敢侮之(수감모지) : 누가 감히 모욕하리오! '誰'는 제후들을 말한다. 侮는 침략하는 것을 말한다. 侮(업신여길 모)
  "誰指列國之君. 侮是侵伐."(四書補註備旨)
- 迨(미칠 태) 綢(얽을 주) 繆(얽을 무) 牖(창 유) 豳(나라이름 빈) 鴟(소리개 치) 鴞(부엉이 효) 纏(얽힐 전) 葺(지붕일 집) 緜(얽맬 면)

【備旨】

豳風鴟鴞之詩에 有云 迨天之未陰雨하여 則徹彼桑間之土하여 以綢繆補葺夫巢之牖戶라 其備患之密이 如此면 今此在下之民이 或敢有侮予者乎아하여늘 此周公愛國故로 託鳥言以喩治也라
孔子讀此詩而贊之曰 爲此詩者ㅣ其知治國家之道乎인저 人君이 誠能思患預防하여 以治國家면 則內治旣固하여

無隙可乘이니 誰敢玩德抗威而侮之리오 詩人之意ㅣ如此하니 信乎라 其知道也인저 由詩及孔子之言觀之컨대 所謂强仁 而大國必畏者를 益可信矣로다

〈빈풍豳風·치효鴟鴞〉의 詩에 이르기를 '하늘이 흐려 비를 내리기 전에 저 뽕나무 사이의 뿌리를 벗겨내어 둥우리의 창과 문을 얽어매었네. 그 환난에 대비하는 것이 이처럼 주밀周密하면, 이제 이 아래에 사는 백성들이 혹시 감히 나를 업신여기는 자가 있으리오?'라고 하였다.

이는 주공이 나라를 사랑하기 때문에 새의 말에 의탁하여 다스림을 비유한 것이다. 孔子께서 이 시를 읽고 칭찬하여 가라사대 '이 시를 지은 자는 그 나라를 다스리는 道를 아는구나!'라고 하셨다.

인군人君이 진실로 미리 환난을 생각하여 그 나라를 다스릴 수 있다면 내치內治가 이미 견고하여 틈을 탈 수가 없으니, 누가 감히 德을 소홀히 하고 위엄威嚴에 항거하며 업신여길 수 있으리오?

시인의 뜻이 이와 같으니 진실로 그는 道를 아는구나! 시와 孔子의 말씀으로 말미암아 살피건대, 이른바 仁에 힘쓰면 大國이 반드시 두려워한다는 것을 더욱 믿을 수 있도다!

주해

- 玩抗(완항) : 소홀시하고 항명抗命하다. '완玩'은 '완홀玩忽', '항抗'은 항명抗命의 뜻이다. '항완抗玩'과 같다.
- 隙(틈 극)

今國家ㅣ閒暇어든 及是時하여 般樂怠敖하나니 是는 自求禍也니라

이제 나라가 한가한데도 이 때에 미쳐 향락을 즐기며 태만하고 교만하나니, 이는 스스로 재앙을 구하는 것이니라.

言其縱欲偸安을 亦惟日不足也라

그 욕망대로 안일함만 구하는 것 또한 '다단 시일이 부족하다'고 말한 것이다.

주해

- 般樂(반락) : 향락을 즐기다. 般(즐길 반)
  雙峯饒氏가 말했다. "般樂則不暇明其政. 怠傲則不暇貴德尊士."(大全註疏)
- 怠傲(태오) : '태만교오怠慢驕傲'. 곧 태만하고 교만하다는 뜻이다. 傲(거만할 오)
  《荀子·儒效》에 나온다. "內不自以誣, 外不自以欺, 以是尊賢畏法, 而不敢怠傲, 是雅儒者也."
  《韓非子·備內》에도 나온다. "故爲人臣者, 窺覘其君心也無須臾之休, 而人主怠慠處其上, 此世所以有劫君弑主也." 窺(엿볼 규) 覘(엿볼 첨) 劫(깎을 겁) 弑(죽일 시)
- 縱欲(종욕) : 욕망에 따라 방종하게 지내다.
  《漢書》 卷七十七 〈유보전劉輔傳〉에 나온다. "今乃觸情縱欲, 傾於卑賤之女."
- 偸安(투안) : '苟且偸安'. 곧 구차하게 눈앞의 안일함만 구하고 앞날을 생각하지 않는다는 뜻이다. 偸(훔칠 투)
  宋나라 왕응진汪應辰의《문정집文定集·정시책廷試策》에 나온다. "承晏安太平之後, 苟且偸安, 昧於遠圖, 政令日弛, 法度日隳." 晏(늦을 안) 弛(늦출 이) 隳(무너뜨릴 휴)

【備旨】

夫何今之爲君者는 當國家閒暇어든 乃及是時하여 不知用賢修政하고 惟知般樂以縱欲하며 怠傲以偷安하여 政荒而不知問하고 刑虐而不知恤하나니 其不仁이 如此면 則國非其國而侮之者ㅣ至矣리라 是自求禍也니 何辱如之오 吾所謂不仁 則辱者ㅣ如此라

무릇 어찌 지금의 인군人君된 자들은 나라가 한가하면, 곧 이 때에 미쳐 어진 이를 등용하여 정사를 수명修明할 줄은 모르고, 오직 향락을 즐기고 방종하며, 태만하고 교만하여 안일함만 구하니, 정치가 황폐하여도 방도를 물을 줄 모르고, 형벌이 잔학하여도 구휼할 줄을 모른다. 그들의 불인(人君)이 이와 같으면 곧 나라가 그 나라가 아니여서 업신여기는 자가 이를 것이다.

이는 스스로 재앙을 구하는 것이니 치욕을 어떠하리오! 내가 이른 바 불인(人君)하면 욕됨을 받는다는 것이 이와 같다.

禍福이 無不自己求之者니라

"재앙과 복이 자기로부터 구해지지 않은 것이 없느니라."

結上文之意라

上文의 뜻을 맺은 것이다.

주해

● "禍自己求指般樂一節. 福自己求指貴德一節. 故曰結上文."(四書補註備旨)

【備旨】

由此觀之건대 仁榮은 福也니 以己之防於未陰雨者로 致之요 不仁之辱은 禍也니 以己之怠於閒暇者로 取之라 可見禍福이 無有不自己求之者니 豈可諉於偶然之數哉리오

이로 말미암아 살피건대 仁의 영화로움은 복이니 자신이 비가 내리기 전에 대비한 것으로 이룬 것이요, 人君의 치욕은 재앙이니 자신이 한가한 때에 태만하여 취한 것이다. 그러므로 재앙과 복은 자기로부터 구해지지 않은 것이 없음을 알 수 있으니, 어찌 우연한 운수로 핑계 삼으리오?

주해

● 諉(핑계댈 위)

詩云 永言配命이 自求多福이라하며 太甲에 曰 天作孽은 猶可違어니와 自作孽은 不可活이라하니 此之謂也니라

《시경詩經》에 이르되 '영원히 천명과 짝하여 스스로 많은 복을 구할지니라!' 라고 했으며, 〈태갑太甲〉에 가로되 '하늘이 내린 재앙은 오히려 피할 수 있거니와, 스스로 지은 재앙은 살아날 길이 없다' 라고 하였으니, 이를 두고 한 말이니라.

詩는 大雅文王之篇이라 永은 長也라 言은 猶念也라 配는 合也라 命은 天命也라 此言福之自己求者라
太甲은 商書篇名이라 孽은 禍也라 違는 避也라 活은 生也라 書作逭하니 逭은 猶緩也니 此는 言禍之自己求者라

詩는 〈大雅·文王〉편이다. '영永'은 오래이다. '言'은 '염念'과 같다. '배配'는 배합이다. '명命'은 천명天命이다. 이는 복이 자신으로부터 구해진다는 말이다.

〈태갑太甲〉은 《상서尙書·상서商書》의 편명이다. '얼孽'은 재앙이다. '위違'는 피함이다. '활活'은 살다는 뜻이니, 《書傳》에 '환逭'으로 되어 있다. '환逭'은 '완緩'과 같으니, 이는 재앙이 자신으로부터 구해진다는 말이다.

주해

- 活(활) : 달아나서 살다. '환逭' 또는 '도逃'와 같다. 逃(달아날 도) 逭(면할 환) "活是逃而生意."(四書補註備旨)
- 孽(재앙 얼) 緩(소생할 완)

【備旨】

文王之詩에 不云乎아 人能長言하여 合於天理 則多福이 自我而致之라하고 太甲之書에 不云乎아 己無罪而天降之災는 或猶可得而違어니와 自爲不善而陷於惡이면 則不可得而活이라하니 詩之言은 卽福自己求之謂也요 書之言은 卽禍自己求之謂也니 然則好榮惡辱者는 可不自反 而仁乎아

文王의 시에 말하지 않았던가? '사람이 길이 생각하여 천리天理에 배합할 수 있으면 많은 복福이 나로부터 이르게 된다'고 하고, 〈太甲〉의 글에 말하지 않았던가? '자신이 죄가 없는데 하늘에서 내린 재앙은 혹 오히려 피할 수 있거니와, 스스로 불선不善을 행하여 악에 빠지면 얻어 살 수가 없다'라고 했다.

《詩經》의 말은 곧 福이 자신으로부터 구해진다는 말이요, 《書傳》의 말은 곧 재앙이 자신으로부터 구해진다는 말이다. 그러므로 영화를 좋아하고 치욕을 싫어하는 자는 스스로 돌이켜서 仁을 행하지 않으리오?

【3·5】

孟子曰 尊賢使能하여 俊傑이 在位則天下之士ㅣ皆悅而願立於其朝矣리라

孟子 가라사대 "어진 이를 존중하고 능력 있는 자를 부려서 준걸俊傑들이 지위에 있으면, 곧 천하의 선비들이 모두 기뻐하여 그 조정에 서기를 원할 것이니라."

俊傑은 才德之異於衆者라

'준걸俊傑'은 재주와 덕이 무리보다 특이한 자이다.

주해

● 俊傑(준걸) : 풍모가 뛰어나고 재주가 출중한 사람.
쌍봉요씨雙峯饒氏가 말했다. "俊傑謂人中之俊傑者, 卽指賢能而言."(大全

註疏)

【備旨】

> 孟子ㅣ勉當時人君行王政以收人心曰 王政在得人心하니 誠使爲人君者로 能尊禮乎有德之賢하고 任使乎有才之能하여 而賢能之俊傑者ㅣ皆在於庶位면 則風聲所感에 不特吾國之士悅之也라 擧天下之士ㅣ皆悅吾待士之厚하여 而願立於其朝矣리라

孟子께서 당시 人君이 왕정王政을 행하여 인심人心을 거두기를 권면하여 가라사대 "王政은 人心을 얻는데 있다. 가사 人君된 자가 능히 덕이 있는 어진 이를 禮로써 존중하고, 재주 있는 능한 자를 임용하여 어질고 능력있는 준걸들이 모두 여러 벼슬자리에 있게 되면, 소문에 감화되어 다만 우리나라의 선비들만 기뻐할 뿐만 아니다. 또한 천하의 선비들이 모두 내가 선비를 후대厚待하는 것을 기뻐하여 그 조정에 서기를 원할 것이니라."

주해

- 誠使(성사) : 가사假使, 가령假令.
  宋나라 王安石의 《上人書》에 나온다. "所謂辭者, 猶器之有刻鏤繪畫也, 誠使巧且華, 不必適用. 誠使適用, 亦不必巧且華." 鏤(새길 루) 繪(그림 회)
- 任使(임사) : 임용하다. 등용하다.
  《左傳·昭公六年》條에 나온다. "猶求聖哲之上, 明察之官, 忠信之長, 慈惠之師, 民於是乎可任使也, 而不生過亂."
- 庶位(서위) : 여러 벼슬자리. '중관衆官'과 같다.
  《書·說命下》에 나온다. "惟說式克欽承, 旁招俊乂, 列於庶位." 이에 대해 孔傳에 "廣招俊乂, 使列衆官."이라고 풀이했다. 欽(공경할 흠)

市에 廛而不征하며 法而不廛 則天下之商이 皆悅而願藏於其市矣리라

"시장에서 자릿세를 부과하되 화물의 세금을 거두지 않으며, 법으로 하되 자릿세를 받지 않으면 곧 천하의 상인들이 모두 기뻐하여 그 시장에 화물을 쌓아두고자 할 것이니라."

廛은 市宅也라
張子曰 或賦其市地之廛하되 而不征其貨하고 或治之以市官之法하되 而不賦其廛하니 蓋逐末者ㅣ 多則廛以抑之요 少則不必廛也니라

'전廛'은 점포店鋪이다.

張子(장횡거張橫渠) 가로되 "혹은 그 시장의 자릿세를 부과하되 그 화물에는 세금을 거두지 않으며, 혹은 시관市官의 법으로 다스리되 그 가게에 자릿세를 부과하지 않는다. 대개 말업末業(상공업)을 좇는 자가 많으면 자릿세로 억제하고, 적으면 반드시 자릿세를 부과하지는 않았다."

주해

- 廛(전) : 가게. 점포. 여기서는 자릿세를 말한다. 廛(가게 전)
  "廛是市宅之稅, 只作賦字看."(四書補註備旨)
- 市官(시관) : 무역을 관장하는 관리.

【備旨】

其於市也에 或逐末者ㅣ多면 則賦其市地之廛하되 而不更征其貨하며 或逐末者少면 但治以市官之法하되 而並不賦其廛하면 則天下之商이 皆悅吾厚商之實하여 而願藏於其市矣리라

그 시장에서 혹은 말업末業(상공업)을 좇는 자가 많으면 시장의 자릿세를 부과하되 다시 그 화물세는 받지 않으며, 혹은 말업末業을 좇는 자가 적으면 다만 시관市官의 법으로 다스리되 아울러 그 자릿세는 받지 않으면, 천하의 상인들이 모두 내가 상인을 후대厚待하는 실상을 보고 기뻐하며 그 시장에 화물을 쌓아두고자 할 것이다.

關에 譏而不征 則天下之旅ㅣ皆悅而願出於其路矣리라

"관문에서 기찰譏察만 하고 출입하는 세금을 거두지 아니하면, 곧 천하의 나그네들이 모두 기뻐하며 그 길로 떠나기를 원할 것이니라."

解見前篇이라

해석이 전편前篇에 보인다.(〈梁惠王〉 下)

주해

● 譏(기) : 기찰譏察하다. 譏(살필 기)

"譏是察異言異服之人. 不征是不征其出入之稅."(四書補註備旨)

● 出(출) : 길을 나서다. 여행하다. '유遊'의 뜻이다.

【備旨】

> 其於關也에 但使關吏로 譏察異言異服之人하여 以防奸宄 而不征其往來之貨稅 則天下之旅ㅣ皆悅吾柔遠之有道하여 而願出於其路矣리라

그 관문에서 다만 관시關市를 지키는 관리關吏로 하여금 다른 말과 다음 의복을 입은 사람을 기찰譏察하여 도적들을 막게 하되, 왕래하는 화물세를 징수하지 않으면 곧 천하의 나그네가 모두 내가 멀리 있는 백성들을 按撫하는 것을 보고 기뻐하여 그 길로 나서고자 할 것이다.

주해

● 關吏(관리) : 관시關市를 지키는 관리. 곧 국경을 지키는 관리를 말한다. 《韓非子·內儲說上》에 나온다. "衛嗣公使人爲客過關市, 關市苛難之, 因事關市以金, 關吏乃舍之." 이에 대해 진기유陳奇猷의 《集釋》에 "關吏, 關市之屬吏也."라고 했다.

● 奸宄(간귀) : 범법자犯法者. 난을 일으키는 자. 宄(도둑 귀)

● 柔遠(유원) : 멀리 있는 백성이나 먼 곳의 나라를 안무按撫하다. 《書·舜典》에 나온다. "柔遠能邇." 이에 대해 孔傳에 "柔, 安. 邇, 近……言當安遠, 乃能安近."이라고 풀이했다. 邇(가까울 이)

耕者를 助而不稅則天下之農이 皆悅而願耕於其野矣리라

"농사짓는 자에게 정전井田으로 도우며 세금을 부과하지 아니하면, 천하의 농부들이 모두 기뻐하여 그 들에서 농사짓기를 원할 것이니라."

但使出力하여 以助耕公田하고 而不稅其私田也라

다만 힘을 써서 공전公田의 경작을 돕고 그 사전私田에 세금을 부과하지 않는 것이다.

주해

● 助(조) : 정전법井田法을 말한다.
조기趙岐의 註에 "助者, 井田什一."이라 했고, 《孟子·縢文公上》에 "惟助爲有公田."이라 했다.
"助卽井田什一制."(四書補註備旨)

【備旨】

其於農之耕者에 但使之出力하여 於助耕公田 而不復稅其私田이면 則天下之農이 皆悅吾待農之有道하여 而願耕於其野矣리라

그 농사지으며 밭가는 자에게 다만 힘을 내게 하여 도와 공전을 경작하게 하되 다시 그 사전私田에 세금을 부과하지 아니하면, 천하의 농부들이 모두 내가 농부를 대하는데 道가 있음을 기뻐하여 그 들에서

농사짓기를 원할 것이다.

廛無夫里之布則天下之民이 皆悅而願爲之氓矣리라

"전廛에 부포夫布와 이포里布가 없게 하면 천하의 백성들이 모두 기뻐하여 그 백성이 되기를 원할 것이니라."

周禮에 宅不毛者는 有里布하고 民無職事者는 出夫家之征이라하니 鄭氏謂宅不種桑麻者를 罰之하여 使出一里二十五家之布하고 民無常業者를 罰之하여 使出一夫百畝之稅와 一家力役之征也라하니라

今戰國時엔 一切取之하여 市宅之民에 已賦其廛하고 又令出此夫里之布하니 非先王之法也라 氓은 民也라

《주례周禮》에 '집에 상마桑麻를 심지 않는 자는 이포里布를 부과하고, 백성 중에 직사職事가 없는 자는 부가夫家의 세금을 내게 한다'라고 했다. 鄭氏(鄭玄)가 말하길 '집에 상마桑麻를 심지 않는 자를 벌하여 一里 25家에 布를 내게 한다. 백성 중에 일정한 직업이 없는 자를 벌하여 일부一夫에게는 백묘百畝의 세금을 내게 하고, 일가一家에게는 노역勞役의 정역征役을 부과한다'고 하였다.

지금 전국시대에는 일체를 취하여 시택市宅의 백성에게 이미 그 전세廛稅를 부과하고, 다시 이 부리夫里의 포布를 내게 하니, 이는 先王의 법이 아니다. '맹氓'은 백성이다.

주해

● 廛(전) : 여기서는 성 안에 농사짓지 않는 백성들이 사는 집을 말한다. 《周禮·廛人》의 注에 나온다. "廛, 民居區域之稱。"
● 夫布(부포) : 직업이 없는 사람에게 부과하는 세금.
● 里布(리포) : 택지宅地에 뽕나무를 심지 않은 사람에게 부과하는 세금.
● 夫家(부가) : 남녀. '부夫'는 아내가 없는 성인 남자를 말하고, '가家'는 아내가 있는 성인 남자를 말한다.
  《周禮·地官·媒氏》에 "司男女之無夫家者而會之, 凡嫁子娶妻, 入幣純帛無過五兩."이라 했다.
● 征役(정역) : 부세賦稅와 요역徭役을 말한다. 徭(부역 요)
  《周禮·地官·小司徒》에 나온다. "小司徒之職, 掌建邦之教灋……凡征役之施舍, 與其祭祀飮食喪紀之禁令." 이에 대해 가공언賈公彦의 疏에 "征謂稅之, 役謂繇役."이라고 풀이했다. 灋(법 법)
● 氓(맹) : 다른 나라에서 이주해 온 백성. 氓(백성 맹)
  "氓亦是民. 但自彼國來此國, 所以謂之氓."(四書補註備旨)

【備旨】

其於市宅之民에 已賦其市地之廛이면 則無令出一夫百畝之稅하여 以其與無常業者로 異也요 無令出一里二十五家之布하여 以其與不種桑麻者로 異也면 則天下之民이 皆悅吾待民之有恩하여 而願爲之氓矣리라

그 시택市宅의 백성들에게 이미 그 시지市地의 자릿세를 부과했으면, 일부一夫 백묘百畝의 세금을 내지 않게 하여 그 일정한 직업이 없는 자와 다르게 하며, 일리一里 25家의 布를 내지 않게 하여 그 상마桑麻를 심지 않은 자와 다르게 하면, 천하의 백성들이 모두 내가 백성을 은혜롭게 대우함을 기뻐하여 그 백성이 되기를 원할 것이다.

信能行此五者則鄰國之民이 仰之若父母矣리니 率其子弟하여 攻其父母는 自生民以來로 未有能濟者也니 如此則無敵於天下하리니 無敵於天下者는 天吏也니 然而不王者ㅣ未之有也니라

"진실로 능히 이 다섯 가지를 행한다면 곧 이웃나라의 백성들이 부모처럼 우러를 것이니, 그 자제를 거느리고 그 부모를 공격하는 일은 생민生民 이래로 능히 이룬 자가 있지 않다.
이와 같이 하면 천하에 대적할 자가 없게 되니 천하에 대적할 자가 없는 자는 '천리天吏'이다. 그렇게 하고도 천하에 왕 노릇 하지 못할 자는 있지 아니하니라."

呂氏曰 奉行天命을 謂之天吏니 廢興存亡을 惟天所命하여 不敢不從이니 若湯武이 是也라
此章은 言能行王政則寇戎爲父子하고 不行王政則赤子爲仇讎니라

여씨呂氏(呂大臨) 가로되 "천명을 받들어 행하는 자를 '천리天吏'라고 말한다. 흥폐興廢와 존망存亡을 오직 하늘이 명하여 감히 따르지 않을 수 없으니, 탕왕湯王과 무왕武王 같은 이가 이들이다.

이 장은 능히 왕정王政을 행하면 구융寇戎도 부자가 되고, 왕정王政을 행하지 못하면 백성도 원수가 될 수 있다고 말한 것이다.

주해

- 天吏(천리) : 천명을 받들어 백성을 다스리는 사람.
  조기趙岐의 注에 "天吏者, 天使之也. 爲政當爲天所使, 誅伐無道, 故謂之天吏也."라고 했다.
- 寇戎(구융) : 적군. 寇(도적 구) 戎(이민족 융)
  《禮記·月令》: "仲春行秋令, 則其國大水, 寒氣揚至, 寇戎來征." 揚(모두 총)
- 赤子(적자) : 갓난아이 또는 백성. 여기서는 백성의 뜻으로 '小民'과 같다.
  《漢書·순리전循吏傳·공수龔遂》에 나온다. "其民困於饑寒而吏不恤, 故使陛下赤子盜弄陛下之兵於潢池中耳." 龔(공손할 공) 潢(웅덩이 황)
- 濟(제) : 성공하다. 성사하다. 濟(이룰 제)
  "濟是成其攻之之事."(四書補註備旨)

【備旨】

> 夫王政可以得民이 如此로되 特慮今之君莫之行耳니 信能行此五者면 則鄰國之民이 若士若農若商若旅ㅣ皆仰之如父母之親矣라 吾爲彼之父母 則彼皆吾之子弟也니 苟鄰國之君이 率其子弟以攻其所仰之父母면 吾見人心在我 而不在彼에 自上古生民以來로 未有能濟其事者也라 旣不能濟如此하니 則征伐一擧 而所行이면 無敵於天下矣니 無敵於天下者는 乃奉行天命之天吏也라 旣爲天吏則凡逆天害民之國을 皆得奉天命而征伐之하여 而王業을 可必其成矣리니 然而不王於天下者ㅣ未之有也라
> 觀此면 則王政을 信乎其可行矣리니 今之君이 亦何憚而不行哉아

무릇 왕정王政을 행하여 백성을 얻을 수 있음이 이와 같되, 다만 지

금의 인군人君들이 이를 행하지 않으니 염려될 뿐이다.

진실로 능히 이 다섯 가지를 행한다면 이웃나라의 백성 중에 사농상려士農商旅와 같은 이들이 모두 부모와 같이 친하게 우러를 것이다. 내가 저들의 부모가 되면 저들이 다 나의 자제가 되니, 만일 이웃나라의 인군人君이 그 자제들을 거느리고 그들이 우러러보는 부모를 공격한다면, 人心이 내게 있고 저 人君에게 있지 않음을 내가 알 수 있으니, 옛날 生民 이래로 능히 그 일을 이룰 자가 있지 않다.

이미 이룰 수 없음이 이와 같으니, 정벌을 한 번 들어 행하면 천하에 대적할 자가 없을 것이다. 천하에 대적할 자가 없는 것은 바로 天命을 받들어 행하는 천리天吏이다. 이미 천리天吏가 되면 무릇 천명을 거역하고 백성을 해치는 나라를 모두 天命을 받들어 정벌할 수 있고 왕업王業을 반드시 이룰 수가 있으니, 그렇게 하고서도 천하에 왕 노릇하지 못할 자는 있지 아니하다.

이를 살피면 왕정王政을 진실로 행할 수 있으니, 지금의 人君들이 또한 어찌 꺼려하여 행하지 아니하리오?

[3·6]

孟子曰 人皆有不忍人之心하니라

孟子 가라사대 "사람에게는 모두 남을 차마하지 못하는 마음이 있느니라."

天地以生物爲心하니 而所生之物이 因各得夫天地生物之心하여 以爲心이라 所以人皆有不忍人之心也니라.

천지는 만물을 낳는 것으로 마음을 삼았으니, 그렇게 생겨난 만물이 인하여 각각 천지가 만물을 낳은 마음을 얻어 자신의 마음으로 삼는다. 그러므로 사람에게 모두 남을 차마 해치지 못하는 마음이 있는 것이다.

주해

- 人(인) : 여기서는 지자智者와 우자愚者, 현자賢者와 불초자不肖者를 모두 포괄한 말이다.
  朱子가 말했다. "無天地生物之心, 則沒這身. 纔有這血氣之身, 便具天地生物之心矣."(大全註疏)
- 不忍人(불인인) : 남을 차마하지 못하다. 곧 차마 남을 해치지 못한다는 뜻이다.
  "人兼智愚賢不肖說. 不忍人是不忍害人意."(四書補註備旨)

【備旨】

> 孟子ㅣ勉時君擴充其仁心也曰 人之生也에 自聖人以至常人히 其品不齊矣로되 而皆有不忍害人之心하니 不以聖人而後有며 不以常人而或無也라

맹자께서 당시 인군人君들이 그 어진 마음을 확충할 것을 권면하여 가라사대 "사람이 태어나 성인으로부터 보통 사람들에 이르기까지 그 품성이 고르지 않되, 모두 차마 남을 해치지 못하는 마음이 있으니, 성인이 된 후에 있는 것이 아니며, 보통 사람이라고 해서 혹 없는 것이 아니니라."

先王이 有不忍人之心하사 斯有不忍人之政矣시니 以不忍人之心으로 行不忍人之政이면 治天下는 可運之掌上이니라

"선왕에게 남을 차마하지 못하는 마음이 있어 이에 남을 차마하지 못하는 정사政事를 펴신 것이다. 남을 차마하지 못하는 마음으로 남을 차마하지 못하는 정사政事를 행한다면 천하를 다스리는 일은 손바닥 위에서 움직일 수 있을 것이니라."

言衆人은 雖有不忍人之心이나 然物欲害之하여 存焉者ㅣ寡라 故로 不能察識而推之政事之間이요 惟聖人은 全體此心隨感而應이라 故로 其所行이 無非不忍人之政也니라

중인衆人들은 비록 남을 차마 해치지 못하는 마음이 있으나, 그러나 물욕物欲이 해쳐서 보존한 자가 적기 때문에 능히 살피고 알아서 정사政事의 사이로 미루어 나갈 수가 없는 것이다.

오직 성인은 이 마음을 온전히 체득하여 느낌을 따라 응하기 때문에 그 행한 바가 남을 차마 해치지 못하는 정사 아님이 없다는 말이다.

주해

- 運之掌上(운지장상) : 손바닥위에 올려 놓고 쉽게 움직이다.
  "運掌言治天下之易."(四書補註備旨)

【備旨】

然이나 衆人은 有是心而物欲蔽之라 故로 不能察識而推之政事之間이요 惟先王은 私欲淨盡하사 天理自然流行하사 有是不忍之心이시니 卽有是不忍之政矣시니라
夫以不忍之心으로 行不忍之政이면 則心以運政而其澤易流하며 政出於心而其澤易遍하여 以養天下하고 以教天下에 取足於吾心而有餘矣리니 不猶運之掌上而無難者乎아

그러나 중인衆人은 이런 마음이 있으나 물욕物欲에 가리기 때문에 능히 살피고 알아서 정사政事의 사이에 미루어 나갈 수가 없다. 오직 선왕은 사욕私欲을 깨끗이 정화하여 천리天理가 자연히 유행하여 남을 차마 해치지 못하는 이런 마음이 있기 때문에, 남을 차마 해치지 못하는 이런 정사政事를 펼 수 있는 것이다.

무릇 남을 차마 해치지 못하는 마음으로 남을 차마 해치지 못하는 政事를 행한다면, 곧 마음으로 정사를 움직여서 그 은택이 쉽게 유행하며, 政事가 마음에서 나와 그 은택이 쉽게 두루하여 천하를 기르고 천하를 교화하는 일이 내 마음에서 취하고도 남음이 있을 것이니, 마치 손바닥 위에서 움직이는 것처럼 어려움이 없지 않으리오?

所以謂人皆有不忍人之心者는 今人이 乍見孺子ㅣ將入於井하고 皆有怵惕惻隱之心하나니 非所以內交於孺子之父母也며 非所以要譽於鄕黨朋友也며 非惡其聲而然也니라

"사람에게 모두 남을 차마하지 못하는 마음이 있다고 말하는 것은 이제 어떤 사람이 갑자기 어린아이가 장차 우물에 빠지려는 모습을 보고는 모두 놀라고 측은한 마음을 갖게 된다.
이는 어린아이의 부모와 사귀고자 한 것이 아니며, 향당鄕黨과 친구들에게 명예를 구하고자 한 것이 아니며, 그 비방하는 소문이 싫어서 그러한 것이 아니니라."

乍은 猶忽也라 怵惕은 驚動貌라 惻은 傷之切也요 隱은 痛之深也니 此卽所謂不忍人之心也라 內(납)은 結이요 要는 求요 聲은 名也라 言乍見之時에 便有此心하여 隨見而發이요 非由此三者而然也라
程子曰 滿腔子是惻隱之心이니라
謝氏曰 人須是識其眞心이니 方乍見孺子入井之時에 其心怵惕이 乃眞心也라 非思而得이요 非勉而中이니 天理之自然也라 內交 要譽 惡其聲而然이면 卽人欲之私矣니라

'사乍'는 홀忽과 같다. '출척怵惕'은 놀라서 움직이는 모양이다. '측惻'은 슬픔이 절실한 것이요, '은隱'은 아픔이 심한 것이니, 이는 곧 이른바 남을 차마하지 못하는 마음이다. '납內'는 맺음이요, '요要'는 구함이요, '성聲'은 성예聲譽이다.

잠깐 보는 때에 곧 이 마음이 생겨 보는 것에 따라서 나온 것이요, 이 세 가지로 말미암아 그런 것이 아니라는 말이다.

程子 가로되 "뱃속에 가득한 것이 측은한 마음이다."

謝氏(謝良佐) 가로되 "사람은 모름지기 그 진심을 알아야 한다. 바야흐로 갑자기 어린아이가 우물에 빠지는 것을 볼 때, 그 마음이 놀라는 것은 곧 진심이다. 이는 생각하여 얻어진 것도 아니고, 힘써서 맞은 것도 아니니 바로 天理의 자연스러움이다. 부모와 사귀고자 하고, 명예를 구하고, 그 소문을 싫어해서 그렇게 하였다면 곧 인욕人欲의 사사로움이다."

주해

- 內交(납교) : 친교親交를 맺다. 교제하다. '결교結交'와 같다. '납內'는 '납納'과 같다. 內(들일 납)
- 非惡其聲(비오기성) : 어린아이를 구하지 않았다는 오명이 싫어서가 아니다.
  "非惡聲, 見不避謗."(四書補註備旨)
- 怵(두려워할 출) 惕(두려워할 척) 乍(잠깐 사) 惻(슬퍼할 측) 腔(빈속 강) 孺(젖먹이 유)

【備旨】

> 然이나 吾所以謂人皆有不忍人之心者를 何以驗之오 今人이 乍見無知之孺子ㅣ將陷入於井이어든 無問其智愚賢不肖히 皆有怵惕驚動惻隱傷痛之心하나니 是心也는 感於自然而天機自動이요
> 非所以結內交情於孺子之父母也니 蓋乍見之時에 未暇爲內交計也요 非所以要求聲譽於鄉黨朋友也니 蓋乍見

之時에 未暇爲要譽計也요 非惡其不仁之聲하여 以求免於毁而然也니 盖乍見之時에 未暇爲惡其聲計也라 此足以驗人皆有不忍人之心矣라

그러나 내가 말한 '사람에게는 모두 남을 차마 해치지 못하는 마음이 있다'는 것을 어떻게 징험할 것인가?

지금 어떤 사람이 갑자기 무지한 어린아이가 장차 우물에 빠지려는 것을 보았는데, 그 사람이 지자智者와 우자愚者, 현자賢者와 불초자不肖者인가는 불문하고 누구나 두려워서 놀라 움직이고 측은히 아파하는 마음이 생겨난다. 이 마음은 자연에서 감응되어 천성天性이 저절로 움직인 것이다.

어린아이의 부모와 결교結交를 맺어 서로 사귀고자 한 것이 아니니, 대개 잠깐 보는 때에 결교結交를 맺겠다고 생각할 겨를이 없는 것이다. 향당과 친구들에게 성예聲譽를 구하고자 한 것이 아니니, 대개 잠깐 보는 때에 성예聲譽를 구하겠다고 생각할 겨를이 없는 것이다. 그가 불인(人君)하다는 소문이 싫어서 비난을 모면하기 위해 그런 것이 아니니, 대개 잠깐 보는 때에 성예聲譽를 싫어한다고 생각할 겨를이 없는 것이다.

이것으로 사람들에게 모두 남을 차마 해치지 못하는 마음이 있다는 것을 징험할 수 있다.

주해

- 天機(천기) : 하늘이 부여한 靈機. '천성天性'과 같다.
  《莊子·大宗師》에 나온다. "其嗜欲深者, 其天機淺."
- 聲譽(성예) : 명예. 명망名望.

由是觀之컨대 無惻隱之心이면 非人也며 無羞惡之心이면 非人也며 無辭讓之心이면 非人也며 無是非之心이면 非人也니라

"이로 말미암아 살피건대 측은지심惻隱之心이 없으면 사람이 아니며, 수오지심羞惡之心이 없으면 사람이 아니며, 사양지심辭讓之心이 없으면 사람이 아니며, 시비지심是非之心이 없으면 사람이 아니니라."

羞는 恥己之不善也요 惡는 憎人之不善也라 辭는 解使去己也요 讓은 推以與人也라 是는 知其善而以爲是也요 非는 知其惡而以爲非也라

人之所以爲心이 不外乎是四者라 故로 因論惻隱而悉數之하여 言人若無此則不得謂之人이라하니 所以明其必有也니라

'수羞'는 자신이 선善하지 못함을 부끄럽게 여기는 것이요, '오惡'는 남의 불선不善을 미워하는 것이다. '사辭'는 풀어주어 하여금 나를 떠나게 하는 것이요, '양讓'은 미루어 남에게 주는 것이다. '시是'는 그 선함을 알아서 옳다고 여기는 것이요, '비非'는 그 나쁨을 알아서 그르다고 여기는 것이다.

사람이 마음으로 삼는 바가 이 네 가지에서 벗어나지 않는다. 그러므로 측은지심을 논함으로 인하여 이것들을 모두 헤아려서, 사람에게 만약 이것이 없다면 사람이라 이를 수 없다고 말하여 사람이 반드시 지니고 있음을 밝히신 것이다.

주해

- 西山眞氏가 말했다. "孟子始言惻隱之心, 至此則兼羞惡辭讓是非而言者, 蓋仁爲衆善之長. 有惻隱則三者從之矣."(四書補註備旨)
- 悉(모두 실) 數(들어말할 수)

【備旨】

由是乍見孺子一事로 觀之컨대 可見無惻隱之心이면 必其非人之類也니 人則必本惻隱之心矣요 旣有惻隱之心이면 則羞惡辭讓是非之心이 皆由此出하니 若無羞惡之心이면 必其非人之類也니 安有謂之人而無羞惡之心乎며 無辭讓之心이면 必其非人之類也니 安有謂之人而無辭讓之心乎며 無是非之心이면 必其非人之類也니 安有謂之人而無是非之心乎아

이 잠깐 어린아이를 보는 한 가지 일로 말미암아 살피건대, 측은지심惻隱之心이 없으면 반드시 그는 사람의 부류가 아님을 알 수 있으니, 사람은 반드시 측은지심에 근본한다.

이미 측은지심이 있으면 곧 수오羞惡·사양辭讓·시비是非의 마음이 모두 이로 말미암아 나오게 된다. 만약 수오지심羞惡之心이 없다면 반드시 그는 사람의 부류가 아니니, 어찌 사람이라고 말하면서 수오지심이 없으리오? 만약 사양지심辭讓之心이 없다면 반드시 그는 사람의 부류가 아니니, 어찌 사람이라고 말하면서 사양지심이 없으리오? 만약 시비지심是非之心이 없다면 반드시 그는 사람의 부류가 아니니, 어찌 사람이라고 말하면서 시비지심이 없으리오?

惻隱之心은 仁之端也이요 羞惡之心은 義之端也이요 辭讓之心은 禮之端也이요 是非之心은 智之端也니라

"측은지심惻隱之心은 仁의 실마리요, 수오지심羞惡之心은 義의 실마리요, 사양지심辭讓之心은 禮의 실마리요, 시비지심是非之心은 智의 실마리이니라."

惻隱羞惡辭讓是非는 情也요 仁義禮智는 性也라 心은 統性情者也라 端은 緖也라

因其情之發하여 而性之本然을 可得而見이니 猶有物在中而緖見於外也니라

'측은惻隱·수오羞惡·사양辭讓·시비是非'는 정情이요, '인仁·의義·예禮·지智'는 성性이다. '心'은 성정性情을 통솔하는 것이다. '단端'은 실마리이다.

그 情의 발함으로 인하여 性의 본연本然을 얻어 볼 수 있으니, 마치 사물이 가운데 있으면서 실마리가 밖으로 드러나는 것과 같다.

주해

- 端(단) : 단서. 실마리. '단端'은 단예端倪의 뜻이다. 倪(끝 예)
  "惻隱是仁之發. 端是端倪, 物之緖也. 譬之繭絲, 外有一條緖, 便知內有一團絲."(四書補註備旨) 緖(실마리 서) 繭(고치 견)
- 朱子가 말했다. "性者, 心之理. 情者, 心之用. 心者, 性情之主. 性是靜, 情是動, 心兼動靜而言. 統如統兵之統. 心有以主宰之也."(大全註疏)

【備旨】

然이나 是心也는 非自外至也라 卽此惻隱之心은 乃仁蘊於中 而著其端緖於外者也라 然이나 有是仁이면 則必有是義禮智라 其羞惡之心은 乃義蘊於中 而著其端緖於外者也요 辭讓之心은 乃禮蘊於中 而著其端緖於外者也요 是非之心은 乃智蘊於中 而著其端緖於外者也니 使無仁義禮智之性이면 又安有是惻隱羞惡辭讓是非之情乎아

그러나 이 마음은 밖으로부터 이르는 것이 아니다. 곧 이 측은지심惻隱之心은 이에 仁이 심중에 쌓여 그 단서端緖가 밖으로 드러난 것이다. 그러나 이 仁이 있으면 반드시 이 의義·예禮·지智가 있게 된다. 그 수오지심羞惡之心은 이에 義가 심중에 쌓여 그 단서가 밖으로 드러난 것이요, 사양지심辭讓之心은 이에 禮가 심중에 쌓여 그 단서가 밖으로 드러난 것이요, 시비지심是非之心은 이에 智가 심중에 쌓여 그 단서가 밖으로 드러난 것이다. 그러므로 가사 仁·義·禮·智의 性이 없다면 또 어찌 이 惻隱·羞惡·辭讓·是非의 마음이 있으리오?

人之有是四端也ㅣ猶其有四體也니 有是四端而自謂不能者는 自賊者也오 謂其君不能者는 賊其君者也니라

사람에게 이 사단四端이 있는 것은 마치 사람에게 사체四體가 있는 것과 같으니, 이 사단이 있으면서 스스로 사단을 행하지 못한다고 말하

는 자는 스스로를 해치는 자요, 그 인군人君이 사단을 행하지 못한다고 말하는 자는 그 人君을 해치는 자이다.

四體는 四肢니 人之所必有者也라 自謂不能者는 物欲蔽之耳니라

'사체四體'는 사지四肢이니 사람이 반드시 지니고 있는 것이다. 스스로 행할 수 없다고 말하는 것은 물욕物欲이 이를 가리고 있을 뿐이다.

주해

- 四端(사단) : 인의예지仁義禮智의 단서端緖를 말한다.
- 四體(사체) : 수족手足을 말한다.

【備旨】

夫人心이 必有是仁義禮智之四端也는 猶人身이 必有是手足之四體也라 故로 有是四端而自謂不能全者는 是不以先王待其身이니 自賊其身者也요 謂其君不能全者는 是不以先王待其君하여 而賊其君者也라 然則臣固不可以賊君이니 君亦安可以自賊哉리오 不安於自賊이면 則當知所以自反而擴充之矣니라

무릇 사람의 마음에 반드시 이 인의예지仁義禮智의 사단四端을 지니고 있는 것은 마치 사람의 몸에 반드시 이 수족手足의 사체四體를 지니고 있는 것과 같다.

그러므로 이 四端을 지니고 있으면서 스스로 온전히 할 수 없다고 말하는 자는 이는 先王의 道로 그 몸을 대하지 않은 것이니 스스로 그 몸을 해치는 자이다.

그 인군人君이 온전히 할 수 없다고 말하는 자는 이는 선왕의 道로 그 人君을 대하지 않아서 그 人君을 해치는 자이다.

그렇다면 신하는 본디 人君을 해칠 수 없으니, 人君이 또한 어찌 스스로를 해칠 수 있으리오? 스스로를 해치는데 편안치 아니하면 곧 마땅히 스스로 돌이켜 이를 확충할 바를 알아야 한다.

凡有四端於我者를 知하여 皆擴而充之矣면 若火之始然하며 泉之始達이니 苟能充之면 足以保四海요 苟不充之면 不足以事父母니라

"무릇 사단四端이 나에게 있다는 것을 알아서 모두 미루어 확충해 나아가면, 마치 처음 타오르는 불꽃과 같고 처음 솟아나오는 샘물과 같다.
진실로 이를 능히 확충해 나아가면 사해를 보존할 수 있으며, 진실로 이를 확충해 나아가지 못하면 부모도 섬길 수 없느니라."

擴은 推廣之意요 充은 滿也라 四端在我하여 隨處發見(현)하니 知皆卽此推廣而充滿其本然之量이면 則其日新又新하여 將有不能自已者矣라 能由此而遂充之면 則四海雖遠이나 亦吾度內니 無難保者요 不能充之면 則雖事之至近이나 而不能矣리라

此章所論人之性情과 心之體用이 本然全具而各有條理ㅣ如此하니 學者ㅣ於此에 反求默識而擴充之면 則天之所以與我者를 可以無不盡矣리라

程子曰 人皆有是心이로되 惟君子爲能擴而充之하나니 不能然者는 皆自棄也라 然이나 其充與不充은 亦在我而已矣니라

又曰 四端不言信者는 旣有誠心爲四端이면 則信在其中矣라

愚按 四端之信은 猶五行之土하여 無定位하고 無成名하고 無專氣로되 而水火金木이 無不待是以生者라 故로 土於四行에 無不在하고 於四時則寄王焉하니 其理ㅣ亦猶是也니라

'확擴'은 미루어 넓힌다는 뜻이요, '충充'은 가득 채움이다.

사단四端이 나에게 있어 도처에서 발현되니, 모두 여기에서 나아가 미루어 넓혀서 그 본연의 국량局量을 채워나가면 그것이 날로 새롭고 또 새로워져 장차 능히 스스로 그칠 수 없게 될 것이다. 능히 이로 말미암아 마침내 확충해나가면 곧 四海가 비록 멀다고 해도 또한 내 국량局量 안에 있으니 보존하기 어려움이 없을 것이요, 능히 확충해 나가지 못하면 비록 일이 지극히 가까운데 있으나 능히 행할 수 없을 것이다.

이 장에서 논한 사람의 성정性情과 마음의 체용體用이 본래 온전히 갖추어져 있고 각각 조리條理가 있음이 이와 같다. 배우는 자가 이에 돌이켜 구하고 묵묵히 깨달아서 확충해 나아가면 곧 하늘의 나에게 부여한 바를 다하지 아니함이 없을 것이다.

程子 가로되 "사람에게 모두 이 마음이 있되 오직 君子만이 능히 확충할 나갈 수 있다. 능히 그렇게 하지 못한 자는 모두 스스로를 버리는 것이다. 그러나 그 확충하고 확충하지 않음은 또한 나에게 달려있을 따름이다." 또 가로되 "사단 중에 '신信'을 말하지 않은 것은 이미

정성스런 마음을 四端으로 삼으면, 信은 그 가운데 있는 것이다."

내가 생각하건대 四端의 信은 마치 오행의 土와 같아서, 정해진 자리도 없고 붙여진 이름도 없고 전유專有한 氣도 없으나, 수화금목水火金木이 이 土를 기다려 생겨나지 않은 것이 없다. 그러므로 土는 四行 중에 있지 않은 곳이 없고, 四時에 있어서는 곧 왕성한 데 기탁하니 그 이치가 또한 이와 같다.

주해

- 始然之火(시연지화) : 처음 타오르는 불꽃. '然'은 '연燃'과 같다. 燃(불사를 연)
  《說文解字》에 "然, 燒也."라고 했다. 燒(사를 소)
  "始燃之火, 不可撲滅."(四書補註備旨) 撲(칠 박) 滅(멸할 멸)
- 泉之始達(천지시달) : 처음 솟아나는 샘물.
  "泉之始達, 不可壅滯. 二始字宜玩."(四書補註備旨) 壅(막힐 옹) 滯(막힐 체)
- 隨處(수처) : 도처에. 어디서나. '도처到處'와 같다.
- 度內(도내) : 국량局量의 범위 안쪽. 생각의 범위 안쪽. 度(국량 도)
  위魏나라 혜강嵇康의 《與山巨源絶交書》에 나온다. "四民有業, 各以得志爲樂, 唯達者爲能通之, 此足下度內耳." 嵇(산이름 혜)
- 人之性情, 心之體用 : 사람의 성정性情과 마음의 體用.
  운봉호씨雲峰胡氏가 말했다. "性者, 心之體. 其未發也, 本然全具. 情者, 心之用. 其初發也, 各有條理. 反求默識, 知之事. 擴充, 行之事. 至於天地與我者無不盡, 卽是盡心而知之無不盡, 盡性而行之無不盡也."(大全註疏)
  경원보씨慶源輔氏가 말했다. "集註反求默識者, 格物致知窮理之事也. 擴充者, 誠意正心力行之事也. 旣能窮理, 又能力行, 則天地所以與我仁義禮智之性, 可以各各充滿其量, 而無遺憾矣."(大全註疏)
- 王(왕) : 왕성하다. '왕旺'과 통한다.

【備旨】

誠使凡有是四端於我者 | 不敢諉於不能하고 隨其所發之端하여 而察識其爲何心하며 知皆卽此擴之하여 以充其本然之量矣면 則其發見之端이 日新不已하여 若火之始然 而不可滅也며 若泉之始達 而不可遏也라 然其功을 可自已乎아
苟能因此火然泉達之機하여 而遂充之以極其量이면 則仁無所不愛하고 義無所不宜하며 禮無所不敬하고 智無所不明하여 四海之大를 自足以保之而無難이요 苟不充之면 則雖父母之在家庭이나 而且不足以事之矣니 充之其容已乎아 人皆有是心者는 其亦以先王爲法焉이 可也니라

가사 무릇 내 안에 이 사단四端을 지닌 자가 감히 능히 할 수 없다고 핑계대지 않고 그 발한 단서를 따라 그것이 어떤 마음인가를 살펴서 깨달으며, 모두 이것으로 나아가 확충하여 그 본연의 국량局量을 채울 줄 안다면 곧 그 발현된 단서가 끝없이 날로 새로워져 마치 처음 타오르는 불꽃처럼 끌 수 없고 마치 처음 샘솟는 물처럼 막을 수가 없으니 그 공을 가히 스스로 그만둘 수 있으리오?

만일 능히 이 불꽃이 타오르고 샘이 치솟는 기미로 인해서 마침내 확충하여 그 국량을 다하면 곧 仁은 사랑하지 못할 바가 없고, 義는 마땅치 않는 바가 없고, 禮는 공경하지 않는 바가 없고, 智는 밝지 아니한 바가 없으니, 四海가 아무리 광대해도 스스로 보존하는데 어려움이 없을 것이다.

만일 확충하지 못하면 비록 부모가 집안에 있을 지라도 또한 모실 수 없을 것이니, 확충해 나가는 일을 그칠 수 있으리오? 이 마음을 지닌 모든 사람은 또한 先王을 法삼는 것이 옳을 것이다.

[3·7]

孟子曰 矢人이 豈不仁於函人哉리오마는 矢人은 唯恐不傷人하고 函人은 唯恐傷人하나니 巫匠도 亦然하니 故로 術不可不愼也니라

孟子 가라사대 "화살 만드는 사람이 어찌 갑옷 만드는 사람보다 어질지 않으리오? 화살 만드는 사람은 오직 사람에게 상해傷害를 입히지 못할까 두려워하고, 갑옷 만드는 사람은 오직 사람을 다치게 할까 두려워한다. 남의 병을 치료하는 무의巫醫와 관棺을 만드는 장인도 마찬가지이다. 그러므로 재주를 삼가지 않을 수 없느니라."

函은 甲也라 惻隱之心은 人皆有之니 是矢人之心이 本非不如函人之仁也라 巫者는 爲人祈祝하여 利人之生하고 匠者는 作爲棺槨하여 利人之死하니라

'함函'은 갑옷이다. 측은지심惻隱之心은 사람마다 모두 지니고 있으니, 이 화살 만드는 사람의 마음이 본디 갑옷 만드는 사람보다 어질지 못한 것은 아니다. '무巫'는 남을 위하여 빌고 축원하며 남의 삶을 이롭게 한다. '장匠'은 관곽棺槨을 만들어 남의 죽음을 이롭게 한다.

주해

- 矢人(시인) : 화살을 만드는 장인匠人.
  "矢人是造箭之人."(四書補註備旨) 箭(화살 전)
- 函人(함인) : 갑옷을 만드는 장인匠人. '함函'은 '개갑鎧甲'의 뜻이다. 函(갑옷 함) 鎧(갑옷 개)
  《廣雅》에 "函, 鎧也."라고 했다.
  "函人是造甲之人."(四書補註備旨)
- 巫醫(무의) : 무사巫師와 의사醫師. 곧 '巫師'는 주로 사악한 기운을 물리치고, '醫師'는 주로 질병을 치료했다.
  《論語·子路》 편에 나온다. "子曰 '南人有言曰 人而無恒, 不可以作巫醫. 善夫!'" 이에 대해 형병邢昺의 疏에 "巫主接神除邪, 醫主療病."이라고 풀이했다.
- 棺(널 관) 槨(덧널 곽)

【備旨】

孟子ㅣ勉當時諸侯之爲仁也曰 人皆有不忍人之心하니 矢人之本心이 其初豈不仁於函人哉리오 但卽其爲矢爲函之心而言之인댄 矢人은 則惟恐其矢之不利하여 而不能傷人하고 函人은 則惟恐其甲之不堅하여 而至於傷人하나니 是矢人之心이 果不仁於函人矣라
然이나 不特矢人函人爲然也라 巫者ㅣ爲人祈祝하여 利人之生하니 亦猶函人然이요 匠者ㅣ作爲棺槨하여 利人之死하니 亦猶矢人然이라 是匠人之心이 果不仁於巫人矣나 然이나 非其初本心之異也요 其術使之然耳라 故로 人之擇術者ㅣ不可不愼之於始也니라

맹자께서 당시 제후들이 仁을 행할 것을 권면하여 가라사대 "사람

이 모두 남을 차마하지 못하는 마음을 가지고 있으니, 화살 만드는 사람의 본심이 그 처음에 어찌 갑옷 만드는 사람보다 어질지 못하리오? 다만 그 화살을 만들고 갑옷을 만드는 마음으로 나아가 말하건대, 화살 만드는 사람은 오직 그 화살이 날카롭지 못하여 능히 사람을 상하지 못하게 할까 두려워하며, 갑옷을 만드는 사람은 오직 그 갑옷이 견고하지 못하여 사람을 상하게 할까 두려워하니, 이는 화살 만드는 사람의 마음이 결과적으로 갑옷을 만드는 사람보다 어질지 못한 것이다.

그러나 다만 화살 만드는 사람과 갑옷을 만드는 사람만 그러한 것이 아니다. 무의巫醫는 남을 위해 기축祈祝하여 남의 삶을 이롭게 하니, 또한 갑옷 만드는 사람이 그러한 것과 같다. 관棺을 만드는 사람은 관곽棺槨을 만들어 남의 죽음을 이롭게 하니 또한 화살 만드는 사람이 그러한 것과 같다. 이 관을 만드는 사람의 마음이 결과적으로 무의巫醫보다 어질지 못한 것이다. 그러나 그 애초에 본심이 다른 것이 아니니, 그 재주가 그렇게 만들었을 뿐이다. 그러므로 재주를 선택하는 자가 처음에 삼가지 않을 수 없느니라."

孔子曰 里仁이 爲美하니 擇不處仁이면 焉得智리오하시니 夫仁은 天之尊爵也며 人之安宅也어늘 莫之禦而不仁하니 是는 不智也니라

"孔子께서 말씀하시길 '마을이 인후仁厚한 것이 아름다우니 가려서 仁에 처하지 아니하면 어찌 지혜롭다 하리오!' 라고 하셨다.
仁은 하늘이 내린 존귀한 작위爵位이며, 사람의 편안한 집이다. 이를 막는 사람이 없는데 仁을 행하지 아니하니, 이는 지혜롭지 못한 것이니라."

里有仁厚之俗者를 猶以爲美하니 人擇所以自處而不於仁이면 安得爲智乎리오하시니 此는 孔子之言也시니라

仁義禮智는 皆天所與之良貴로대 而仁者는 天地生物之心으로 得之最先而兼統四者하니 所謂元者는 善之長也라 故로 曰尊爵이라

在人엔 則爲本心全體之德하여 有天理自然之安이요 無人欲陷溺之危하니 人當常在其中하여 而不可須臾離者也라 故로 曰安宅이라

此는 又孟子ㅣ釋孔子之意하사 以爲仁道之大如此어늘 而自不爲之하니 豈非不智之甚乎리오하시니라

"마을에 인후仁厚한 풍속이 있는 것을 오히려 아름답게 여기니, 사람이 스스로 처할 바를 선택하는데 仁에 처하지 아니하면 어찌 지혜롭다 하리오?"라고 하니 이는 孔子의 말씀이다.

인의예지仁義禮智는 모두 하늘이 부여한 양귀良貴이다. '仁'이란 천지가 만물을 만들어낸 마음으로 이를 가장 먼저 얻어서 네 가지를 아울러 통솔하니, 이른바 '원元은 선善의 우두머리이다'라는 것이다. 그러므로 '존작尊爵'이라 말한 것이다.

사람에게 있어서는 본심 전체의 德이 되어 천리 자연의 편안함이 있으며, 인욕人欲에 빠지는 위태로움이 없으니, 사람이 마땅히 항상 그 가운데에 있으면서 잠시라도 떠나서는 안 된다. 그러므로 '안택安宅'이라 말한 것이다.

이는 또 맹자께서 공자의 뜻을 해석하여 '인도仁道의 위대함이 이와 같거늘 스스로 이를 행하지 아니하니, 어찌 지혜롭지 못함이 심하지 않으리오?'라고 여기신 것이다.

주해

● 里仁爲美(이인위미) : 마을이 인후仁厚한 것이 아름답다.
운봉호씨雲峰胡氏가 말했다. "集註, 仁厚之俗四字, 有斟酌. 一里之中, 安得人皆仁者. 但有仁厚之俗則美矣."(大全註疏) 斟(짐작할 짐) 酌(참작할 작)

● 尊爵(존작) : 지극히 존귀한 벼슬이나 지위. 爵(벼슬 작)
"天者賦予言. 尊爵是至尊之爵."(四書補註備旨)

● 良貴(양귀) : 가장 귀한 것. '최귀最貴'와 같다.
《孟子·告子上》에 나온다. "人之所貴者, 非良貴也." 이에 대해《焦循正義》에 "良貴猶雲最貴, 非良貴猶雲非最貴也."라고 했다. 朱熹의《四書集註》에서는 "良者, 本然之善也."라고 했다.

● 元者, 善之長也 : '원元'은 선善의 우두머리이다. 곧 '亨·利·貞'의 우두머리라는 뜻이다.
《周易·乾·文言》에 나온다. "元者, 善之長也, 亨者, 嘉之會也. 利者, 義之和也. 貞者, 事之幹也. 君子體人足從長人, 嘉會足以合禮, 利物足以和義, 貞固足以幹事. 君子行此四德者, 故曰乾元亨利貞."

【備旨】

所擇爲何오 亦曰仁而已라 孔子ㅣ嘗有言曰 里有仁厚之俗도 猶以爲美니 若人之擇術 而不處於仁이면 焉得爲智乎아하시니라 孔子之言如此하니 果何謂哉아 謂夫仁也者는 自其天所與而言이면 則天地生物之心으로 爲最先이요 所以統四德兼萬善 而爲良貴之首니 天之尊爵也라 自其在人而言이면 則有天理自然之安하고 無人欲陷溺之危하며 爲日用常處不可離者니 人之安宅也라
仁道之美ㅣ若此自有而自爲之니 誰得而禦之리오 今莫

之禦而自爲不仁하니 是棄其所至尊하고 舍其所至安 而昧於擇術也니 豈非失其是非之本心 而爲不智者乎아 孔子以爲焉得智者ㅣ固宜也시니라

선택할 것이 무엇인가? 또한 仁이라고 말할 따름이다. 孔子께서 일찍이 말씀하시길 '마을에 인후仁厚한 풍속이 있는 것도 오히려 아름답게 여기거늘, 만약 사람이 재주를 선택하되 仁에 처하지 아니하면 어찌 지혜롭다 하리오?'라고 하셨다.

공자의 말씀이 이와 같으시니 과연 무슨 말씀인가?

무릇 仁이라고 말하는 것은 하늘이 부여한 것으로 말하자면, 곧 천지가 만물을 낳은 마음으로 가장 우선이 되며, 사덕四德(仁義禮智德)을 통솔하고 만 가지 善을 겸하여 양귀良貴의 으뜸이 되는 바이니 하늘이 내리신 존귀한 작위爵位이다. 그 사람에게 있는 것으로 말하자면, 곧 천리 자연의 편안함이 있고, 인욕人欲에 빠지는 위태로움이 없으며, 일상에 처하여 떠날 수 없는 것이니 사람의 안택安宅이다.

仁道의 아름다움이 이처럼 스스로 지니고 있고 스스로 행하니, 누가 능히 막을 수 있으리오? 이제 아무도 막지 않는데도 스스로 人君을 행하니, 이는 그 지극히 존귀한 작위爵位를 버리고, 그 지극히 편안한 집을 버리는 것이다. 그러므로 재주를 선택하는데 어두운 것이니, 어찌 시비是非의 본심을 잃고 지혜롭지 못하게 된 것이 아니리오? 孔子께서 '어찌 지혜롭다 하리오!'라고 말씀하신 것이 진실로 마땅하도다.

不仁不智라 無禮無義면 人役也니 人役而恥爲役하는데 由弓人而恥爲弓하며 矢人而恥爲矢也니라

"어질지 못하고 지혜롭지 못하며, 예禮가 없고 의義가 없으면, 남에게 부림을 당한다. 남에게 부림을 당하여 부림 당하는 것을 부끄럽게 여기는데, 이는 활 만드는 사람이 활 만드는 것을 부끄럽게 여기며, 화살 만드는 사람이 화살 만드는 것을 부끄럽게 여기는 것과 같느니라."

以不仁故로 不智요 不智故로 不知禮義之所在니라

人君을 행하기 때문에 지혜롭지 못한 것이요, 지혜롭지 못하기 때문에 예의禮義의 소재所在를 알지 못한다.

주해

- 人役(인역) : 남에게 부림을 당하다.
  "人役是爲人所役使."(四書補註備旨)
- 由(유) : '유猶'와 같다.
- 경원보씨慶源輔氏가 말했다. "不仁則頑然不覺. 故不知. 不知則懵然不知. 故不知禮義所在."(大全註疏) 懵(생각할 종)

【備旨】

> 夫始以不知而不仁이나 及其旣不仁 而益不智라 故로 不知禮義之所在 而無禮無義矣라 是自失其良貴 而置身於卑賤之地하여 不免爲人役也니 旣爲人役 而猶耻其役하는데 役可得而免哉아 猶弓人而耻爲弓之事하며 矢人而耻爲矢之事니 亦徒耻耳라 雖欲不爲나 不可得已라

무릇 처음에는 알지 못하여 人君을 하게 되나, 그 이미 人君을 하게 되면 더욱 지혜롭지 못하게 된다. 그러므로 예의禮義의 소재所在를 알지 못하여 禮도 없고 義도 없게 된다.

이는 스스로 그 양귀良貴를 잃고 몸을 비천한 곳에 두어 남에게 부림을 당하게 된다. 이미 남에게 부림을 당하면서 오히려 그 부림을 당하는 것을 부끄럽게 여기는데 그렇다고 부림을 당하는 일을 면할 수 있으리오?

마치 활을 만드는 사람이 활 만드는 일을 부끄럽게 여기며, 화살을 만드는 사람이 화살 만드는 일을 부끄럽게 여기는 것과 같으니, 또한 한갓 부끄럽게만 여길 따름이다. 그러므로 비록 그 일을 하고 싶지 않으나 그만 둘 수가 없는 것이다.

如恥之인댄 莫如爲仁이니라

"만약 부끄러워한다면 仁을 행하는 것만 같음이 없느니라."

此亦因人愧恥之心而引之하여 使志於仁也라

不言智禮義者는 仁該全體하니 能爲仁이면 則三者在其中矣니라

이는 또한 사람의 부끄러워하는 마음에 따라 이를 인도하여 仁에 뜻을 두게 한 것이다.

'지智·예禮·의義'를 말하지 않은 것은 仁이 전체를 포괄하기 때문이다. 그러므로 능히 仁을 행할 수 있으면 이 세 가지는 그 가운데에 있게 된다.

주해

- 恥之(치지) : 남에게 부림을 당하는 것을 부끄럽게 여기다. '之'는 '인역人役'을 말한다.
  "之字指人役言."(四書補註備旨)
- 爲仁(위인) : 仁을 행하다.
  "爲仁就根於心而發於治道說."(四書補註備旨)

【備旨】

> 夫爲人役은 固可耻矣나 而所以致此耻者는 亦由不仁耳니 如耻之인댄 莫如反其所爲而爲仁이니 修其天爵 而不敢棄하며 居其安宅 而不敢曠이니 此擇術之審이요 而凡若智若禮若義之足貴者ㅣ皆在我矣니 尚何人役之不可免耶아

무릇 남에게 부림을 당하는 것은 진실로 부끄러운 일이나, 이 부끄러움을 당하는 이유는 또한 人君으로 말미암을 뿐이다.

만약 부끄러워한다면 그 행한 바를 돌이켜 仁을 행하는 것만 같지

못하다. 그 하늘이 내린 작위爵位를 닦으면서 감히 버리지 아니하며, 그 편안한 집에 살면서 감히 비워두지 않으니, 이는 재주를 택하는데 잘 살피는 것이다.

무릇 智처럼 禮처럼 義처럼 존귀한 것이 모두 나에게 있으니, 오히려 어찌 남에게 부림을 당하는 일을 면할 수 없으리오?

주해

● 曠(광) : 비워두다. '空'과 같다. 曠(빌 광)
《孟子·離婁上》에 나온다. "仁, 人之安宅也. 義, 人之正路也. 曠安宅而弗居, 舍正路而不由, 哀哉!"

仁者는 如射하니 射者는 正己而後에 發하여 發而不中이라도 不怨勝己者요 反求諸己而已矣니라

"仁이란 활을 쏘는 것과 같다. 활을 쏘는 자는 몸을 바르게 한 후에 쏘게 되며, 쏘아서 맞지 않더라도 자기를 이긴 자를 원망하지 않으며, 돌이켜 자신에게 구할 따름이니라."

爲仁 由己니 而由人乎哉아

仁을 행하는 것은 자신에게 말미암으니 남에게 말미암겠는가?

주해

● 正己(정기) : 몸을 바르게 하다.

"正己是內志正外體直. 發是發矢."(四書補註備旨)

【備旨】

夫仁者之於仁에 有如射然하니 射者之於射에 必內正己之志하고 外直己之體하여 極其審固而後發矢하여 發矢而不能中이라도 則不怨人之能中而勝己者요 惟反求諸己하여 以爲吾志容有未正하고 吾體容有未直而已矣라 爲仁由己 而不由人何以異리오 此人能擇術以處仁이면 則仁道ㅣ渾全하고 而智禮義ㅣ悉備하여 天下皆爲吾役矣리니 此擇術者ㅣ所以必處於仁也니라

무릇 어진 이가 仁에 대한 경우는 활을 쏘는 것과 같다. 활을 쏘는 자는 활을 쏠 때 반드시 안으로 자신의 뜻을 바르게 하고, 밖으로 자신의 몸을 곧게 하여, 그 살피고 안정됨을 다한 후에 화살을 쏘아야 한다. 그리고 화살을 쏘아서 능히 적중하지 못하더라도 남이 능히 적중하여 나를 이긴 자를 원망하지 않는다. 그러니 오직 돌이켜 자신에게 구하여 내 뜻이 혹 바르지 아니하고, 내 몸이 혹 곧지 아니함이 있다고 여길 따름이다.

그러므로 仁을 행하는 것이 나에게 말미암고 남에게 말미암지 않다는 것과 무엇이 다르리오? 이는 사람이 능히 재주를 선택하여 仁에 처하면 곧 仁의 道가 혼전渾全하여 지智·예禮·의義가 모두 갖추어져서 천하를 모두 내가 부릴 수 있으니, 이는 재주를 택하는 자가 반드시 仁에 처해야 하는 이유이다.

주해

● 持弓矢審固(지궁시심고) : 활과 화살을 잡는 것이 안정되고 겨누는 것이

법도에 맞다.

《禮·射義》에 나온다. "射之爲言者, 釋也. 或曰舍也, 釋者, 各釋己之志也. 故心平體正, 持弓矢審固, 則射中矣. 故曰 爲人父者以爲父鵠. 爲人子者以爲子鵠. 爲人君者以爲君鵠. 爲人臣者以爲臣鵠. 故射者, 各射己之鵠." 鵠(과녁 곡)

- 容(용) : 혹. 혹시. 容(혹 용)
- 渾全(혼전) : 완전하다. 완정完整하다. 渾(거의 혼)

《朱子全書》 卷22에 나온다. "龜山說伊尹樂堯舜之道云, 日用飮食, 出作入息, 便是樂堯舜之道. 這箇似說得渾全."

[3·8]

孟子曰 子路는 人告之以有過則喜하더라

孟子 가라사대 "자로子路는 남이 허물이 있다고 알려주면 곧 기뻐하였다."

喜其得聞而改之하니 其勇於自修ㅣ如此하니라
周子曰 仲由는 喜聞過라 令名이 無窮焉이러니 今人은 有過에 不喜人規하여 如諱疾而忌醫하여 寧滅其身而無悟也하니 噫라
程子曰 子路는 人告之以有過則喜하니 亦可謂百世之師矣로다

그 말을 듣고 고치는 것을 기뻐하니, 자로子路가 자신의 덕성德性을 닦는데 용감함이 이와 같았다.

주자周子(周敦頤) 가로되 "중유仲由는 허물을 들으면 기뻐하여 좋은 명성이 무궁하게 되었다. 그러나 지금 사람들은 허물이 있는데도 남이 바로잡아 주는 것을 기뻐하지 아니하여, 마치 병을 꺼려하고 의원을 기피하는 것처럼 하며, 차라리 그 몸이 죽더라도 깨닫지 못하니 슬프도다!"

程子 가로되 "자로子路는 남이 허물이 있다고 알려주면 곧 기뻐하였으니, 또한 백세의 스승이라 이를 만하다."

주해

- 過(과) : 허물. 과실과 언행을 겸하여 한 말이다.
  "過是無心之失兼言行說. 喜是心中樂受."(四書補註備旨)
  경원보씨慶源輔氏가 말했다. "人受天地之中以生, 本自無過. 所以有過者, 非出於氣稟之偏, 則由乎物欲之誘. 人能知而改之, 則可以復於本然之善. 不知則其過愈深, 將溺焉而失其所以爲人矣. 是豈可不懼哉?"(大全註疏) 誘(꾈 유) 懼(두려워할 구)
- 自修(자수) : 자신의 덕성德性을 닦고 기르다.
  《禮記·大學》에 나온다. "如琢如磨者, 自脩也." 琢(쪼을 탁) 磨(갈 마)
- 令名(영명) : 아름다운 명성. 명예. 令(좋을 령)
  宋나라 사마광司馬光의 《與王介甫書》에 나온다. "方正日踈, 諂諛日親, 而望萬事之得其宜, 令名之施四遠, 難矣!" 踈(멀 소) 諂(아첨할 첨) 諛(아첨할 유)
- 諱疾忌醫(휘질기의) : 병을 감추고 의원의 치료를 꺼려하다. 곧 자신이 결점을 감추고 바로 잡으려하지 않는다는 말이다. 諱(꺼릴 휘)
  宋나라 주돈이周敦頤의 《周子通書·過》에 나온다. "今人有過, 不喜人規, 如諱疾而忌醫, 寧滅其身而無悟也." 寧(차라리 녕)
- 寧(차라리 녕) 噫(탄식할 희)

【備旨】

孟子ㅣ敍聖賢樂善之誠若曰 善在天下公之人己之間하니 可取亦可與也라 吾嘗尙論古人 而見樂善之誠焉하니 古之人有子路者ㅣ勇於自修하여 或有人告之以有過면 則欣然而喜하여 以其過可得而聞이면 卽可得而改也니 其樂善이 何誠也오

맹자께서 성현들이 善을 즐겨하는 지극한 정성을 서술하여 가라사대 "善은 천하에 공평하게 남과 자신의 사이에 있으니, 취할 수도 있고 또한 함께 할 수도 있는 것이다.

내 일찍이 古人을 상론尙論하며 善을 즐기는 지극한 정성을 보았다. 古人 중에 자로子路라는 자가 있어 자신의 덕성德性을 닦는데 용감하였다. 자로는 혹 남이 허물이 있다고 알려주면 곧 흔연欣然히 기뻐하여, 그 허물을 얻어 들을 수 있으면 곧 얻어 고칠 수 있었으니, 그가 善을 즐겨하는 것이 얼마나 정성스러운가!

주해

- 誠若(성약) : 지극한 정성. 곧 '至誠和順'의 뜻이다.
  《禮記·禮器》 편에 나온다. "君子之於禮也, 有所竭情盡愼, 致其敬而誠若, 有美而文而誠若." 이에 대해 정현鄭玄의 注에 "若, 順也."라고 했고, 공영달孔穎達의 疏에 "至誠和順"이라고 해석했다. 竭(다할 갈)
- 尙論(상론) : 옛 사람의 인품을 평론하다.
  《孟子·萬章下》에 나온다. "一鄕之善士 斯友一鄕之善士 一國之善士 斯友一國之善士 天下之善士 斯友天下之善士 以友天下之善士爲未足 又尙論古之人"

禹는 聞善言則拜러시다

"우禹는 좋은 말을 들으면 곧 절을 하셨느니라."

書曰 禹拜昌言이라하니 蓋不待有過하고 而能屈己以受天下之善也니라

《서전書傳》에 말하기를 "우禹가 창언昌言을 듣고 절하였다'라고 하니, 대개 허물이 있기를 기다리지 않고 능히 자신을 굽혀 천하의 善을 받아들은 것이다.

주해

- 昌言(창언) : 정직하고 기탄忌憚할 바가 없는 말. '美言'과 같다. 《書·大禹謨》에 나온다. "禹拜昌言曰 : "兪!班師振旅。帝乃誕敷文德, 舞幹羽於兩階, 七旬有苗格." 敷(펼 부)
- 경원보씨慶源輔氏가 말했다. "子路賢者也. 故不能無過, 但勇於自修. 是以喜於得聞而改之. 禹則聖人也. 其心純是天理本然之善. 故不待其有過. 但一聞善言, 則至誠屈己, 拜而受之."(大全註疏)

【備旨】

> 古之人有禹者ㅣ一聞善言이면 則屈己而拜受之는 以其有裨於己者也니 其樂善이 又何誠也오

古人 중에 우禹가 있었으니 한번 선언善言을 들으면 곧 자신을 굽히고 절하며 받아들였다. 이는 그 선언善言이 자신에게 이롭기 때문이니, 그가 善을 즐겨하는 것이 또한 얼마나 정성스러운가!

주해

- 裨(도울 비)

大舜은 有大焉하시니 善與人同하사 舍己從人하시며 樂取於人하여 以爲善이러시다

"대순大舜은 더욱 위대하시니, 善을 남과 더불어 함께 행하되 자신을 버리고 남을 따르셨으며, 남에게 취하여 자신의 善으로 삼는 것을 즐겨하셨느니라."

言舜之所爲ㅣ又有大於禹與子路者라 善與人同은 公天下之善而不爲私也라 己未善이면 則無所繫吝而舍以從人하시고 人有善이면 則不待勉强而取之於己하시니 此善與人同之目也니라

舜이 행한 바가 또 우禹와 자로子路보다 위대하다는 것을 말한 것이다. '善을 남과 더불어 함께 행한다'는 것은 천하의 善을 공적으로 여기고 사사롭게 여기지 않는 것이다.

내가 선하지 못하면 인색함에 얽매인 바가 없이 자신을 버리고 남을 따른다. 남이 선하면 곧 억지로 힘쓰는 것을 기다리지 않고 그것을 몸에서 취하니, 이는 '善을 남과 더불어 함께 행한다'는 조목이다.

주해

- 善與人同(선여인동) : 善을 남과 함께 행하다.
  "此以天下之公善而言. 不可認作舜之善. 此句正是大之實."(四書補註備旨)
- 繫吝(계인) : 인색함에 얽매이다. 간절하게 그리워하며 버리지 못하다. 繫(맬 계) 吝(아낄 인)
  宋나라 진관秦觀의 《論議上》에 나온다. "其所以然者無他焉, 士大夫據偏守獨, 各有繫吝, 不能以至公爲心故耳."

【備旨】

聞過則喜하여 猶知過之在己하시고 聞善則拜하여 猶知善之在人하시니 若大舜之所爲는 又有大於禹與子路者焉이시니라
以天下之公善으로 亦與天下之人同之하사 內不見其有己하시고 外不見其有人也시니라 若己未善이면 則舍己以從人之善하시고 人有善이면 則樂取於人之善하사 以爲己之善이라
是其舍之也ㅣ以己而同於人이며 其取之也ㅣ以人而同於己라 所謂善與人同者ㅣ皆如此하시니 舜之所以爲大也시니라

허물을 들으면 곧 기뻐하여 마치 허물이 자신에게 있음을 아는 듯이 하시고, 善을 들으면 곧 절을 하여 마치 善이 남에게 있음을 아는 듯이 하시니, 대순大舜처럼 행한 바는 또 우禹와 자로子路보다 위대한 점이 있으셨다.

천하의 공선公善으로 또한 천하 사람들과 함께 하여, 안으로는 그것이 자신에게 있다고 보지 않고 밖으로는 그것이 남에게 있다고 보지 않으셨다. 만약 몸이 善하지 못하면 곧 자신을 버리고 남의 善을 따르며, 남에게 善이 있으면 곧 남의 善을 즐겨 취하여 자신의 善으로 삼으셨다. 이는 그 자신을 버렸으나 남과 하나가 된 것이며, 남을 취하였으나 자신과 하나가 된 것이다.

이른바 '善을 남과 더불어 함께 행한다'는 것이 이와 같으니, 舜이 위대하게 되는 이유이다.

自耕稼陶漁로 以至爲帝히 無非取於人者러시다

"밭 갈고 씨 뿌리고 질그릇 굽고 고기 잡는 일에서부터 제왕이 되는 데 이르기까지 남에게 취하지 않은 것이 없으셨다."

舜之側微에 耕于歷山하시고 陶于河濱하시고 漁于雷澤하시니라

"순舜이 미천한 신분으로 있을 때 역산歷山에서 밭 갈고, 물가에서 질그릇 굽고, 뇌택雷澤에서 물고기를 잡으셨다."

주해

- 側微(측미) : 미천微賤하다. 비천卑賤하다.
  《書經·舜典》에 나온다. "虞舜側微, 堯聞之聰明, 將使嗣位." 이에 대해 공영달孔穎達의 正義에 "不在朝廷謂之側, 其人貧賤謂之微."라고 했다. 嗣(이을 사)
- 耕於歷山(경우역산) : 역산歷山에서 밭 갈다.
  《史記·五帝本紀》에 나온다. "舜耕歷山, 歷山之人皆讓畔. 漁雷澤, 雷澤上人皆讓居. 陶河濱, 河濱器皆不苦窳."畔(두둑 반) 窳(비뚤 유)

【備旨】

然이나 舜之取於人은 不特一時爲然也라 自耕稼陶漁之時로 以至修禪而爲帝히 無非樂取於人以爲善者러시니 其樂善之懷ㅣ初未嘗以窮達而有間也시니라

그러나 舜이 남에게서 善을 취한 것은 다만 일시적으로 그러한 것이 아니다. 밭 갈고 씨 뿌리고 질그릇 굽고 고기 잡는 일에서부터 선양을 받아 제왕이 되는데 이르기까지, 남에게서 즐겨 취하여 善을 행하지 않은 적이 없으셨다. 그 善을 즐겨하는 마음이 애초부터 일찍이 곤궁困窮하거나 영달榮達했다고 해서 간단間斷이 있지 않으셨다.

주해

● 窮達(궁달) : 곤궁困窮과 영달榮達.

取諸人以爲善이 是ㅣ與人爲善者也니 故로 君子는 莫大乎與人爲善이니라

"남에게서 취하여 善을 행하는 것은 이는 남이 善을 행하도록 도와주는 것이다. 그러므로 君子는 남이 善을 행하도록 도와주는 것 보다 큰 것이 없느니라."

與는 猶許也며 助也라 取彼之善而爲之於我則彼益勸於爲善矣리니 是는 我助其爲善也라 能使天下之人으로 皆勸於爲善이면 君子之善이 孰大於此리오

此章은 言聖賢樂善之誠이 初無彼此之間이라 故로 其在人者를 有以裕於己요 在己者를 有以及於人이니라

'여與'는 '허許'와 같으며 도와준다는 뜻이다. 저 사람의 善을 취하여 그것을 나에게 행하면 곧 저 사람이 더욱 善을 행하도록 권면할 것이니, 이는 내가 그 사람이 善을 행하도록 도와주는 것이다. 천하의 사람

들로 하여금 모두 善을 행하도록 권면할 수 있다면 君子의 善이 무엇이 이 보다 클 수 있으리오?

이 장은 성현들이 善을 즐겨하는 정성이 처음부터 피차간에 사이가 없기 때문에, 그 남에게 있는 것을 자신에게 넉넉하게 할 수 있고, 자신에게 있는 것을 남에게 미칠 수 있음을 말한 것이다.

【備旨】

夫取諸人之善以爲吾善이면 則人因我之取 而益勸於爲善이니 是由我取善之誠하여 有以與助乎天下之人하여 以爲善者也라
夫能使天下之人으로 皆勸於爲善 則天下之善이 皆吾善矣라 故로 君子는 莫大乎與人爲善이니 蓋舍己取人에 固足以見舜之大요 而至於與人爲善하여는 尤足以見舜之大也니 信乎라 論樂善之極者ㅣ必以大舜爲歸矣리라

무릇 남의 善을 취하여 나의 善을 행하면 곧 남이 내가 취한 것으로 인하여 더욱 善을 행하도록 권면할 것이다. 이는 내가 善을 취하는 정성으로 말미암아 천하 사람들을 도와서 善을 행하도록 할 수 있는 것이다.

무릇 능히 천하 사람들로 하여금 모두 善을 행하도록 권면하게 만들면 곧 천하의 善이 모두 나의 善이 된다. 그러므로 君子는 남이 善을 행하도록 도와주는 것 보다 큰 것이 없다. 대개 자신을 버리고 남을 취하는데서 진실로 舜의 위대함을 볼 수 있으며, 남이 善을 행하도록 도와주는 경우에서 더욱 舜의 위대함을 볼 수 있다. 진실로 善을 즐기는 지극함을 논하는 자는 반드시 대순大舜으로 귀결을 삼아야 할

것이다.

주해

● 與助(여조) : 찬조贊助하다. 도와주다.

[3·9]

孟子曰 伯夷는 非其君不事하며 非其友不友하며 不立於惡人之朝하여 不與惡人言하더니 立於惡人之朝하여 與惡人言을 如以朝衣朝冠으로 坐於塗炭하며 推惡惡之心하여 思與鄕人立에 其冠不正이어든 望望然去之하여 若將浼焉하니 是故로 諸侯ㅣ雖有善其辭命而至者라도 不受也하니 不受也者는 是亦不屑就已니라

孟子 가라사대 "백이伯夷는 그 인군人君이 아니면 섬기지 않았으며, 그 친구가 아니면 벗삼지 않았으며, 악인惡人의 조정에 서지 아니하여 악인惡人과 더불어 말도 하지 않았다.

惡人의 조정에 서서 惡人과 더불어 말하는 것을 마치 조의朝衣와 조관朝冠을 하고 도탄塗炭에 앉아 있는 것처럼 여겼다.

악惡을 미워하는 마음을 미루어 향인鄕人과 더불어 서 있는 것으로 생각하여, 그 관冠이 바르지 않으면 망망연望望然히 떠나 버려 장차 자신이 더럽혀질 듯이 하였다. 이 때문에 제후諸侯가 비록 그 좋은 외교사령外交辭令을 가지고 찾아와도 받지 들이지 않았다. 받아들이지 않은 것은 이 또한 나아가는 것을 깨끗하다고 여기지 않았기 때문이니라."

塗는 泥也라 鄕人은 鄕里之常人也라 望望은 去而不顧之貌라 浼는 汙也라 屑은 趙氏曰 潔也라하고 說文曰 動作切切也라하니 不屑就는 言不以就之爲潔 而切切於是也라 已는 語助辭라

'도塗'는 진흙이다. '향인鄕人'은 향리의 보통사람이다. '망망望望'은 떠나가며 돌아보지 않는 모양이다. '매浼'는 더러운 것이다. '설屑'은 조씨趙氏(趙岐)가 "깨끗하다"라고 말했고, 《설문해자說文解字》에 "동작이 절절切切하다"라고 했으니, '불설취不屑就'는 나아감을 깨끗하다고 여겨 이에 절절하지 않았다는 말이다. '이已'는 어조사다.

주해

- 塗炭(도탄) : 진흙탕에 빠지고 숯불에 타다. 곧 처지가 매우 곤고함을 의미한다. 塗(진흙 도) 炭(숯 탄)
  《後漢書·光武帝紀上》에 나온다. "漢遭王莽, 宗廟廢絶, 豪傑憤怒, 兆人塗炭."
- 思(사) : 백이의 마음을 의미한다.
  "思是伯夷之心思."(四書補註備旨)
- 望望然(망망연) : 원망하는 모양. 곧 뒤도 돌아보지 않고 허둥대는 모양을 말한다.
- 辭命(사명) : 외교사령外交辭令. 곧 외교문서를 말한다.
  《周禮·秋官·大行人》에 나온다. "諭言語, 協辭命."
  《孟子·公孫丑上》에도 나온다. "孔子兼之曰 '我於辭命則不能也.'"
- 切切(절절) : 급박한 모양. 급절急切한 모양.
- 浼(더럽힐 매) 汙(더러울 오) 屑(깨끗할 설)

【備旨】

此는 孟子ㅣ就夷惠所行而斷之하여 以見己願學之別有在也라

曰 古之人有伯夷者하니 擇君而事하되 非可事之君則不事하며 擇友而友하되 非可友之友則不友하니 不但見君不事也요 亦不一立於惡人之朝焉하며 不但見友不友也요 亦不一與惡人言焉이라 若其立於惡人之朝와 與惡人言則以爲辱하여 如以朝衣朝冠으로 坐於塗炭하여 不忍須臾少安也라

然이나 不但惡惡之嚴이 如此也라 推極其惡惡之心하여 思與鄕人立에 其冠不正이어든 亦少失禮耳니 非若甚不可與之人이며 亦非有甚可絶之行이어늘 乃望望然去之而不顧하여 若將浼己焉하니 其心如是라

是故로 當時諸侯ㅣ雖有善其辭命而至者라도 其人을 雖不可知나 而其外似無失禮면 宜若不必卻者어늘 而彼則以爲辭命雖善이나 而人未必善이라하여 亦不受也하니 所以不受者는 何爲也哉아 蓋凡受之者는 必其潔於就之也니 彼其視今之諸侯컨대 皆非其君이며 皆惡人之朝니 是亦不必就之爲潔而切切於就也라 伯夷之嚴於惡惡而不輕與人群이 如此라

이는 孟子께서 백이伯夷와 유하혜柳下惠가 행한 바에 나아가 판단하여 자신이 배우고자 하는 것과 차이가 있음을 나타낸 것이다.

가라사대 "古人 중에 伯夷라는 사람이 있었으니, 人君을 가려서 섬

기되 섬길 만한 人君이 아니면 섬기지 않았으며, 벗을 가려서 사귀되 사귈 만한 벗이 아니면 사귀지 않았다. 다만 人君을 섬기지 않았을 뿐이 아니라, 또한 한번도 악인惡人의 조정에 서지 않은 것을 알 수 있다. 다만 벗을 벗 삼지 않았을 뿐만 아니라 또한 한번도 惡人과 더불어 말하지 않은 것을 알 수 있다.

그는 惡人의 조정에 서고 惡人과 더불어 말하는 것과 같은 일을 욕되게 여겨, 마치 조의朝衣와 조관朝冠을 하고 도탄塗炭에 앉아 있는 것처럼 차마 잠시라도 편안하게 여기지 않았다.

그러나 다만 악을 미워하는 엄함이 이와 같았을 뿐이 아니다. 그 惡을 미워하는 마음을 추극推極하여 향인鄕人과 더불어 서 있는 것으로 생각하되, 그 관冠이 바르지 않으면 또한 조금 禮에서 벗어날 뿐이니 심히 함께 하지 못할 사람이 아니며 또한 심히 끊을 수 있는 행동이 아니거늘, 이에 망망연望望然히 떠나가며 돌아보지 아니하고 장차 자신을 더럽힐 것 같이 하니 그 마음이 이와 같았다.

이 때문에 당시 제후들이 비록 그 좋은 사명辭命을 가지고 찾아와도 그 사람을 비록 알지 못하나 그 나머지가 禮에서 벗어나지 않는 것 같으면 마땅히 반드시 물리칠 필요는 없었다. 그러나 저 伯夷는 사명辭命이 비록 좋으나 사람이 반드시 善한 것은 아니라고 하며 또한 받지 않았으니, 받지 않은 것은 무엇 때문인가?

대개 무릇 辭命을 받는다는 것은 반드시 그 나아가는데 깨끗해야 한다. 그러나 저 伯夷가 지금의 제후들을 보건대 모두 그 섬길 만한 人君이 아니며 모두 惡人의 조정이니, 이는 또한 반드시 나아가는 것을 깨끗하게 여겨 나아가는데 절절해 것은 아니었다.

伯夷가 악을 미워하는데 엄하고 가볍게 남들과 더불어 무리짓지 않은 것이 이와 같았느니라."

주해

- 推極(추극) : 미루어 지극히 다하다. 곧 사물의 이치를 끝까지 궁구窮究한다는 뜻이다.

  진晉나라 반악潘岳의《馬汧督誄》序에 나온다. "而雍州從事忌敦勳効, 推極小疵, 非所以褒奬元功." 汧(강이름 견) 褒(기릴 포) 奬(권면할 장)

  《禮記·大學》의 "致知在格物"에 대해 朱熹는《四書集註》에서 "致, 推極也. 知, 猶知識也. 推極吾之知識, 欲其所知無不盡也."라고 했다.

柳下惠는 不羞汙君하며 不卑小官하여 進不隱賢하여 必以其道하며 遺佚而不怨하며 阨窮而不憫하더니 故로 曰 爾爲爾오 我爲我니 雖袒裼裸裎於我側이나 爾焉能浼我哉리오하니 故로 由由然與之偕而不自失焉하여 援而止之而止하니 援而止之而止者는 是亦不屑去已니라

"유하혜柳下惠는 오군汚君을 부끄럽게 여기지 않았으며, 낮은 관직을 천하게 여기지 않았다. 벼슬에 나아가는데 현명함을 감추지 않고 반드시 그 道로써 하였으며, 버림을 받아도 원망하지 않았으며, 곤궁困窮해도 근심하지 않았다.
그러므로 말하기를 '너는 너요, 나는 나다. 비록 내 곁에서 팔뚝을 걷고 벌거벗을지라도 네가 어찌 나를 더럽힐 수 있으리오?' 라고 하였다. 그러므로 유유히 더불어 함께 하더라도 스스로 잃지 아니하였다. 그를 잡아당기며 그치라고 하면 그쳤으니, 잡아당기며 그치라고 하면 그친 것은 이 또한 떠나는 것만을 깨끗하다고 여기지 않았기 때문이니라."

柳下惠는 魯大夫展禽이니 居柳下而謚惠也라 不隱賢은 不枉道也라 遺佚은 放棄也라 阨은 困也라 憫은 憂也라 爾爲爾로 至焉能浼我哉는 惠之言也라 袒裼은 露臂也오 裸裎은 露身也라 由由는 自得之貌라 偕는 並處也라 不自失은 不失其正也라 援而止之而止者는 言欲去而可留也라

'유하혜柳下惠'는 노魯나라 대부 전금展禽이니, 버드나무 아래에서 살았으며 시호는 혜惠이다. '현명함을 감추지 않는다'는 것은 道를 굽히지 않은 것이다. '유일遺佚'은 내쫓아 버리는 것이다. '액阨'은 곤란함이다. '민憫'은 근심함이다. '爾爲爾'로부터 '焉能浼我哉'에 이르기까지는 모두 유하혜의 말이다. '단석袒裼'은 팔뚝을 드러내는 것이요, '나정裸裎'은 몸을 드러내는 것이다. '유유由由'는 자득自得한 모양이다. '해偕'는 함께 처하는 것이다. '부자실不自失'은 그 바름을 잃지 않은 것이다. '잡아당기며 그치라고 하면 그친다'는 것은 떠나고자 하나 머무를 수 있음을 말한다.

주해

- 進不隱賢(진불은현) : 벼슬에 나아가는데 현명함을 감추지 않다.
  "賢是道存於心."(四書補註備旨)
  쌍봉요씨雙峯饒氏가 말했다. "他人不羞汙君不卑小官, 必至於苟進. 而柳下惠則不隱賢. 他人見袒裼裸裎而與之偕, 則必至於流. 而柳下惠則不自失. 此其所以爲聖人之和, 而異乎常人之和也."(大全註疏)
  신안진씨新安陳氏가 말했다. "此言惠之和寬以處衆, 而不輕與人絶也."(大全註疏)
- 遺佚(유일) : 유능한 사람을 버려두고 등용하지 않다. '유루遺漏'와 같다.
  佚(숨을 일) 漏(샐 루)
  "遺佚自人棄我言."(四書補註備旨)
- 由由然(유유연) : 즐거운 모습. 자적自適하는 모습.

《孟子·萬章下》에 나온다. "與鄕人處, 由由然不忍去也."《韓詩外傳》卷3에 서는 '愉愉'라고 풀이했다.

- 援而止之而止 : 잡아당기며 그치라고 하면 그치다
"援止是人攀留意. 止是不去."(四書補註備旨) 攀(잡을 반)
- 阨(곤궁할 액) 袒(웃통벗을 단) 裼(웃통벗을 석) 裸(벗을 라) 裎(벌거숭이 정) 由(넉넉할 유)

【備旨】

古之人이 又有柳下惠者하니 不以汙君爲羞而不事하며 不以小官爲卑而不爲하여 其進而事君爲官也에 不隱其在己之賢하여 以阿世取容 而必守其正直之道하여 以得行其志라 惟必以道하니 則與世不相入 而遺佚阨窮을 所不免矣라 彼則雖一時失位而遺佚하되 亦不怨焉하며 雖終身不用而阨窮하되 亦不憫焉이라

蓋所遭拂戾 而其泰然者ㅣ如此 則雖不絶乎惡人이나 而實未嘗染於惡人이라 故로 其自言有曰 爾爲爾라 無與於我也요 我爲我라 無與於爾也라 蓋善自善 而惡自惡이요 初不相浼하니 爾雖袒裼裸裎於我側이나 亦爾之自失禮耳니 安能浼辱我哉리오하니라

其言如此라 故로 常由由然自得하여 與人偕處 而終不自失其正焉하여 卽其欲去之際에 或有援而止之者어든 彼則從而止矣니 夫援而止之而遂止者는 何爲也哉아 蓋吾身雖止나 而其不能浼者ㅣ猶在하니 是其心亦不以去之爲潔 而切切於去也라 柳下惠之和以處衆이나 而不輕與人絶이 如此니라

古人 중에 또 유하혜柳下惠란 자가 있었으니, 오군汚君을 부끄럽다고 여겨 섬기는 것을 그만두지 않았으며, 小官을 낮다고 여겨 벼슬을 그만두지 않았다. 유하혜는 나아가 人君을 섬기고 벼슬할 때에 그 자신에게 있는 현명함을 감추고 세속에 영합하여 남의 환심을 사지 않았으며, 반드시 그 정직한 道를 지켜 그 뜻을 행하였다.

오직 道로써 기필期必하면 곧 세속과 더불어 뜻이 맞지 않아 유일遺佚과 곤궁을 면하지 못하는 법이다. 저 유하혜는 비록 한 때 지위를 잃어 유일遺佚을 당했어도 또한 원망하지 않았으며, 비록 종신토록 등용되지 못하여 곤궁해도 또한 근심하지 않았다.

대개 세상과 뜻이 맞지 않아도 태연함이 이와 같았으니, 비록 악인을 끊지 않았어도 실제로는 일찍이 惡人에게 물든 적이 없었다. 그러므로 그 스스로 말하기를 '너는 너이니 내게 허여할 것이 없으며, 나는 나이니 네게 허여할 것이 없다. 대개 善은 스스로 善이요, 惡은 스스로 惡이다. 애초에 서로 더럽히지 못하니, 네가 비록 내 곁에서 팔뚝을 드러내고 벌거벗을지라도 또한 네가 스스로 禮를 잃을 뿐이니, 어찌 능히 나를 더럽힐 수 있으리오?'라고 하였다.

그 말이 이와 같기 때문에 항상 유유연히 자득自得하여 남들과 함께 처해도 끝내 스스로 그 올바름을 잃지 않았다. 유하혜가 떠나려고 할 때 혹 잡아당기며 그치게 하는 자가 있으면 그는 곧 좇아서 그쳤으니, 무릇 잡아당기며 그치라고 하면 마침내 그친 것은 무엇 때문인가?

대개 내 몸이 비록 그친다고 해도 그를 능히 더럽히지 못할 것이 여전히 남아 있으니, 이는 그 마음이 또한 떠나는 것을 깨끗하게 여겨 떠나는데 절절하지 않았기 때문이다. 류하혜가 화해和諧로써 무리와 처하되 가벼이 남과 절연하지 않음이 이와 같았다.

주해

● 阿世取用(아세취용) : 세속에 영합하여 남의 환심을 사다.

《史記·儒林列傳》에 "公孫子務正學以言, 無曲學以阿世."라고 했고, 《史記.酈生陸賈列傳》에 "行不苟合, 義不取容."이라고 했다.
魯迅의 《漢文學史綱要》 第6篇에 나온다. "至叔孫通, 則正以曲學阿世取容, 非重其能定朝儀, 知典禮也."

● 拂戾(불려) : 뜻이 맞지 않고 어긋남. '違逆'과 같다. 拂(거스를 불) 戾(어긋날 려)
漢나라 마융馬融의 《長笛賦》에 나온다. "牢剌拂戾, 諸賁之氣也." 賁(클 분)

孟子曰 伯夷는 隘하고 柳下惠는 不恭하니 隘與不恭은 君子ㅣ不由也니라

孟子 가라사대 "백이伯夷는 도량이 협소하고, 유하혜柳下惠는 경홀輕忽하다. 협소하고 경홀한 것은 君子가 행하지 아니하니라."

隘는 狹窄也라 不恭은 簡慢也라 夷惠之行이 固皆造乎至極之地나 然이나 旣有所偏則不能無弊라 故로 不可由也니라

'애隘'는 좁은 것이다. '不恭'은 경홀輕忽하고 태만怠慢한 것이다. 伯夷와 柳下惠의 행실이 진실로 모두 지극한 지경에 나아갔으나, 그러나 이미 편협偏狹된 바가 있으니 곧 폐단이 없을 수 없다. 그러므로 좇아서 행하지 않는 것이다.

주해

● 由(유) : 행하다. 따르다. '行'과 같다.
《광아석고廣雅釋詁》에 "由, 行也."라고 했다.
朱子가 말했다. "伯夷既淸, 必有隘處. 柳下惠既和, 必有不恭處. 道理自是

如此. 孟子恐後人以隘爲淸, 以不恭爲和. 故曰隘與不恭, 君子不由也."(大全註疏)

● 簡慢(간만) : 경홀하고 태만하다.

《呂氏春秋·孝行》에 나온다. "今有人於此, 行於親重, 而不簡慢於輕疏."

● 隘(좁을 애) 狹(좁을 협) 窄(좁을 착)

【備旨】

> 孟子ㅣ斷之曰 伯夷는 淸矣나 然이나 孤介絶物하여 視天下之人이 無一可與者하니 其失也隘이요 柳下惠는 和矣나 然이나 玩世輕物하여 視天下之人이 無一足較者하니 其失也不恭이라 隘與不恭이면 則道非大中이요 而行非可法이라 是以로 君子ㅣ不由也라하시니라
>
> 夫孟子ㅣ敍夷惠之行 而斷之如此 則其所願學者는 信有在於時中者矣로다

孟子께서 단언하여 가라사대 "백이伯夷는 청렴하였으나 그러나 성품이 강직하여 남들과 왕래를 단절하였으며, 천하 사람들 중에 하나라도 함께 할 만한 자가 없다고 여겼으니 그 잘못이 협소한 데 있다. 유하혜柳下惠는 화해和諧하였으나 그러나 세상을 완롱玩弄하고 세상사를 가볍게 여겨 천하 사람들 중에 하나라도 견줄 만한 자가 없다고 여겼으니 그 잘못이 불공不恭한 데 있다. 도량이 좁고 경홀하면 道가 크게 맞지 못하며, 행실이 법으로 삼을 만하지 못하다. 그러므로 君子가 이를 행하지 않는 것이다."

무릇 맹자께서 伯夷와 柳下惠의 행실을 서술하여 이와 같이 단언하시니, 그 배우기를 원하는 것은 진실로 시중時中에 있도다.

주해

- 孤介(고개) : 성품이 곧고 강직하여 유속流俗을 따르지 않다. 介(강직할 개) 진晉나라 도잠陶潛의 《戊申歲六月中遇火》 詩에 나온다. "總發抱孤介, 奄出四十年." 奄(문득 엄)
  《隋書·설도형전薛道衡傳》에도 나온다. "孺淸貞孤介, 不交流俗."
- 絶物(절물) : 남들과의 교왕交往을 단절하다. '物'은 '事'이다.
  《孟子·離婁上》에 나온다. "旣不能令, 又不受命, 是絶物也." 이에 대해 조기趙岐의 注에 "言諸侯旣不能令告鄰國, 使之進退, 又不能事大國往受敎命, 是所以自絶於物. 物, 事也. 大國不與之通朝聘之事也."라고 풀이했다. 聘(찾아갈 빙)
- 玩世(완세) : 완세불공玩世不恭. 곧 소극적이고 진지하지 않은 생활태도를 말한다. '不恭'은 엄숙하지 않다는 뜻이다.
  《漢書·동방삭전찬東方朔傳贊》에 나온다. "依隱玩世, 詭時不逢." 詭(속일 궤)
  明나라 李開先의 《설사도인전雪蓑道人傳》에도 나온다. "醉後高歌起舞, 更有風韻, 只是玩世不恭, 人難親近耳."
- 時中=時宜:때에 알맞음.

孟子集註

卷四

公孫丑章句(下)

凡十四章이라
自第二章以下는 記孟子出處行實이 爲詳하니라

모두 14장이다.
제2장 이하는 孟子의 출처와 행실을 기록한 것이 상세하다.

【4·1】

孟子曰 天時 | 不如地利요 地利 | 不如人和니라

孟子 가라사대 "천시天時는 지리地利만 같지 못하고, 지리地利는 인화人和만 같지 못하니라."

天時는 謂時日支干孤虛王相之屬也요 地利는 險阻城池之固也요 人和는 得民心之和也라

'천시天時'는 사시四時와 일진日辰과 고허시孤虛時와 왕상시王相時 등을 말한다. '지리地利'는 험조險阻함과 성곽과 해자의 견고함이다. '인화人和'는 민심의 화합을 얻은 것이다.

주해

- 時日干支(시일간지) : 四時와 日辰과 天干과 地支.
  채씨蔡氏가 말했다. "時, 四時也. 日, 日辰也. 史記註, 六甲孤虛, 法甲子旬, 戌亥爲孤, 辰巳爲虛. 後五甲倣此."(大全註疏)
  경원보씨慶源輔氏가 말했다. "時, 十二時. 日, 十日. 支, 十二支. 干, 十干也."(大全註疏)
- 孤虛(고허) : 고허시孤虛時. 10天干을 순차적으로 12地支와 상호 배합하는 것을 '일순一旬'이라고 하는데, 이 때 남은 두 개의 地支를 '고孤'라고 하며, 이 孤와 상대되는 것을 '허虛'라고 한다. 옛날에는 이 孤虛로써 길흉화복吉凶禍福과 일의 성패를 판단했다.
  《史記·龜策列傳》에 나온다. "日辰不全, 故有孤虛." 이에 대해 배인裴駰의 集解에 "甲乙謂之日, 子丑謂之辰."이라 했다.
  쌍봉요씨雙峯饒氏가 말했다. "此大概以五行衰旺言之. 五行有孤虛. 時有旺相."(大全註疏)
- 王相(왕상) : 왕상시王相時. '王相'은 '왕상旺相'과 같다. '旺'은 날씨 기운이 왕성함을 말한다. 王相(王相時)는 봄의 경우 東方 木으로 '木旺之節'이라 부르는데, '火旺之節'인 여름은 木生火의 이치에 따라 나온다. 즉 木이 王이면 火는 木이라는 '王'의 도움으로 生하므로 곧 도움을 받는 신하인 '相'이 된다. 이런 이치로 火가 王이면 土는 相이 되고, 土가 王이면 金이 相이 되고, 金이 王이면 水가 相이 되고, 水가 王이면 木이 相이 된다.

【備旨】

孟子ㅣ論治에 歸本於人和曰 天時地利人和三者는 皆兵家之所尙이나 然이나 要而論之컨 得天時之善者ㅣ雖可以取勝이나 然이나 特或然之數는 不如地利之固하니 其形勝之據를 爲可恃也요 得地利之固者ㅣ雖可以取勝이나 然이나 特有形之險은 不如人心之和하니 其無形之險을 尤可恃也라

孟子께서 다스림을 논하시는데 근본을 인화人和에 돌려 가라사대 "천시天時·지리地利·인화人和 세 가지는 모두 병가兵家에서 숭상하는 바이다. 그러나 요약하여 논하건대, 天時의 좋은 때를 얻는 자가 비록 승리할 수는 있다. 그러나 다만 혹연성或然性(개연성蓋然性)의 운수는 地利의 견고함만 같지 못하니, 그 뛰어난 형세의 근거를 가히 믿을 수 있다. 地利의 견고함을 얻은 자가 비록 승리할 수는 있다. 그러나 다만 有形의 험조險阻함은 人心의 화합만 같지 못하니, 그 無形의 험조險阻함을 더욱 믿을 수 있느니라."

주해

- 或然(혹연) : 혹시. 아마도. '혹허或許'와 같다.

三里之城과 七里之郭을 環而攻之而不勝하나니 夫環而攻之에 必有得天時者矣언마는 然而不勝者는 是ㅣ天時ㅣ不如地利也니라

"3리의 성과 7리의 외성을 포위하여 공격하였으나 이기지 못하나니, 포위하여 공격하면 반드시 천시天時를 얻을 수도 있으나, 그러나 이기지 못하는 것은 이는 천시天時가 지리地利만 같지 못하기 때문이니라."

三里 七里는 城郭之小者라 郭은 外城이라 環은 圍也라 言四面攻圍하여 曠日持久에 必有值天時之善者라

'삼리三里'·'칠리七里'는 성곽이 작은 것이다. '곽郭'은 외성이다. '환環'은 포위함이다.

사면을 공격하고 포위하여 오랫동안 지구전持久戰을 펴면 반드시 天時의 좋은 때를 만난다는 말이다.

주해

- 曠日持久(광일지구) : 헛되이 세월만 보내며 오래 끌다. 곧 전쟁의 소모전을 비유한 말이다. 曠(오랠 광)
  西漢 유향劉向의 《戰國策·趙策三》에 나온다. "今取古之爲萬國者, 分以爲戰國七, 能具數十萬之兵, 曠日持久."

【備旨】

> 何以見天時不如地利오 試以兵家用攻者로 觀之컨대 彼三里之小城과 七里之小郭은 若易於攻矣라 乃環其城郭而攻之하여 而不能勝焉하나니 夫曰環而攻之 則曠日持久에 必有得天時之善者矣언마는 然而不能勝者는 是天時之善이 終不如地勢之利也니라

무엇으로 천시天時가 지리地利만 같지 못함을 알겠는가? 시험 삼아 병가兵家의 용공用攻을 살펴보건대, 저 3里의 작은 성과 7里의 작은 외성은 공격하기 쉬울 듯 하니, 이에 그 성곽을 포위하고 공격하여도 능히 이길 수가 없다.

가로되 '포위하고 공격하여 오랫동안 지구전持久戰을 펴면 반드시 天時의 좋은 때를 만날 수 있을 것이다.' 그러나 능히 이기지 못하는 것은 이는 天時의 좋은 때가 결국 지세地勢의 이로움만 같지 못하기 때문이다.

城非不高也며 池非不深也며 兵革이 非不堅利也며 米粟이 非不多也로되 委而去之하나니 是ㅣ 地利不如人和也니라

"성이 높지 않은 것이 아니며, 성호城壕가 깊지 않은 것이 아니며, 병혁兵革이 견고하고 날카롭지 않은 것이 아니며, 미속米粟이 많지 않은 것이 아니로되, 버리고 떠나가니 이는 지리地利가 인화人和만 같지 못한 것이니라."

革은 甲也라 粟은 穀也라 委는 棄也라
言不得民心이면 民不爲守也라

'혁革'은 갑옷이다. '속粟'은 곡식이다. '위委'는 버리는 것이다.
민심을 얻지 못하면 백성들이 지켜주지 않는다는 말이다.

주해

- 池(지) : 성 아래 방어용 연못. 곧 '성호城壕'를 말한다. 壕(해자 호) 《집운集韻》에 "壕, 城下池,"라고 했다.
- 兵革(병혁) : 병기와 갑옷. '兵'은 무기이고, '革'은 갑주甲冑를 말한다. 冑(투구 주)

  趙氏가 말했다. "古甲以革爲之. 故函人爲攻革之工. 後世始用金曰鎧."(大全註疏) 鎧(갑옷 개)

  《周禮·고공기考工記·함인函人》에 나온다. "函人爲甲. 犀甲七屬, 兕甲六屬, 合甲五屬." 犀(무소 서) 兕(외뿔소 시)

【備旨】

何以見地利不如人和오 試以兵家用守者로 觀之컨대 當敵人來攻하여 城非不巍然高也하며 池非不不淵然深也며 兵革所用以衛此城池者ㅣ非不堅利하여 而可以應敵也며 米粟所養以保此城池者ㅣ非不多하여 而可以持久也라 其爲地利固矣나 然而人心不和면 卒委棄而去之焉하니 是地勢之利 又不如人心之和也라

무엇으로써 지리地利가 인화人和만 같지 못함을 알겠는가?

시험 삼아 병가兵家의 용수用守로 살피건대, 적이 와서 공격할 때 城이 외연巍然히 높지 않은 것이 아니며, 성호城壕가 연연淵然히 깊지 않은 것이 아니며, 병혁兵革을 써서 이 성아래 연못을 지키는 것이 견고하고 날카롭지 않음이 없어 적을 대응할 수 있으며, 미속米粟을 저장하여 이 성 아래 연못을 지키는 자가 많지 않음이 없어 지구전持久戰을 펼 수가 있다. 그 地利가 견고하나 그러나 인심이 화합되지 못하면 마침내 버리고 떠나가니, 이는 지세地勢의 이로움이 또한 人心의 화합만 같지 못한 것이다.

주해

- 養(양) : 저장하다. 곧 '양수養羞'의 뜻이다. 養(저장할 양) 羞(음식 수) 《逸周書·時訓》에 나온다. "白露之日鴻雁來, 又五日玄鳥歸, 又五日羣鳥養羞."
- 巍(높을 외) 委(버릴 위)

故로 曰域民하되 不以封疆之界하며 固國하되 不以山谿之險하며 威天下하되 不以兵革之利니 得道者는 多助하고 失道者는 寡助라 寡助之至에는 親戚이 畔之하고 多助之至에는 天下ㅣ順之니라

그러므로 가로되 '백성을 한계 짓되 나라의 경계로 하지 아니하며, 나라를 견고하게 하되 산계山谿의 험조險阻로 하지 아니하며, 천하에 위엄을 떨치되 병혁兵革의 날카로움으로 하지 않는다'고 한 것이다. 道를 얻은 자는 도와주는 자가 많고, 道를 잃은 자는 도와주는 자가 적다. 도와주는 자가 지극히 적어지면 친척도 배반하고, 도와주는 자가 지극히 많아지면 천하가 따르게 되느니라.

域은 界限也라

'역域'은 한계 짓는 것이다.

주해

- 封疆(봉강) : 천자가 제후에게 분봉分封한 토지.
  "封是提封. 疆是境土."(四書補註備旨)
- 山谿(산계) : 산천. 산하山河.
- 得道(득도) : 치국治國의 道를 얻다. 곧 인정仁政을 행한다는 뜻이다.
- 寡(적을 과) 畔(배반할 반)

【備旨】

觀此면 則知人和獨重하니 而有國者 | 當務人和矣라 故로 曰域限其民者 | 不以封疆之界니 以封疆이면 可以限民之形 而不足以收民之心也며 固守其國者 不以山谿之險이니 以山谿면 可以壯國之勢 而不足以立國之本也며 威服乎天下者 不以兵革之利니 以兵革이면 可以耀武於天下 而不足以無敵於天下也라
惟能以德行仁而得道者는 則得人心而多助之矣오 苟不能以德行仁而失道者는 則失人心而寡助矣라 語寡助之至인댄 豈特國人畔之리오 卽親戚之近이라도 亦離心離德而畔之라 語多助之至인댄 豈特國人順之리오 卽天下之廣이라도 亦同心同德而順之니라

이를 살피면 人和가 유독 중요한 것을 알 수 있으니, 나라를 다스리는 자가 마땅히 人和에 힘써야 한다. 그러므로 가로되 '그 백성을 한계 짓는 자는 나라의 경계로 하지 말아야 하니, 나라의 경계로 한계 지으면 백성의 몸은 한계 지을 수 있으나 백성의 마음을 거둘 수 못한다. 그 나라를 굳게 지키는 자는 산계山谿의 험조險阻로 하지 말아야 하니, 산계山谿로 지키면 나라의 형세를 굳세게 할 수는 있으나 나라의 근본을 세울 수는 없다. 천하를 위복威服하려는 자는 병혁兵革의 날카로움으로 하지 말아야 하니, 병혁兵革으로 威服을 하면 천하에 위무威武를 빛낼 수는 있으나 천하에 무적이 되지는 못할 것이다'라고 한 것이다.

오직 능히 德으로 仁을 행하여 道를 얻는 자는 인심을 얻어 도와주는 사람이 많을 것이요, 진실로 능히 德으로 仁을 행하지 아니하여 道를 잃은 자는 인심을 잃어 도와주는 사람이 적을 것이다.

'도와주는 사람이 지극히 적어진다'는 말을 논하건대, 어찌 다만 백성들만 배반할 것이리오? 가까운 친척도 또한 마음이 떠나고 德도 떠나서 배반할 것이요,

'도와주는 사람이 지극히 많아진다'는 말을 논하건대, 어찌 다만 백성들만 따르리오? 광대한 천하 사람들도 또한 마음을 함께 하고 德도 함께 하여 따를 것이다."

주해

● 威服(위복) : 위력威力으로 남을 굴복시키다.
《史記·秦始皇本紀》에 나온다. "先帝巡行郡縣, 以示彊, 威服海內."

● 語(어) : 논하다. ~에 대해 말하다. '論'과 같다.
《說文》에 "語, 論也."라고 했고, 《詩·大雅·公劉》에 "於時語語."라고 했다. 傳:"論難曰語."

● 離心離德(이심이덕) : 마음도 떠나고 德도 떠나다. 곧 사상과 신념이 모두 일치하지 않는다는 뜻이다. '心'은 사상이고, '德'은 신념을 말한다.
《尙書·泰誓中》에 나온다. "受(紂)有億兆夷人, 離心離德."

● 同心同德(동심동덕) : 마음도 함께 하고 德도 함께 하다. 곧 사상이 통일되고 신념이 일치한다는 뜻이다.
《尙書·泰誓中》에 나온다. "予有亂臣十人, 同心同德."

以天下之所順으로 攻親戚之所畔이라 故로 君子ㅣ有不戰이언정 戰必勝矣니라

"천하가 따르는 人君의 입장으로 친척도 배반하는 자를 치는 것이다. 그러므로 君子는 싸우지 않을지언정 싸우면 반드시 승리하느니라."

言不戰則已어니와 戰則必勝이니라
尹氏曰 言得天下者는 凡以得民心而已니라

싸우지 않으면 그만이거니와 싸운다면 곧 반드시 승리한다는 말이다.

尹氏 가로되 "천하를 얻는다는 것은 무릇 민심民心을 얻을 따름이라는 말이다."

주해

- 所順(소순) : 治國의 道를 얻은 人君을 말한다.
- 所畔(소반) : 治國의 道를 잃은 人君을 말한다.
- 有不戰(유부전) : 혹. 혹시. '有'는 '或'과 같다.

【備旨】

由是로 以吾得人心之和하여 而爲天下之所順者로 取彼失人心之和하여 而爲親戚之所畔者니 則自我之攻彼而言이면 是는 以至仁伐不仁 而無與敵也오
自彼之敵我而言이면 是는 率子弟以攻父母 而未有能濟也라 故로 得道之君子ㅣ有不戰이언정 戰必勝矣니 亦何假於乘天時憑地利哉아 世之用兵者ㅣ當知所以重人和矣니라

이로 말미암아 내가 인심의 화합을 얻어 천하 사람들이 순종하는 인군人君이 되어, 저 인심의 화합을 잃어 친척도 배반하는 人君을 취하는 것이다.

그러므로 내가 그를 공격하는 것으로 말하자면, 이는 지극한 仁으로 人君을 치는 것이니 더불어 대적할 자가 없을 것이다. 그가 나를 대적하는 것으로 말하자면, 이는 자제를 거느리고 부모를 치는 것이니 능히 이룰 수 없는 것이다.

道를 얻은 君子가 싸우지 않을지언정 만약 싸운다면 반드시 승리할 것이니, 또한 어찌 천시天時를 틈타고 지리地利를 빙자하는데 가탁假託하리오? 세상에 용병用兵하는 자는 마땅히 人和를 중히 여기는 바를 알아야 한다.

[4·2]

孟子ㅣ將朝王이러시니 王이 使人來曰 寡人이 如就見者也이라니 有寒疾이라 不可以風일새 朝將視朝호리니 不識케이다 可使寡人으로 得見乎잇가

對曰 不幸而有疾이라 不能造朝로소이다

孟子께서 장차 왕을 조견朝見하려고 하는데,
왕이 사람을 보내와 가로되 "과인이 찾아가 뵈려하였으나 한질寒疾이 들어 바람을 맞을 수가 없습니다. 찾아오신다면 내일 아침에 조회를 볼 것입니다. 모르겠습니다. 과인으로 하여금 뵐 수 있게 해주시겠습니까?"
맹자께서 대답하여 가라사대 "불행히도 병이 있어 조정에 나아갈 수 없습니다."

王은 齊王也라

孟子ㅣ本將朝王이러시니 王不知하고 而託疾以召孟子라 故로 孟子 亦以疾辭也하시니라

'王'은 제齊나라 왕이다.

孟子께서 본래 장차 왕을 조견朝見하려고 하는데, 왕이 알지 못하고 병을 핑계삼아 孟子를 부른 것이다. 그러므로 孟子께서도 병으로 사양하신 것이다.

주해

- 如(여) : ~하려 하다. 마땅히. '욕欲'이나 '당當' 또는 '의宜'와 같다.
  "如作欲字."(四書補註備旨)
- 朝將視朝(조장시조) : 내일 아침에 장차 조회를 보려고 하다. '朝'는 내일 아침이다. '시조視朝'는 '出朝'의 뜻으로 제후가 조회에 나아가 政事를 듣는 것이다.
  《禮記》에 나온다. "諸侯相見, 必告于禰, 朝服而出視朝."
  "朝是明朝. 視朝是出朝."(四書補註備旨)

【備旨】

孟子ㅣ在齊하여 居賓師之位라 一日에 本將朝王이러니 王不知하고 而使人來하여 託辭曰 寡人이 將欲就見者也러니 但適有寒疾이라 不可以冒風而出이라 故로 不能就見焉이라 但朝將視朝하리니 不識케이다 夫子ㅣ肯一來而可使寡人으로 得見乎잇가

孟子ㅣ亦託辭以對曰 見王은 固所願也로되 但不幸而亦有疾이라 不能造朝라하시니 蓋託辭而以明己之不可召耳라

孟子께서 제齊나라에 머무르며 빈사賓師의 지위에 있었는데, 하루는 본래 왕을 조견朝見하려고 하였다.

왕이 이를 알지 못하고 사람을 보내와 말로 핑계 삼아 가로되 "과인이 장차 찾아가 뵈려고 하였으나, 다만 마침 한질寒疾이 들어서 바람을 무릅쓰고 나갈 수가 없어서 능히 찾아가 뵙지를 못합니다. 다만 찾아오신다면 내일 아침에 조회를 열려고 합니다. 모르겠습니다. 夫子께서 기꺼이 한번 오셔서 과인으로 하여금 뵐 수 있게 해주시겠습니까?"

孟子 또한 말을 핑계 삼아 대답하여 가라사대 "왕을 뵙고자 함은 진실로 원하는 바입니다. 다만 불행히도 저 또한 병이 있어 능히 조정에 나아갈 수 없습니다."

대개 말을 핑계 삼아 자신을 부를 수 없다는 것을 밝혔을 따름이다.

주해

- 賓師(빈사) : 관직에 있지 않으면서 군주의 존중을 받는 사람.
  漢나라 왕찬王粲의 《兪兒舞歌·矛兪新福歌》에 나온다. "宴我賓師, 敬用禦天, 永樂無憂."
- 託辭(탁사) : 말로 부탁하다. 말을 꾸며 구실로 삼다.
  漢나라 유향劉向의 《說苑·善說》에 나온다. "中士可以托辭, 下士可以托財."
  宋나라 사마광司馬光의 《속수기문涑水記聞》 卷9에 나온다. "尙主, 辭以昔嘗賜姓, 其餘皆托辭以拒之."

明日에 出弔於東郭氏러시니
公孫丑曰 昔者에 辭以病하시고 今日弔ㅣ或者不可乎이신뎌
曰 昔者에 疾이 今日愈어니 如之何不弔리오

다음날 동곽씨東郭氏 집안에 조문을 나서니,
공손추가 가로되 "어제는 병으로 사양하시고, 오늘 조문하러 나서는 것이 어쩌면 불가할 듯합니다."
가라사대 "어제의 질병이 오늘 나았으니, 어찌 조문하러 가지 않으리오?"

東郭氏는 齊大夫家也라 昔者는 昨日也라 或者는 疑辭라 辭疾而出弔는 與孔子ㅣ不見孺悲하시고 取瑟而歌로 同意니라

'동곽씨東郭氏'는 제齊나라 大夫의 집안이다. '석자昔者'는 어제이다. '혹자或者'는 의문사다.

병을 핑계 삼았다가 조문에 나서는 것은 孔子께서 유비孺悲를 만나주지 않고 거문고를 꺼내어 노래한 것과 같은 뜻이다.

주해

- 孺悲(유비) : 노魯나라 사람으로 공자에게 일찍이 사상례士喪禮를 배웠다. 《論語·陽化篇》에 나온다. "孺悲欲見孔子, 孔子辭以疾. 將命者出戶, 取瑟而歌 使之聞之."
  경원보씨慶源輔氏가 말했다. "孔子以疾辭孺悲而不見. 然又取瑟而歌, 使之知其非. 疾所以警教孺悲也. 孟子以疾辭齊王而不往朝. 然又出弔東郭而使之知其非. 疾者所以警教齊王也. 此皆聖賢至誠應物, 而得乎時中之義也." (大全註疏)

【備旨】

孟子ㅣ明日에 卽出吊於東郭氏하여 使王知其非眞疾하여 以警悟之라
公孫丑ㅣ乃疑而問曰 昔者에 於王之召 則辭以病하고 今

日遂出而往吊면 則是明爲託疾矣라 或者於理不可乎저
孟子曰 昔者疾이 適與召會하고 今日愈適與吊遇하니 如之何不吊리오 蓋亦未告以本意也라

孟子께서 다음날 곧 동곽씨東郭氏 집에 조문을 나서 왕으로 하여금 자신이 진짜 병이 난 것이 아님을 알게 하여 깨닫게 하셨다.

공손추가 이에 의아하게 여겨 물어 가로되 "어제는 왕의 부름에 곧 병을 핑계 삼아 사양하시다가 오늘 마침내 나아가 조문을 하신다면 곧 이는 분명히 병을 핑계 삼으신 것입니다. 그러니 어쩌면 불가할 듯 합니다."

孟子 가라사대 "어제 병이 마침 왕의 부름과 일치하였고, 오늘은 병이 나아서 마침 조문하는 일과 일치한 것이니 어찌 조문하러 가지 않으리오?"라고 하시니, 대개 또한 본의로 고하신 것이 아니다.

주해

● 警悟(경오) : 기경총명機警聰明. 곧 기지機智가 영민하여 사물의 변화를 빨리 깨우친다는 뜻이다.

王이 使人問疾하시고 醫來어늘
孟仲子ㅣ對曰 昔者에 有王命이어시늘 有采薪之憂라 不能造朝러시니 今病小愈어시늘 趨造於朝하더시니 我는 不識케라 能至否乎아하고 使數人으로 要於路曰 請必無歸而造於朝하소서

왕이 사람을 보내어 문병을 하고 의원이 도착하였다.
맹중자孟仲子가 응대하여 가로되 "어제 왕명이 있었으나 '채신지우采薪之憂'가 있어 조정에 나아가지 못하셨습니다. 오늘 병환이 조금 나으셔서 조정에 달려 나가셨습니다. 능히 도착하셨는지 모르겠습니다." 그리고 몇 사람을 시켜 길목에서 맹자를 막아서며 "청컨대 집으로 돌아오지 마시고 반드시 조정으로 가십시오!"라고 일러주게 하였다.

孟仲子는 趙氏以爲孟子之從昆弟로 學於孟子者也라하니라 采薪之憂는 言病不能采薪이니 謙辭也라
仲子ㅣ權辭以對하고 又使人要孟子하여 令勿歸而造朝하여 以實己言하니라

'맹중자孟仲子'는 조씨趙氏(趙岐)가 '孟子의 종형제로 孟子에게 배운 자이다'라고 하였다. '채신지우采薪之憂'는 병으로 땔감을 해오지 못한다는 말이니 겸손한 말이다.

중자仲子가 임기응변의 말로 응대하고, 또 사람을 시켜 맹자를 길목에서 기다렸다가 집으로 돌아오지 말고 조정으로 가시도록 일러주게 하여 자신의 말을 실증한 것이다.

주해

- 趨造(추조) : 추창趨蹌하여 빨리 나아가다. 趨(달릴 추) 蹌(추창할 창)
  "趨造有急趨君命意"
- 要於路(요어로) : 길을 막아서다. '要'는 '난절攔截'의 뜻이다. 攔(막을 란)
- 采薪之憂(채신지우) : 병이 나서 땔나무를 할 수 없음. 곧 자신의 병을 완곡하게 표현하는 말이다. '부신지우負薪之憂'라고도 한다.
  《禮記·曲禮下》에 나온다. "君使士射, 不能則辭以疾, 言曰 '某有負薪之憂."
- 權辭(권사) : 임기응변臨機應變으로 하는 말. 權(저울 권)
  《醒世恒言·三孝廉讓産立高名》에 나온다. "腹中雖如此躊論, 卻是說不出的

話, 只得權辭以對, 說家中已定下糟糠之婦, 不敢停妻再娶, 恐被宋弘所笑."
躊(머뭇거릴 주) 糟(술지게미 조) 糠(쌀겨 강)

【備旨】

> 王이 果不知孟子之非疾 而使人問疾하고 且又使醫來하여 治其疾하니 此正可以悟王也라
> 孟仲子ㅣ亦不知所以出吊之意하고 乃權辭以對曰 昔者에 有王命來召어늘 適夫子有采薪之憂라 故로 不能造朝러니 今病小愈하여 已出而趨造於朝하더시니 但以小愈之身으로 我不知其能至朝否乎아하고 旣又恐其言之不實하여 乃使數人으로 要孟子於路曰 請夫子는 必無歸而造於朝以見王하소서하니 蓋欲以實己之言也나 而孟子出吊之心이 於此益晦矣라

왕이 과연 孟子께서 아프지 않다는 사실을 알지 못한 채 사람을 보내어 문병하고, 또 의원을 시켜 찾아가 그 병을 치료하게 하니, 이는 바로 王을 깨우칠 수 있다는 것이다.

맹중자孟仲子도 맹자께서 조문하러 간 뜻을 알지 못하고, 이에 임기응변의 말로 응대하여 가로되 '어제 왕께서 명하여 부르셨는데, 마침 夫子께서 채신지우采薪之憂가 있어 조정에 나아가지 못하셨습니다. 오늘 병환이 조금 나으셔서 이미 출타하여 조정에 달려가셨습니다. 다만 조금 나은 몸으로서 조정에 도착하실 수 있는지는 저도 알지 못하겠습니다.'라고 하였다.

그리고 이미 또 그 말이 사실이 아닌 것을 염려하여 몇 사람을 시켜 길목에서 孟子가 돌아오지 못하도록 막아서서 '청컨대 夫子께서는 집

에 돌아오지 마시고 반드시 조정에 나아가 왕을 만나소서!'라고 일러주게 하였다.

이는 대개 자신의 말을 입증하고자 한 것이나, 孟子께서 조문을 나간 마음은 이에 더욱 흐려진 것이다.

不得已而之景丑氏하여 宿焉이러시니
景子曰 內則父子요 外則君臣이 人之大倫也니 父子는 主恩하고 君臣은 主敬하니 丑ㅣ見王之敬子也요 未見所以敬王也케이다
曰 惡라 是何言也오 齊人이 無以仁義與王言者는 豈以仁義로 爲不美也리오 其心에 曰是何足與言仁義也云爾 則不敬이 莫大乎是하니 我는 非堯舜之道어든 不敢以陳於王前하노니 故로 齊人이 莫如我敬王也니라

맹자께서 부득이 경추씨景丑氏의 집에 가서 유숙하였다.
경자景子 가로되 "안에서는 부자간이요 밖에서는 군신간이 사람의 대륜大倫입니다. 부자간에는 은혜를 주장하고 군신간에는 공경을 주장합니다. 저는 왕이 선생을 공경한 것은 보았으나, 선생께서 왕을 공경한 것은 보지 못했습니다."
孟子 가라사대 "아! 이것이 무슨 말인고? 제齊나라 신하 중에 인의仁義로 왕에게 말하는 이가 없는 것이 어찌 仁義가 아름답지 못하다고 여겨서이겠는가? 그들이 마음속으로 '齊나라 왕과 더불어 어찌 仁義를 말할 수 있으리오?' 라고 말할 따름이다. 그렇다면 불경不敬이 이보다

더 큰 것이 없다. 나는 요순堯舜의 道가 아니면 감히 왕의 앞에서 진설陳說하지 못한다. 그러므로 齊나라 신하 중에 나보다 왕을 공경하는 사람이 없을 것이니라."

景丑氏는 齊大夫家也라 景子는 景丑也라 惡는 歎辭也라 景丑所言은 敬之小者也요 孟子所言은 敬之大者也라

'경추씨景丑氏'는 齊나라 大夫의 집안이다. '경자景子'는 경추씨다. '오惡'는 탄사이다.

경추씨가 말한 바는 경敬의 작은 것이요, 孟子가 말한 바는 敬의 큰 것이다.

주해

- 齊人(제인) : 여기서는 齊나라 신하를 말한다.
- 是何足與(시하족여) : '시是'는 齊나라 왕을 말한다. '하족여何足與'는 齊나라 왕과 더불어 말할 수 없다는 뜻이다.
  "是指齊王. 何足與有鄙王不足與言意."(四書補註備旨)
  西山眞氏가 말했다. "景子但知聞命奔走爲敬其君, 不知以堯舜之道告其君. 僕隷之臣唯唯承命, 外若敬其君. 然心實薄之曰, 是何足與言仁義. 此不敬之大者也."(大全註疏) 僕(종 복) 隷(종 례)

【備旨】

孟子ㅣ旣不能顯言其意하고 又不可趨造於朝 故로 不得已而之景丑氏宿焉하니 盖欲示意於景丑 而使轉聞於齊王耳니 假宿之心이 非猶夫出吊之心乎아 夫何景丑之見이 益陋於公孫丑孟仲子之見也오

乃從而譏之曰 人倫이 有五에 吾不暇詳擧也오 以內而家庭言之 則有父子요 以外而朝廷言之 則有君臣이니 二者는 乃人之大倫也라 父子는 以天合故로 以情相親 而所主在恩하고 君臣은 以人合故로 以分相臨 而所主在敬어늘 今丑ㅣ第見王之致敬於子也요 未見子之所以敬王也니 如大倫何오

孟子ㅣ驚歎曰 惡라 子謂我不敬王은 是果何言也오 夫敬莫大於陳仁義니 彼齊人이 但奔走承順하여 無以仁義與王言者는 豈以仁義爲之不美하여 而不言也리오 其心에 蓋曰 是君也ㅣ何足與之言仁義也云爾 則是以不聖哲로 望其君 而以庸愚로 待其君이니 其不敬王이 莫大乎是라 若我 則非堯舜仁義之道면 不敢以陳說王前하니 是我尊君爲堯舜이라 乃敬君之至 故로 齊人이 莫如我敬王也라하여늘 子ㅣ顧謂我爲不敬王이라하니 吾不知其謂何也로라

孟子께서 이미 그 뜻을 명백히 드러내어 말하지도 못하고, 또 조정에 달려 나아가지도 못하기 때문에 부득이 경추씨景丑氏의 집에 가서 유숙을 하였다. 대개 경추에게 뜻을 나타내어 齊나라 王에게 전하도록 하고자 했을 따름이다. 그러므로 유숙을 가장한 마음이 조문에 나아간 마음과 같지 않으리오?

그러나 경추의 견해가 어찌 공손추公孫丑와 맹중자孟仲子의 견해보다 더 고루한가? 이에 따라서 맹자를 기롱하여 가로되 "인륜이 다섯 가지가 있는데 제가 자세히 거론할 겨를이 없습니다. 안으로 가정에서 말

하자면 父子가 있고, 밖으로 조정에서 말하자면 군신君臣이 있으니, 이 두 가지는 곧 사람의 대륜大倫입니다. 父子는 天倫으로 합하였기 때문에 정으로 서로 친하여 주장한 바가 은혜에 있고, 君臣은 사람의 大倫으로 합하였기 때문에 분수로 서로 임하여 주장한 바가 공경에 있습니다. 지금 저는 다만 왕이 선생에게 공경을 다한 것은 보았으나, 선생께서 왕을 공경하는 것은 보지 못했으니, 大倫을 어찌해야 합니까?"

孟子께서 놀라 탄식하여 가라사대 "아! 그대는 내가 왕을 공경하지 않는다고 말하니, 이는 과연 무슨 말인가? 무릇 공경이란 인의仁義를 진설陳說하는 것 보다 큰 것이 없으니, 저 齊나라의 신하 중에 다만 분주하고 공손하게 따르기만 하고 仁義로써 왕과 말하는 자가 없는 것이 어찌 仁義를 아름답지 않다고 여겨 말하지 않은 것이리오? 신하들이 마음속으로 대개 '이 제나라 왕은 어찌 더불어 仁義를 말할 수 있으리오?'라고 말할 뿐이다. 그렇다면 이는 성철聖哲이 아닌 자로 그 인군을 바라보는 것이요, 용우庸愚한 자로 그 인군을 대한 것이니, 그 왕을 공경하지 않음이 이 보다 큰 것이 없다. 나와 같은 경우는 요순堯舜의 인의지도仁義之道가 아니면 감히 왕 앞에서 진설陳說하지 못하니, 이는 내가 인군을 높여 堯舜이 되게 하려는 것이다. 이에 인군을 공경하는 것이 지극하기 때문에 齊나라 사람이 나 보다 인군을 공경하는 자가 없다고 한 것이다. 그런데도 그대는 다만 내가 인군을 공경하지 않는다고 말하니, 나는 그것이 무슨 말인지를 알지 못하겠노라."

주해

- 顯言(현언) : 명백하게 말하다.
  《隋書·房陵王勇傳》에 나온다. "令楊素陳東宮事狀, 以告近臣. 素顯言之."
- 承順(승순) : 윗사람의 뜻을 받들며 순종하다.
  《禮記·樂記》에 나온다. "理發諸外而民莫不承順."
- 庸愚(용우) : 어리석고 우매愚昧한 사람.
  진晉나라 갈홍葛洪의 《抱朴子·박유博喩》에 나온다. "高唱遠和, 不爲庸愚吐."

景子曰 否라 非此之謂也라 禮曰 父召어시든 無諾하며 君命召어시든 不俟駕라하니 固將朝也라가 聞王命而遂不果하시니 宜與夫禮로 若不相似然하이다

경자景子 가로되 "아닙니다. 이것을 말한 것이 아닙니다. 《예기禮記》에 '아버지가 부르시면 느리게 대답하지 않으며, 人君이 명하여 부르시면 말에 멍에하기를 기다리지 않는다' 라고 했습니다.
본디 장차 조정에 나아가려고 하시다가 왕명을 듣고 마침내 결행하지 않으시니, 아마도 《예기禮記》의 내용과 서로 다른 것 같습니다."

禮曰 父命呼어시든 唯而不諾이라 하고 又曰 君命召어시든 在官不俟屨하며 在外不俟車라 하니라
言孟子ㅣ本欲朝王이라가 而聞命中止하시니 似與此禮之意로 不同也니라

《예기禮記》에 "아버지가 명하여 부르시면 '예'하고 몸을 일으키며 느리게 대답하지 않는다"라고 했고, 또 "군주가 명하여 부르시면 관청에서는 신발을 신을 겨를도 없이 달려가고, 밖에서는 수레를 기다리지 않고 달려간다"라고 하였다.

孟子께서 본래 왕을 조견朝見하려다가 왕명을 듣고 중지하였으니, 아마도 이런 《禮記》의 뜻과는 같지 않다는 말이다.

주해

● 諾(락) : 응낙하다. 승낙하다. '應'과 같으며, 느리게 대답하는 것이다. 《說文解字》에 나온다. "按, 應詞也. 緩應曰諾, 疾應曰唯." 緩(느릴 완) 疾

(빠를 질)

● 宜(의) : 아마도. 거의. '태殆'와 같다.

● 俟(기다릴 사) 屨(신 구)

【備旨】

景子曰 否라 我謂子之不敬王者는 非此不以仁義로 與王言之謂也라 但律之於禮而有所未盡耳니 禮에 曰 父召어든 唯而無諾이라하고 君命召이어든 不俟駕而行이라하니 是急趨君命之禮라 自有君臣以來로 則然矣어늘 今子ㅣ固將朝也라가 聞王命來召而遂不果하시니 宜與夫不俟駕之禮로 若不相似然이라 故로 我謂子ㅣ不敬王也로라 蓋景子는 徒知以禮律大賢이요 而不知賓師不與臣同也니라

경자景子 가로되 "아닙니다. 제가 선생께서 왕을 공경하지 않는다고 말하는 것은 이 仁義로 왕에게 말씀하지 않는다는 말이 아니라, 다만 《예기禮記》의 내용에 비추어 볼 때 미진한 바가 있을 뿐입니다. 《예기禮記》에 '아버지가 부르시면 빨리 대답하고 느리게 대답하지 말며, 人君이 명하여 부르시면 멍에하기를 기다리지 않고 달려간다'고 했으니, 이는 군명君命에 급히 달려가는 禮입니다.

君臣의 관계가 생겨난 이래로 곧 그러하였습니다. 이제 선생께서 본디 조정에 나아가려고 하시다가 왕명으로 부르는 것을 듣고 마침내 조정에 나아가지 않으셨으니, 아마도 멍에를 기다리지 않는다는 禮와는 마치 서로 같지 않은 것 같습니다. 그러므로 제가 선생께서 왕을 공경하지 않는다고 말한 것입니다."

대개 景子는 다만 예로써 대현大賢을 가늠할 줄만 알았지, 빈사賓師는 신하로 더불어 같지 않다는 사실을 알지 못한 것이다.

주해

● 律(률) : 헤아리다. 판단하다. 구속하다. '형량衡量' 또는 '약속約束'의 뜻이다. 《韓非子·難四》에 나온다. "五伯兼並, 而以桓律人, 則是皆無貞廉也." 당唐나라 두목杜牧의 《盧搏除廬州刺史制》에도 나온다. "故行令不如行化, 律人不如律身."

曰 豈謂是與리오 曾子曰 晉楚之富는 不可及也나 彼以其富어든 我以吾仁이요 彼以其爵이어든 我以吾義니 吾何慊乎哉리오하시니 夫豈不義를 而曾子言之시리오 是或一道也니라 天下에 有達尊이 三이니 爵一 齒一 德一이니 朝廷엔 莫如爵이요 鄕黨엔 莫如齒요 輔世長民엔 莫如德이니 惡得有其一하여 以慢其二哉리오

가라사대 "어찌 이렇게 말하는가? 증자曾子가 말하기를 '진晉나라와 초楚나라의 재부財富에는 미치지 못하나, 그가 자신의 財富로써 하면 나는 나의 인仁으로써 하며, 그가 자신의 작위爵位로써 하면 나는 나의 義로써 하니 내가 어찌 부족하리오?' 라고 하셨다. 어찌 옳지 않은 것을 曾子가 말했으리오? 여기에는 하나의 도리가 있는 것이다. 천하에 달존達尊이 세 가지가 있으니, 관작이 그 하나요, 나이가 그 하나요, 덕이 그 하나이다. 조정에서는 작위爵位만한 것이 없고, 향당에서

는 나이만한 것이 없고, 세교世敎를 돕고 백성을 자라게 하는 데는 德만한 것이 없다. 그러므로 어찌 그 중 한 가지를 가지고서 나머지 두 가지를 경시할 수 있으리오?"

慊은 恨也며 少也라 或作嗛하니 字書에 以爲口銜物也라하니 然則慊은 亦但爲心有所銜之義니 其爲快爲足爲恨爲少는 則因其事而所銜有不同耳라
孟子言我之意는 非如景子之所言者라하시고 因引曾子之言而云하시되 夫此豈是不義를 而曾子肯以爲言이시리오 是或別有一種道理也라하시니라
達은 通也라
蓋通天下之所尊이 有此三者하니 曾子之說은 蓋以德言之也라 今齊王은 但有爵耳니 安得以此慢於齒德乎아

'겸慊'은 한스럽고 부족하게 여기는 것이다. 혹은 '겸嗛'이라고도 하니 字書에는 '입에 물건을 머금다'라고 했다. 그러므로 겸慊은 또한 다만 마음에 머금은 바가 있다는 뜻이니, 그 유쾌하고 만족하고 한恨하고 부족한 것은 곧 그 일로 인하여 머금은 바가 같지 않음이 있을 뿐이다.

孟子께서 말씀하시기를 "나의 뜻은 경자景子가 한 말과 같지 않다"고 하시고, 이로 인해 증자曾子의 말씀을 인용하여 말씀하시기를 "무릇 이 어찌 옳지 않은 것을 曾子께서 즐겨 말씀하셨겠는가? 여기에는 혹 별도로 일종의 도리가 있을 것이다"라고 하셨다.

'달達'은 통함이다.

대개 천하를 통하여 존중하는 것으로 이 세 가지가 있으니, 曾子의 말씀은 대개 德으로 말씀하신 것이다. 이제 齊나라 왕은 다만 작위爵位

만 가졌을 뿐이니, 어찌 이것으로 나이 많고 덕 있는 사람에게 경만輕慢할 수 있으리오?

주해

- 一道(일도) : 한 가지 도리.
  "一道是別有一道理."(四書補註備旨)
- 輔世長民(보세장민) : 人君을 보좌하여 백성을 다스리다. '보세輔世'는 당세의 人君을 보좌하는 것이다. '장민長民'은 백성을 다스리는 것이다.
  "輔世是維持世教. 長民是長育人民."(四書補註備旨)
- 쌍봉요씨雙峯饒氏가 말했다. "景子之言是人臣事君之常. 孟子之言是人君尊賢之道."(大全註疏)
- 慊(겸) : 한스럽게 여기다. 불만스럽다. 慊(부족할 겸)
  《禮記·방기坊記》의 註에 나온다. "慊, 恨不滿之貌也."
- 銜(머금을 함) 嗛(머금을 겸)

【備旨】

孟子ㅣ明示之曰 我之不應召를 豈謂是不合於禮之說與아 正以我不可召 而王不當召我耳라

昔者에 曾子有言曰 晉楚大國之富는 誠不可及也나 然彼以其富어든 我以吾至足之仁하니 仁統萬善하여 不啻富也라 彼以其爵이어든 我以吾至貴之義하니 義超萬物하여 不啻爵也니 吾何不足 而慊然於彼乎哉아

曾子之言이 如此어늘 世但知富與爵耳라 曾子ㅣ獨伸仁義於其上하니 夫豈不合於義를 而曾子肯言之리오 是或別有一道 而非世俗之見ㅣ所可同也니 其道何在오 彼天下之達尊者ㅣ有三이라 人皆有貴貴之心하니 則爵居其一이요 人皆有尚年之心하니 則齒居其一이요 人皆有重

德之心하니 則德居其一이라 盖朝廷은 爲序爵之地라 貴賤이 不容以相踰하니 則所尙이 莫如爵이요 鄕黨은 爲序齒之地라 長幼ㅣ不容以或紊하니 則所尙이 莫如齒요 若輔翼世道而措之治하고 長育斯民而貽之安하니 所尙則莫如仁義之德이라 彼曾子謂仁義無慊於富爵者는 蓋有見於德之尊也라 然則在朝廷엔 不過達尊之一耳니 惡得有其爵之一하여 以慢其齒德之二哉리오 我之不應召者는 正謂此也니라

孟子께서 명시하여 가라사대 "내가 왕의 부름에 응하지 않았다고 해서 어찌 이것이 《예기禮記》의 말과 부합되지 않는다고 이르리오? 정히 나를 부를 수 없는데도 王이 부당하게 나를 불렀을 뿐이다.

옛날에 曾子께서 말씀하시기를 '진晉나라와 초楚나라 같은 大國의 재부財富는 진실로 미칠 수 없으나, 그러나 저들이 자신들의 財富로써 하면 나는 나의 지족至足의 仁으로써 하니, 仁이 만선萬善을 통괄하여 財富뿐만이 아니다. 저들이 자신들의 작위爵位로써 하면 나는 나의 지극히 귀한 義로써 하니, 義가 만물을 초월하여 爵位뿐만이 아니다. 그러니 내가 무엇이 부족하여 저들에게 불만족스럽다 하겠는가?'라고 하셨다.

曾子의 말씀이 이와 같거늘 세상에서는 다만 財富와 爵位만을 알아줄 뿐이다. 이에 曾子께서 유독 仁義를 그 위에 펼치셨으니, 어찌 義에 합당하지 않은 것을 曾子께서 즐겨 말했으리오? 여기에는 혹 별도로 하나의 도리가 있어 세속의 견해로 같을 수가 없으니, 그 道는 어디에 있는가?

저 천하에 달존達尊이 세 가지가 있다. 사람들 모두 귀한 것을 귀하

게 여기는 마음이 있으니 爵位가 그 하나를 차지한다. 사람들 모두 나이를 숭상하는 마음이 있으니 나이가 그 하나를 차지한다. 사람들 모두 덕을 중시하는 마음이 있으니 덕이 그 하나를 차지한다.

대개 조정은 작위로 자리를 정하는 곳이다. 귀천貴賤이 서로 넘어서는 것을 용납하지 않으니 곧 숭상하는 바가 작위만 같은 것이 없다. 향당鄉黨은 나이로 차례를 정하는 곳이다. 장유長幼가 문란함을 용납하지 않으니 곧 숭상하는 바가 나이만 같은 것이 없다. 人君의 세도世道를 도와 잘 다스리게 하고 이 백성을 장육長育하여 편안하게 해주니, 숭상하는 바가 仁義의 덕과 같은 것이 없다. 저 曾子가 말한 仁義가 財富와 爵位에 부족함이 없다고 한 것은 대개 덕의 존귀함에서 알 수 있다.

그러므로 조정에서는 달존達尊의 하나에 지나지 않을 뿐이니, 어찌 그 작위 하나만을 가지고 그 나이와 덕의 두 가지를 경만輕慢할 수 있으리오? 나의 왕의 부름에 응하지 않은 것은 바로 이것을 말한 것이니라."

주해

- 至足(지족) : 지극히 만족하다. 충족함을 다하다. '至'는 '극極'과 같다.
  《孟子·盡心上》에 나온다. "民非水火不生活, 昏暮叩人之門戶, 求水火, 無弗與者, 至足矣." 이에 대해 조기趙岐 注에 "水火能生人, 有不愛者, 至饒足故也."라고 했다. 叩(두드릴 고) 饒(넉넉할 요)
- 慊然(겸연) : 불만족스러운 모양.
  《朱子語類》 卷59에 나온다. "自來見得此理眞無內外, 外面有跬步不合道理, 便覺此心慊然." 跬(반걸음 규)
- 序爵(서작) : 작위爵位에 따라 자리를 배열하다.
  《禮記·中庸》에 나온다. "宗廟之禮, 所以序昭穆也. 序爵, 所以辨貴賤也." 昭(밝을 소) 穆(화목할 목)
- 序齒(서치) : 나이에 따라 선후의 차례를 정하다.

《禮記·中庸》에 나온다. "燕毛, 所以序齒也." 이에 대해 공영달孔穎達의 疏에 "言祭末燕時, 以毛發爲次序, 是所以序年齒也."라고 했다. '연燕'은 '연宴'과 같다.

- 長育(장육) : 양육하여 자라게 하다. '배육培育'과 같다.
《詩·小雅·요아蓼莪》에 나온다. "拊我畜我, 長我育我." 拊(어루만질 부)
- 啻(뿐 시) 貽(남길 이)

故로 將大有爲之君은 必有所不召之臣이라 欲有謀焉 則就之하나니 其尊德樂道ㅣ不如是면 不足與有爲也니라

"그러므로 장차 큰 일을 하려는 人君은 반드시 부르지 못할 신하가 있는 법이다. 만일 도모할 일이 있으면 곧 그 신하에게 나아가나니, 그 덕을 높이고 道를 즐겨하는 것이 이와 같지 않으면 더불어 큰 일을 할 수 없느니라."

大有爲之君은 大有作爲非常之君也라
程子曰 古之人이 所以必待人君致敬盡禮而後에 往者는 非欲自爲尊大也니 爲是故耳니라

'大有爲之君'은 크게 작위作爲할 수 있는 비상非常한 人君이다.

程子 가로되 "옛 사람이 반드시 人君이 공경을 다하고 禮를 극진히 하기를 기다린 후에 찾아간 것은 스스로를 존대尊大하고자 한 것이 아니라 바로 이런 연고 때문이었을 뿐이다."

주해

- 大有爲之君 : 크게 작위作爲할 수 있는 人君. 곧 장차 큰 일을 도모하고자 하는 人君을 말한다.
  "大有爲之君是行仁義而王天下者."(四書補註備旨)
- 致敬盡禮(치경진례) : 공경을 다하고 禮를 극진히 하다.
  《孟子·盡心上》에 나온다. "古之賢王好善而忘勢, 古之賢士何獨不然? 樂其道而忘人之勢. 故王公不致敬盡禮, 則不得亟見之. 見且猶不得亟, 而況得而臣之乎?" 亟(자주 기)

【備旨】

> 夫惟君이 不可以爵而慢齒德也라 故로 從來將大有所作爲之君은 必有所敬禮不召之臣하니 如於民社之事에 欲有謀焉이면 則就見而諮之하니 夫爲臣者ㅣ必欲其君之致敬盡禮를 如是者는 豈自爲尊大哉아 蓋君必如是 其尊德樂道라야 乃可有爲니 若其尊德樂道不如是 則不足與之有爲也라 此士之所以不可召요 而大有爲之君은 必不召乎士也니라

무릇 오직 人君은 작위爵位로써 나이와 덕을 경만輕慢해서는 안 된다. 그러므로 예전부터 지금까지 장차 크게 作爲할 바가 있는 人君은 반드시 공경과 禮를 다하여 부르지 못할 신하가 있기 마련이다. 만약 백성과 사직社稷을 위해 도모할 일이 있으면 곧 찾아가서 자문諮問을 구한다.

신하된 자가 반드시 그 人君이 공경을 다하고 禮를 극진히 하기를 이와 같이 바라는 것이 어찌 스스로를 존대尊大하기 위한 것이리오?

대개 人君이 반드시 이와 같이 그 덕을 높이고 도를 즐겨야 이에

크게 作爲할 일이 있으니, 만약 덕을 높이고 도를 즐기는 것이 이와 같지 못하면 곧 그런 人君과는 더불어 크게 作爲할 수가 없는 것이다. 이것이 바로 선비를 불러서는 안 되는 이유이며, 장차 크게 作爲하고자 하는 人君은 반드시 선비를 불러서는 안 된다.

주해

- 從來(종래) : '從來如此'. 이전부터 지금까지.
  《大宋宣和遺事·元集》에 나온다. "洛陽從來無杜鵑, 今忽來至, 必有所主."
- 民社(민사) : 백성과 사직社稷의 일. 社(토지신 사) 稷(곡신 직)
  宋나라 소식蘇軾의 〈送張嘉父長官詩〉에 나온다. "微官有民社, 妙割無雞牛."
  割(나눌 할)

故로 湯之於伊尹에 學焉而後에 臣之故로 不勞而王하시고 桓公之於管仲에 學焉而後에 臣之故로 不勞而霸하니라

**"그러므로 탕왕湯王이 이윤伊尹에 대해 먼저 그에게 배우고 나서 신하로 삼았기 때문에 힘들이지 않고 천하에 왕 노릇을 하셨다.
환공桓公이 관중管仲에 대해 먼저 그에게 배우고 나서 신하로 삼았기 때문에 힘들이지 않고 제후들의 패자가 되었느니라."**

先從受學은 師之也요 後以爲臣은 任之也라

먼저 좇아서 수학受學한 것은 그를 스승으로 모신 것이요, 뒤에 신하를 삼은 것은 그에게 책무를 맡긴 것이다.

주해

- 伊尹(이윤, BC1649~BC1549) : 하말상초(夏末商初) 시기의 정치가, 군사가, 사상가, 요리사. 공상空桑 사람으로 어머니가 이수伊水가에 살았으므로 '伊'를 성으로 삼았다. 윤尹은 우상右相의 벼슬을 뜻한다. 아명은 아형阿衡이다. 은殷나라 탕왕湯王의 재상이 되어 하夏나라 걸왕桀王을 멸망시키고 殷나라가 천하를 평정하는데 공헌했다. 〈여구汝鳩〉, 〈탕서湯誓〉, 〈이훈伊訓〉등의 글을 남겼다.
- 管仲(관중) : 성은 희姬, 관씨(管氏), 이름은 이오夷吾, 자는 중仲이다. 관자管子, 관이오管夷吾, 관경중管敬仲으로도 불린다. 영상穎上 사람으로 춘추시대 대표적인 法家로서 제齊나라의 재상을 지냈다.

【備旨】

故로 湯之於伊尹에 將大有爲하여 而不敢以召之也라 師以一德하여 先從受學焉而後에 任之阿衡以臣之라 故로 伐夏救民에 尹皆身任其功하니 湯不勞而王業成焉이라 桓公之於管仲에 將大有爲하여 而亦不敢以召之也라 訪以治道하여 先從受學焉而後에 任之內政以臣之라 故로 取威定霸에 仲皆身圖其積하니 桓公不勞而霸業成焉이라 古人之尊德樂道以成大有爲者ㅣ類此니라

그러므로 탕왕湯王이 이윤伊尹에 대해 장차 크게 作爲할 일이 있어 감히 그를 부르지 않았다. 일덕一德으로 스승을 삼아 먼저 좇아서 배운 후에 아형阿衡의 벼슬을 맡겨 그를 신하로 삼았다. 그러므로 하夏나라를 쳐서 백성을 구원하려고 할 때, 伊尹이 몸소 그 일을 도맡으니, 湯王은 힘들이지 않고 천하에 왕업을 이루었던 것이다.

환공桓公이 관중管仲에 대해 장차 크게 作爲할 있이 있어 또한 감히 그를 부르지 않았다. 치도治道로 찾아 먼저 좇아서 배운 후에 내정內政

을 맡겨 그를 신하로 삼았다. 그러므로 위엄을 세워 패업을 안정시키려고 할 때, 관중이 몸소 그 공적을 도모하니, 환공은 힘들이지 않고 패업을 이루었던 것이다.

古人이 德을 높이고 道를 즐겨하여 크게 作爲함을 이룬 것이 이와 같다.

주해

- 阿衡(아형) : 상商나라 때 관명. 제왕을 보필하고 왕실의 子弟를 교도敎導하는 벼슬이다.
  '보형保衡' 또는 '아보阿保'라고도 한다.
  《書·奭》에 나온다. "成湯旣受命, 時則有若伊尹, 格於皇天. 在太甲, 時則有若保衡."
  《詩·商頌·長發》에 나온다. "實維阿衡, 實左右商王."
  《史記·範雎傳》에도 나온다. "居深宮之中, 不離阿保之手."
- 一德(일덕) : '일심일덕一心一德'. 곧 '同心同德'과 같다. 모두 한 마음이 되어 한 가지 목표를 향해 노력해 나아간다는 뜻이다. '德'은 심의心意이다.
  《尙書·泰誓中》에 나온다. "乃一德一心, 立定厥功, 惟克永世." 厥(그 궐)
  漢나라 환관桓寬의 《염철론鹽鐵論·世務》에도 나온다. "方此之時, 天下和同, 君臣一德, 外內相信, 上下輯睦, 兵設而不試, 干戈閉藏而不用."

今天下ㅣ地醜德齊하여 莫能相尙은 無他라 好臣其所敎 而不好臣其所受敎니라

"지금 천하 각국이 영토가 비슷하고 德이 같아서, 능히 서로 넘어설 수 없는 것은 다른 것이 아니다. 자신이 가르칠 수 있는 사람을 신하로 삼기 좋아하고, 자신이 가르침을 받을 수 있는 사람을 신하로 삼기를 좋아하지 않기 때문이니라."

醜는 類也라 尙은 過也라 所教는 謂聽從於己하여 可役使者也요 所受教는 謂己之所從學者也라

'추醜'는 비슷하다는 뜻이다. '상尙'은 뛰어남이다. '소교所教'는 자신의 말을 듣고 따르며 자신이 부릴 수 있는 사람을 말한다. '소수교所受教'는 자신이 좇아서 배우는 사람을 말한다.

주해

- 德齊(덕제) : 이룬 공업功業이 같다. '德'은 성취한 功業을 말한다.
  "此德字, 以所就功業言. 言無一人能闢土地, 能建功業也."(四書補註備旨)
- 醜(같을 추) 尙(뛰어날 상)

【備旨】

乃今天下之君이 以地則醜類하고 以德則齊等하여 莫能闢地建功하여 以相尙者는 無他故也라 以其皆好臣其趨走承順하여 而爲己所教之人이요 而不好臣其抱道自重하여 爲己所受教之人이라 此則無不召之臣矣니 亦安能相尙하여 而大有爲也耶아

이에 지금 천하의 人君들이 땅으로 보면 서로 비슷하고, 성취한 功業으로 보면 서로 같아서, 능히 땅을 넓히고 공업을 세워 상대방을 넘어설 수 없는 것은 다른 이유가 아니다.

그들 모두 자신들에게 달려와 뜻을 받들며 자신들의 가르칠 수 있는 사람을 신하로 삼기 좋아하며, 道를 간직하고 자중하며 자신들이 가르침을 받아야 하는 사람을 신하로 삼는 것을 좋아하지 않기 때문이다. 이는 곧 부르지 말아야 할 신하가 없는 것이니, 또한 어찌 능히

상대방을 능가하여 크게 作爲할 바가 있으리오?

湯之於伊尹과 桓公之於管仲에 則不敢召하니 管仲도 且猶不可召이온 而況不爲管仲者乎아

"탕왕湯王은 이윤伊尹에 대해서 그리고 환공桓公은 관중管仲에 대해서 감히 부르지 않았다. 관중도 오히려 부르지 않았거늘 하물며 관중 같은 이가 되지 않기를 바라는 자임에랴!"

不爲管仲는 孟子自謂也라
范氏曰 孟子之於齊에 處賓師之位하여 非當仕有官職者라 故로 其言如此라
此章은 見賓師은 不以趨走承順爲恭하고 而以責難陳善爲敬하며 人君은 不以崇高富貴爲重하고 而以貴德尊士爲賢이면 則上下交而德業成矣로다

'不爲管仲'은 맹자 자신을 말한 것이다.

범씨范氏(范祖禹) 가로되 "맹자는 齊나라에서 빈사賓師의 지위에 있었기 때문에 벼슬하여 관직을 맡은 자가 아니었다. 그러므로 이와 같이 말한 것이다."

이 장은 빈사賓師는 달려가 왕의 뜻을 받드는 것으로 공손함을 삼지 말고 책난責難하고 善을 넓히는 것으로 공경함을 삼아야 하며, 人君은 높은 작위爵位와 부귀를 중하게 여기지 말고 德을 귀하게 여기고 선비를 높이는 것으로 현명함을 삼는다면, 곧 상하가 교융交融하여 덕업德業이 이루어진다는 것을 나타낸 것이다.

주해

● 責難(책난) : 하기 어려운 일을 하도록 면려勉勵하다.

《孟子·離婁上》에 나온다. "責難於君謂之恭, 陳善閉邪謂之敬, 吾君不能謂之賊." 이에 대해 조기趙岐의 注에 "人臣之道, 當進君於善, 責難爲之事, 使君勉之."라고 했다. 또한 주희朱熹의 註에 "開誠善道, 以禁閉君之邪心."라고 했다.

【備旨】

> 夫湯之於伊尹에 學焉而後臣之하고 桓公之於管仲에 亦學焉而臣之하니 則皆不敢召矣라
> 然이나 尹之於湯에 咸有一德하니 其不可召宜也어니와 若管仲者는 以其量則小하고 以功烈則卑하여 其去伊尹ㅣ遠矣로되 且猶不可召온 況志伊尹之志하고 而卑管仲於不足爲者를 顧可召而見之乎아 不可召而見之는 王之不能尊德樂道也오 我之聞命中止는 亦欲以不可召自待耳니 安得爲不敬王哉아 景子可以自悟矣라

무릇 탕왕湯王은 이윤伊尹에게 배운 후에 신하로 삼았고, 환공桓公도 관중管仲에게 배운 후에 신하로 삼았으니, 모두 감히 부르지 못한 것이다.

그러나 伊尹이 湯王에게 '모두 함께 같은 德을 지녀야 한다'라고 하였으니 그를 부를 수 없는 것이 마땅하다. 하지만 관중 같은 자는 그 국량局量이 작고 공열功烈이 낮아, 伊尹과의 거리가 한참 떨어져 있다. 그런데도 오히려 부르지 못하거늘 하물며 伊尹의 뜻을 자신의 뜻으로 삼고 관중을 作爲할 바가 없다고 낮게 여기는 자를 다만 불러서 만날 수 있으리오?

가히 부를 수 없는데도 만나는 것은 왕이 능히 덕을 높이고 道를 즐기지 못한 것이요, 내가 명을 듣고 그치는 것은 또한 부를 수 없다는 것으로 자신을 대하고자 할 따름이니, 어찌 왕을 공경하지 않는다고 하리오? 경자景子가 스스로 깨달을 수 있을 것이다.

주해

- 咸有一德(함유일덕) : 《상서尙書》의 편명. 은殷나라의 재상인 이윤伊尹이 태갑太甲에게 왕위를 돌려주면서 다시 한번 太甲을 일깨우는 내용이다. 그 요지는 "天命은 無常하여 항상 덕을 닦아야 人君의 지위를 보존할 수 있으며, 德을 닦지 않으면 人君의 지위를 잃게 된다"는 말이다.

[4·3]

陳臻이 問曰 前日於齊에 王이 餽兼金一百而不受하시고 於宋에 餽七十鎰而受하시고 於薛에 餽五十鎰而受하시니 前日之不受ㅣ是則今日之受ㅣ非也요 今日之受ㅣ是則前日之不受ㅣ非也니 夫子ㅣ必居一於此矣시리이다

진진陳臻이 물어 가로되 "전에 제齊나라에서 왕이 겸금兼金 일백 일鎰을 보내왔는데 받지 않으셨고, 송宋나라에서 칠십 일鎰을 보내오자 받으셨으며, 설薛나라에서 오십 일鎰을 보내오자 받으셨습니다.
전에 齊나라에서 받지 않은 것이 옳았다면 오늘 받으신 것은 잘못된 일이요, 오늘 받으신 것이 옳다면 전에 받지 않으신 것은 잘못된 일이니, 夫子께서는 반드시 둘 중 하나에 해당되실 겁니다."

陳臻은 孟子弟子라 兼金은 好金也니 其價兼倍於常者라 一百은 百鎰也라

'진진陳臻'은 맹자의 제자이다. '겸금兼金'은 좋은 금이니, 그 값이 보통 금보다 갑절이 되는 것이다. '일백一百'은 백일百鎰이다.

주해

● 臻(이를 진) 餽(보낼 궤) 鎰(스무냥 일)

【備旨】

陳臻이 見孟子ㅣ周流列國에 辭受不同하고 遂疑而問曰 夫子ㅣ前日之於齊也에 齊王이 餽夫子以兼金一百鎰이어든 乃辭而不受하시고 及其於宋也에 宋君이 餽夫子以七十鎰이어든 顧不辭而受하시고 其於薛也에 薛君이 餽夫子以五十鎰이어든 亦不辭而受하시니 夫同一餽也 而受不受ㅣ異焉하시니 吾恐前日之不受於齊者ㅣ爲是면 則今日之受於宋薛者ㅣ非也요 若今日之受於宋薛者ㅣ爲是면 則前日之不受於齊者ㅣ非也라 天下無兩是之理하니 夫子ㅣ必居一非於此矣시리이다 然則陳臻은 拘其迹하여 而不揆諸義也라

진진陳臻이 맹자께서 열국列國을 두루 다니면서 사양하고 받음이 다른 것을 보고 마침내 의아하게 여겨 물어 가로되 "夫子께서 전에 제齊나라에서 齊王이 夫子께 겸금兼金 일백 일鎰을 보내오자 사양하며 받지 않으셨고, 宋나라에 이르러 宋王이 夫子께 칠십 일鎰을 보내오자 다만

사양치 않고 받으셨으며, 설薛나라에서 薛王이 夫子께 오십 일鎰을 보내오자 또한 사양치 않고 받으셨습니다.

무릇 똑같이 보내왔는데 받고 받지 않음이 다르시니, 저는 전에 齊나라에서 받지 않은 것이 옳은 일이라면 이번에 宋나라와 薛나라에서 받은 것은 잘못된 일이요, 만약 이번에 宋나라와 薛나라에서 받은 것이 옳은 일이라면 전에 齊나라에서 받지 않은 것은 잘못된 일이라고 생각합니다. 천하에 둘 다 옳은 이치는 없으니, 夫子께서는 반드시 이 둘 중 하나의 잘못에 해당되실 것입니다."라고 하였다.

그러므로 진진陳臻은 그 자취에 얽매어 여러 가지 義를 헤아리지 못한 것이다.

주해

- 顧(다만 고) 拘(잡을 구) 揆(헤아릴 규)

孟子曰 皆是也니라

맹자 가라사대 "모두 옳은 일이다."

皆適於義也라

모두 의에 맞는 것이다.

주해

- 경원보씨慶源輔氏가 말했다. "陳臻則就事迹校量. 孟子則以義理斷制."(大全註疏)

【備旨】

孟子ㅣ曉之曰 辭受가 何常이리오 惟義之歸니 吾之不受與受는 皆是而無非也니라

맹자께서 깨우쳐 가라사대 "사양하고 받는 것이 어찌 일정하리오? 오직 義로 귀착되니, 내가 받지 않거나 받은 것은 모두 옳은 일이요, 그른 일이 없느니라."

當在宋也하여 予將有遠行이라니 行者는 必以贐이라 辭曰餽贐어어니 予何爲不受리오

"宋나라에 있을 때, 내가 장차 먼 길을 떠나려는데 먼 길 떠나는 사람에게는 반드시 노자路資를 주는 법이다. (薛王이) 말하여 가로되 '노자路資를 보냅니다' 라고 하였으니, 내가 어찌 받지 않을 수 있으리오?"

贐는 送行者之禮也라

'신贐'은 길 떠나는 자를 보내는 예이다.

주해

● 贐(노자 신)

【備旨】

何以言之오 當在宋之時也하여 予將去宋 而有遠行之事러니 凡遠行엔 則必以物爲餽贐之禮라 故로 宋君之致辭에 曰餽贐이라하니 有餽贐之辭면 則予於宋에 爲宜受어늘 何爲拒之而不受리오 此吾之所受於宋者ㅣ是也니라

무엇을 말하는 것인가? 宋나라에 있을 때, 내가 장차 宋나라를 떠나 멀리 갈 일이 있었다. 무릇 먼 길을 떠나게 되면 반드시 물건으로써 노자路資를 주는 예로 삼았다. 그러므로 宋王이 치사致辭하여 가로되 '노자를 보내 드립니다'라고 한 것이다. 노자를 보내준다는 말이 있었으면 내가 송나라에서 마땅히 받아야 하거늘, 어찌 거절하고 받지 않으리오? 이는 내가 송나라에서 받은 것이 옳은 일이니라."

當在薛也하여 予有戒心이라니 辭曰 聞戒故로 爲兵餽之어니 予何爲不受리오

"설薛나라에 있을 때, 나에게 경계해야 할 일이 있었다. (薛王이) 말하여 가로되 '경계해야 할 일이 있다고 들었습니다. 그래서 병기를 살 돈을 드립니다' 라고 하였으니, 내가 어찌 받지 않으리오?"

時人이 有欲害孟子者어늘 孟子ㅣ設兵以戒備之러시니 薛君이 以金餽孟子하여 爲兵備하고 辭曰 聞子之有戒心也라하니라

당시 어떤 사람이 孟子를 해치려는 자가 있어, 孟子께서 군사를 설치하고 경계를 하셨다. 그 때 薛나라 人君이 孟子에게 겸금兼金을 보내와 병비兵備를 하도록 하면서 말하여 가로되 '선생에게 경계해야 할 일이 있다고 들었습니다'라고 하였다.

주해

● 設兵(설병) : 군사를 배치하다. 군대를 설치하다.
《갈관자鶡冠子·天權》에 나온다. "設兵取國, 武之美也." 鶡(관이름 갈)

【備旨】

當在薛之時也하여 予適有戒備之心하여 不得不設兵以防之러니 而薛君之致餽라 其辭에 曰 聞子有戒心也라 故로 爲兵備而餽之라하니 則予於薛에 亦宜受也어늘 何爲拒之而不受리오 此吾之所受於薛者ㅣ是也니라

설薛나라에 있을 때 나에게 마침 경계해야 할 일이 있어 부득불 병사를 설치하여 방비하고 있었다. 그 때 薛나라 人君이 노자를 보내왔다.

薛王이 말하여 가로되 '선생에게 경계해야 할 일이 있다고 들었습니다. 그래서 병사를 준비하도록 겸금兼金을 보냅니다'라고 하였으니, 내가 薛나라에서 또한 마땅히 받아야 하거늘 어찌 거절하여 받지 않으리오? 이는 내가 薛나라에서 받은 것이 옳은 일이니라.

若於齊 則未有處也호니 無處而餽之는 是ㅣ貨之也니 焉有君子而可以貨取乎리오

"齊나라에서는 곧 노자를 받을 이유가 없었다. 받을 이유가 없는데 노자를 보내온 것은 이는 재물로 매수하는 것이다. 그러니 어찌 君子로서 재물을 받을 수 있으리오?"

無遠行戒心之事하니 是未有所處也라. 取는 猶致也라

尹氏曰 言君子之辭受取予를 惟當於理而已니라

먼 길을 떠나거나 경계해야 할 일이 없었으니, 이는 노자를 받을 이유가 없는 것이다.

'취取'는 '치致'와 같다.

尹氏(尹焞) 가로되 "君子가 사양하고 받고 취하고 주는 일을 오직 義에 합당하게 할 뿐이라는 말이다."

주해

- 貨取(화취) : 재물로 매수하는 일. 貨(뇌물 화)
  "貨是以利誘我之說."(四書補註備旨)
  "取猶言籠絡意."(四書補註備旨) 籠(덮어씌울 롱) 絡(얽을 락)
  朱子가 말했다. "取是羅致之意. 輕受之便是被他以貨賄籠絡了."(大全註疏)
  賄(뇌물 회)

【備旨】

若前日於齊之時엔 則無有遠行戒心之事 而未有所處也하니 無所處 而餽之以金이면 旣非爲贐이며 又非爲兵이

라 是ㅣ誘我以利而貨之也니 焉有守義之君子而可以貨取 而致之者乎아 此吾之所以不受於齊者ㅣ亦是也어늘 子ㅣ烏得以宋薛之受하여 而律我之不受於齊哉아

전에 齊나라에 있었을 경우에는 곧 멀리 길을 떠나거나 경계해야 할 일이 없어서 노자를 받을 이유가 없었다.

이유가 없는데 겸금兼金을 보내오면 이미 노자路資를 위한 것도 아니며, 또한 병비兵備를 위한 것도 아니다. 이는 나를 이익으로 유혹하여 뇌물을 주는 것이니, 어찌 義를 지키는 君子가 뇌물을 받아서 농락을 당하리오?

이는 내가 齊나라에서 노자를 받지 않은 것이 또한 옳은 일이거늘, 그대가 어찌 宋나라와 薛나라에서 노자를 받았다고 해서 내가 齊나라에서 받지 않은 것을 판단하리오?

[4·4]

孟子之平陸하사 謂其大夫曰 子之持戟之士ㅣ一日而三失伍 則去之아 否乎아

曰 不待三이니이다

맹자께서 평육平陸에 가서 그 대부大夫에게 일러 가라사대 "그대의 창을 잡은 전사가 하루에 세 번 대오를 이탈한다면 버리겠는가, 버리지 않겠는가?"

가로되 "세 번까지 기다리지 않겠습니다."

平陸은 齊下邑也라 大夫는 邑宰也라 戟는 有枝兵也라 士는 戰士也라 伍는 行列也라 去之는 殺之也라

'평육平陸'은 제齊나라의 하읍下邑이다. '대부大夫'는 읍재邑宰이다. '극戟'은 가지가 있는 병기이다. '사士'는 전사戰士이다. '오伍'는 항열行列이다. '거지去之'는 죽이는 것이다.

주해

- 平陸(평육) : 제나라 변방의 읍. 지금의 산동성 문상현汶上縣 북쪽을 말한다.
- 之(지) : 가다. '왕往'과 같다.

【備旨】

> 當時齊國失政하여 民不堪命이라 一日에 孟子之平陸之邑하여 乃設諷 而謂其大夫孔距心曰 事無大小히 各有職守하니 子之持戟之士ㅣ設於行師之時에 一日而三失其行伍之列 則殺而去之아 否乎아 距心이 答曰 失伍離次는 法之必誅라 一之爲甚이니 何待三也리오

당시 제齊나라가 실정失政하여 백성들이 몹시 살기가 힘들었다. 하루는 맹자께서 평육의 읍에 가서 풍유諷諭를 가설하여 그 대부 공거심孔距心에게 일러 가라사대 "일에는 크고 작음이 없이 각각 직무상의 책임이 있으니, 그대의 창을 잡는 전사가 가령 군사가 행군할 때 하루에 세 번 그 항오行伍의 열을 이탈한다면 죽여서 제거하겠는가, 제거하지 않겠는가?"

공거심孔距心이 대답하여 가로되 "대오를 이탈하고 차례를 벗어난 자

는 법으로 다스려 반드시 죽여야 합니다. 한 번도 심하거늘 어찌 세 번이나 기다리겠습니까?"

주해

● 堪命(감명) : '민불감명民不堪命'. 백성들이 징세徵稅와 노역으로 살기 힘든 경우를 말한다. 堪(견딜 감)
《左傳·桓公二年》 條에 나온다. "宋殤公立, 十年十一戰, 民不堪命." 殤(일찍 죽을 상)

● 職守(직수) : 직무상의 책임.
《晉書》 卷96 〈列女傳·羊耽妻辛氏傳〉에 나온다. "職守, 人之大義也. 凡人在難, 猶或恤之. 爲人執鞭而棄其事, 不祥也." 耽(즐길 탐) 鞭(채찍 편)

然則子之失伍也ㅣ亦多矣로다 凶年饑歲에 子之民이 老羸는 轉於溝壑하고 壯者는 散而之四方者ㅣ幾千人矣요

曰 此非距心之所得爲也니이다

"그렇다면 그대가 대오를 이탈한 경우도 많다. 흉년들어 굶주린 해에 그대의 백성 중에 늙어 병든 노약자들은 논두렁과 계곡에서 나뒹굴고, 장성한 자들은 사방으로 흩어진 자들이 몇 천 명이나 된다."
가로되 "이는 제가 할 수 있는 일이 아닙니다."

子之失伍는 言其失職이 猶士之失伍也라 距心은 大夫名이라 對言此乃王之失政使然이니 非我所得專爲也라하니라

'子之失伍'는 그 직무를 잃은 것이 전사가 대오를 이탈한 것과 같다는 말이다. '거심距心'은 大夫의 이름이다.

대답하여 "이는 곧 왕이 실정失政하여 그렇게 만든 것이니, 제가 마음대로 할 수 있는 바가 아닙니다."라고 말한 것이다.

주해

- 羸(리) : 약하다. 병들다. 羸(여윌 리)
- 溝壑(구학) : '구溝'는 논 사이의 도랑이다. '학壑'은 깊은 계곡물이 곳이다. 溝(봇도랑 구) 壑(골짜기 학)
  "溝是田間水道. 壑是深谷有水處."(四書補註備旨)

【備旨】

> 孟子ㅣ因責之曰 官之不可失職이 猶士之不可失伍也라 然則子之失伍ㅣ亦多矣라 子之職은 在養民이어늘 今凶年饑歲에 子之民이 老羸者則飢餓하여 轉展於溝壑之中하고 壯者則離散而之四方 以就食者ㅣ幾千人矣요 民之失所如此하니 子之失伍也ㅣ不亦多乎아
> 大夫猶未悟其失也하여 曰民之死散은 距心ㅣ非不憫之로되 但賑恤民窮은 柄不由下하니 此非距心之所得專爲也니이다

맹자께서 인하여 꾸짖어 가라사대 "벼슬아치가 직무를 떠나서는 안 되는 것은 마치 전사가 대오를 떠나서는 안 되는 것과 같다. 그러므로 그대가 대오를 잃은 경우도 또한 많다. 그대의 직무는 백성을 기르는 데 있으니, 이제 흉년들어 굶주린 해에 그대의 백성들 중에 늙고 병든 자들은 굶주려 논두렁과 계곡물 사이에서 전전하고, 장성한 자들은

곧 사방으로 흩어져 먹을 것을 찾는 자들이 몇 천 명이나 된다. 백성들이 살 곳을 잃은 것이 이와 같으니, 그대가 대오를 이탈한 것이 또한 많지 아니한가?"

大夫가 여전히 그 잘못을 깨닫지 못하고 가로되 "백성들이 죽고 흩어진 것은 제 마음이 그들을 불쌍히 여기지 않아서 그런 것이 아닙니다. 다만 백성들의 궁핍을 진휼賑恤하는 것은 권한이 아래에서 말미암지 않으니, 이는 제가 마음대로 할 수 있는 일이 아닙니다."

曰 今有受人之牛羊而爲之牧之者면 則必爲之求牧與芻矣리니 求牧與芻而不得이면 則反諸其人乎아 抑亦立而視其死與아
曰 此則距心之罪也로소이다

가라사대 "지금 남의 소와 양을 받아서 그를 위해 기르는 자가 있다면 곧 반드시 그를 위해 목장과 꼴을 구할 것이다. 목장과 꼴을 구하다가 얻지 못하면 그 주인에게 되돌려 주어야 하는가? 아니면 또한 서서 그들이 죽는 것을 보고 있어야 하는가?"
가로되 "이는 곧 저의 죄입니다."

牧之는 養之也라 牧은 牧地也오 芻는 草也라
孟子言若不得自專인댄 何不致其事而去오하시니라

'牧之'는 기르는 것이다. '목牧'은 목장이다. '추芻'는 풀이다.

맹자께서 "만일 스스로 마음대로 할 수 없다면, 어찌하여 그 일을 내놓고 떠나가지 않느냐?"고 말씀하신 것이다.

주해

● 立(입) : 좌시하고 구하지 않다. 곧 백성들의 죽음을 좌시한다는 뜻이다. "立是坐視不救, 喩坐視民之死."(四書補註備旨)

● 牧(칠 목) 芻(꼴 추)

【備旨】

> 孟子ㅣ又責之曰 子ㅣ亦安得以不得自專之故 而辭其失職之罪哉아 蓋爲君牧民이 猶爲人牧牛羊也어늘 今有受人之牛羊하여 而爲之牧之者는 則必爲之求牧地與芻草以養之矣리니 使求牧與芻而不得하면 是不得專其牧牛羊之任也니 則將反牛羊於其人乎아 抑亦立而視牛羊之死與아 子ㅣ試思之하라 子之爲王牧民이 何以異此리오 距心이 乃悟曰 牧民而不知預求所以養之하고 而又不能辭其事而去此면 則距心之罪ㅣ誠有不容辭者也니이다

맹자께서 또 꾸짖어 가라사대 "그대는 또한 어찌 자신이 마음대로 할 수 없다는 연고로 그 직무를 떠난 죄를 벗어나려고 하는가? 대개 인군人君이 되어 백성을 돌보는 사람은 남을 위해 소와 양을 기르는 것과 같다. 이제 어떤 사람이 남의 소와 양을 받아서 그를 위해 기르는 자가 있다면, 곧 반드시 그를 위해 목장과 꼴을 구하여 기를 것이다. 그런데 가사 목장과 꼴을 구하여 얻지 못한다면, 이는 그 소와 양을 기르는 임무에 전념하지 못한 것이니, 장차 소와 양을 그 사람에게 되돌려 주어야 하는가? 아니면 또한 서서 소와 양이 죽어가는 것을 보고만 있어야 하는가? 그대가 시험 삼아 생각해 보라. 그대가 人君을 위하여 백성을 기르는 것이 어찌 이와 다르리오?"

공거심孔距心이 이에 비로소 깨닫고 가로되 "백성을 기르는데 미리

구하여 기르는 바를 알지도 못하고, 또한 능히 그 일을 사양하여 이 직무를 떠나지 못한다면 곧 저의 죄가 진실로 사양을 용납하지 못할 것이 있습니다."

他日에 見於王曰 王之爲都者를 臣知五人焉이로니 知其罪者는 惟孔距心이러이다 하고 爲王誦之하신대
王曰 此則寡人之罪也로소이다

다른 날 맹자께서 왕을 뵙고 가라사대 "왕의 지방장관 중에 신臣이 다섯 사람을 알고 있습니다. 그 중에서 자신의 죄를 알고 있는 자는 오직 공거심孔距心 뿐입니다."라고 하고, 왕을 위하여 그 말을 외워서 들려주셨다.
왕이 가로되 "이는 곧 과인의 죄입니다."

爲都는 治邑也라 邑有先君之廟曰都라 孔은 大夫姓也라 爲王誦其語는 欲以諷曉王也라
陳氏曰 孟子一言而齊之君臣이 擧知其罪하니 固足以興邦矣로되 然而齊卒不得爲善國者는 豈非說而不繹 從而不改故邪아

'위도爲都는' 읍을 다스리는 것이다. 읍邑에 선군先君의 사당이 있는 곳을 '도都'라 한다. '공孔'은 大夫의 성姓이다. '爲王誦其語'는 왕을 풍자하여 깨우치고자 한 것이다.

陳氏(陳暘) 가로되 "맹자의 한 말씀에 齊나라의 군신이 모두 그 죄를 알았으니, 진실로 나라를 일으킬 만하다. 그러나 제나라가 끝내 선국善

國이 되지 못했던 것은 어찌 기뻐하기만 하고 실마리를 찾지 않으며, 따르기만 하고 잘못을 고치지 않았기 때문이 아니리오?"

주해

- 治都(치도) : 읍邑을 다스리다. '도都'는 나라의 종묘가 있는 지역을 말한다. 《左傳·莊公二十八年》 條에 나온다. "凡邑, 有宗廟先君之主曰都, 無曰邑."
- 說而不繹 從而不改 : 기뻐하기만 하고 연역하지 않으며, 따르기만 하고 자신의 잘못을 고치지 않다. 繹(궁구할 역)
  《論語·子罕》에 나온다. "子曰 法語之言, 能無從乎? 改之爲貴. 巽與之言, 能無說乎? 繹之爲貴. 說而不繹, 從而不改, 吾末如之何也已矣."

【備旨】

> 然이나 是罪也를 孟子ㅣ固欲使距心知之하고 尤使齊王聞之라 故로 他日見於王曰 王之爲都而治民者ㅣ臣所知識有五人焉이로니 能自知其失職之罪者는 唯孔距心一人而已라하고 於是에 以己責距心之言과 與距心所以自責之言으로 一一爲王誦之하시니 欲以諷曉王而使之惕然省也라
> 王亦自悟曰 奉命者는 雖在臣이나 而制命者則在君하니 民之展轉離散은 此則寡人失政之罪也로소이다
> 孟子一言 而齊之君臣이 各任罪ㅣ如此하되 惜乎라 其無改悔之實也여

그러나 이 죄罪를 맹자께서 본디 공거심孔距心으로 하여금 알게 만들고, 더욱 제왕齊王으로 하여금 듣게 만들고자 하셨다. 그러므로 다른 날에 왕을 만나 가라사대 "왕의 '도都'를 다스리고 백성을 다스리는 신

하 중에 臣이 아는 사람이 다섯 명인데, 스스로 자신이 직무를 이탈한 죄를 아는 사람은 오직 공거심 한 사람뿐입니다."라고 하고, 이에 자신이 공거심을 꾸짖었던 말과 공거심이 자책했던 말을 하나하나 왕을 위하여 외워서 듣게 하셨다. 이는 왕을 풍자하고 깨우쳐서 척연惕然히 반성하게 만들고자 한 것이다.

왕 또한 스스로 깨닫고 가로되 "명을 받드는 것은 비록 신하에게 있으나, 명을 제정하는 것은 人君에게 있으니, 백성들이 전전展轉하고 뿔뿔이 흩어진 것은 곧 과인이 실정失政한 罪입니다."

맹자께서 한 번 말씀하여 齊나라의 군신君臣이 각각 죄를 자임自任함이 이와 같았다. 하지만 애석하도다, 그 잘못을 고치고 뉘우치는 실제가 없음이여!

주해

● 惕然(척연) : 놀라고 두려워하는 모습. 惕(두려워할 척)
《晏子春秋·雜上九》에 나온다. "景公探雀鷇, 鷇弱, 反之. 晏子聞之, 不待時而入見景公, 公汗出惕然." 鷇(새 새끼 구)

[4·5]

孟子謂蚳鼃曰 子之辭靈丘而請士師ㅣ似也는 爲其可以言也니 今旣數月矣로되 未可以言與아

맹자께서 지와蚳鼃에게 가라사대 "그대의 영구靈丘의 읍재邑宰를 사양하고 사사士師가 되기를 청한 것은 일리가 있는 듯하다. 왜냐하면 왕에게 진언進言할 수 있기 때문이다. 그런데 지금 이미 몇 달이 지났는데 아직도 진언할 수 없는 것인가?"

蚳鼃는 齊大夫也라 靈丘는 齊下邑이라 似也는 言所爲近似有理라 可以言은 謂士師近王하여 得以諫刑罰之不中者라

'지와蚳鼃'는 제齊나라 大夫이다. '영구靈丘'는 齊나라 하읍下邑이다. '사야似也'는 그 행한 바가 일리가 있는 듯 하다는 말이다. '可以言'은 사사士師가 왕을 가까이 하여 형벌이 맞지 않은 것을 간언할 수 있다고 말한 것이다.

주해

- 士師(사사) : 형옥刑獄을 다스리는 관리.
- 蚳(개미알 지) 鼃(개구리 와)

【備旨】

孟子ㅣ謂齊之大夫蚳鼃曰 子之辭靈丘之邑而請爲士師之官이 其所爲ㅣ近似有理也는 爲士師刑官而近王하여 王有刑罰之不中者어든 可以言而諫之也라 夫旣爲可以言而請이면 宜朝入官而夕進諫也어늘 今旣數月矣라 近君之久에 聞刑罰之得失이 不爲不詳矣어늘 而猶未可以言與아 何其宜言 而久不言也오

맹자께서 齊나라의 대부 지와蚳鼃에게 일러 가라사대 "그대가 영구靈丘의 읍재邑宰을 사양하고 사사士師의 관리가 되기를 청한 것은 그 행한 바가 일리가 있는 것 같다. 왜냐하면 士師라는 형관刑官이 되어 왕을 가까이 하다가 왕에게 형벌이 맞지 않은 경우가 있거든 진언하여 간할 수 있기 때문이다.

무릇 이미 진언할 수 있기 때문에 청했다면 마땅히 아침에 벼슬을 하였다가 저녁이면 진언하여 간할 수 있어야 한다. 이제 이미 수 개월이 지나 왕을 가까이 한지 오래되었으니 형벌의 득실得失을 들은 것이 상세하지 않다고 할 수 없거늘, 여전히 진언할 수 없는가? 어찌 그 마땅히 말해야 하거늘 오래도록 말하지 않는가?"

주해

● 入官(입관) : 벼슬하다.
《書經·周官》에 나온다. "學古入官, 議事以制."
《文選·顔延之》의 〈五君詠五首〉 중 제4수에 나온다. "屢薦不入官, 一麾乃出守." 屢(여러 루) 麾(부를 휘)

蚳鼃ㅣ諫於王而不用이어늘 致爲臣而去한대

지와蚳鼃가 왕에게 간언을 했으나 왕이 듣지를 않으니, 신하의 직분을 돌려주고 떠났다.

致는 猶還也라

'치致'는 돌려줌과 같다.

주해

● 不用(불용) : 진언을 쓰지 않다. 곧 왕이 진언을 듣지 않는다는 말이다.
● 致爲臣(치위신) : 신하의 직책을 돌려주다. 致(보낼 치)
《禮記·曲禮下》에 나온다. "爲人臣之禮不顯諫. 三諫而不聽, 則逃之." 逃(달아날 도)

【備旨】

蚳鼃有感於孟子之言이라 於是에 以刑罰之不中者로 諫王而王不能用이어늘 遂致爲臣而去라 夫當諫則諫하고 當去則去하니 雖蚳鼃明於進退之義 而實孟子一激之力也라

지와蚳鼃가 맹자의 말씀에 감응이 있었다. 이에 왕의 형벌이 맞지 않기 때문에 왕에게 간언을 했으나 왕이 그 말을 듣지 않아서 마침내 신하의 직분을 돌려주고 떠났다.

무릇 마땅히 간언을 해야 할 경우에는 간언을 하고, 마땅히 떠나야 할 경우에는 떠나니, 비록 지와가 진퇴의 의리에 밝기는 하였으나 실제로는 맹자께서 한 번 격발激發하신 힘이다.

齊人曰 所以爲蚳鼃則善矣어니와 所以自爲 則吾不知也케라

제齊나라의 어떤 사람이 가로되 "지와蚳鼃 위해서 격발激發한 것은 좋으나, 맹자 자신을 위해서 격발激發한지는 내가 알 수 없다.

譏孟子ㅣ道不行而不能去也라

맹자는 道가 행해지지 않더라도 능히 떠나지 못할 것이라고 기롱譏弄한 것이다.

【備旨】

齊人이 因此而譏孟子曰 蚳鼃之一諫一去ㅣ有盡言之忠하고 無苟祿之恥니 此皆孟子敎之也라 所以爲蚳鼃謀者則善矣나 乃其道不行於齊而不能勇於一去하니 所以自爲謀者則吾不知也케라
齊人이 蓋以去就之常道로 律孟子於蚳鼃耳요 而不知孟子之所處與蚳鼃異也라

제齊나라의 어떤 사람이 이로 인하여 맹자를 기롱譏弄하여 가로되 "지와蚳鼃가 한번 간하고 한번 떠남은 진언進言을 다한 忠이 있고, 구차하게 녹을 구하는 부끄러움이 없으니, 이는 모두 맹자께서 가르친 것이다. 지와를 위하여 도모한 것은 잘한 것이나, 이에 맹자의 道가 제나라에서 행해지지 못하는데 능히 한번 떠나는데 용감하지 못하니, 맹자가 스스로를 위하여 도모한 것은 내가 알지 못하겠다."

齊나라 사람이 대개 거취去就의 떳떳한 道로써 맹자를 지와에게 비교했을 뿐이요, 맹자께서 처한 것이 지와와는 다르다는 것은 알지 못한 것이다.

公都子ㅣ以告한대

공도자公都子가 이를 맹자에게 고한대,

公都子는 孟子弟子也라

'공도자公都子'는 孟子의 제자이다.

【備旨】

公都子ㅣ聞齊人非議之言하고 遂述以告孟子라

공도자公都子가 제나라의 어떤 사람이 맹자를 비난하는 말을 듣고, 마침내 서술하여 맹자에게 고한 것이다.

曰 吾ㅣ聞之也호니 有官守者ㅣ不得其職則去하고 有言責者ㅣ不得其言則去라하니 我無官守하며 我無言責也 則吾進退ㅣ豈不綽綽然有餘裕哉리오

가라사대 "내가 들으니 관리의 직무를 맡은 자는 그 직책을 다할 수 없으면 떠나야 하고, 진언進言의 책무가 있는 자는 왕이 그 말을 듣지 않으면 떠나야 한다고 했다. 내가 관리의 직무도 맡지 않았고 내가 진언할 책무도 없으니, 나의 진퇴進退가 어찌 작작綽綽하게 여유롭지 않겠는가?

官守는 以官爲守者요 言責은 以言爲責者라 綽綽은 寬貌요 裕는 寬意也라
孟子ㅣ居賓師之位하여 未嘗受祿이라 故로 其進退之際에 寬裕如此하시니라
尹氏曰 進退久速을 當於理而已라

'관수官守'는 관직을 맡은 것이요, '언책言責'은 말의 책무가 있는 것이다. '작작綽綽'은 너그러운 모양이다. '유裕'는 너그러운 뜻이다.

맹자께서는 빈사賓師의 지위에 있었기 때문에 일찍이 녹을 받지 않았다. 그러므로 그 진퇴할 때 너그럽고 여유가 있음이 이와 같았다.

尹氏(尹焞) 가로되 "나아가고 물러나고 오래 머물고 빨리 떠남을 義에 마땅하게 할 따름이다."

주해

- 官守(관수) : 관리로서의 직책. 守(맡을 수)
  《左傳·昭公23年》 條에 나온다. "信其鄰國, 愼其官守, 守其交禮."
- 言責(언책) : 진언進言을 맡은 책무.
- 綽(너그로울 작)

【備旨】

孟子曰 彼齊人이 惡知我哉리오 吾聞之也하니 有以官爲守者ㅣ當盡其職이니 苟君制之而不得專其職이면 則有去而已요 有以言爲責者ㅣ當盡其言이니 苟君違之而不得行其言이면 則有去而已라 彼其進退ㅣ皆不容苟者는 人臣之義當如是也어늘 今我在齊에 旣無官守之寄하고 亦無言之任也니 則吾進退之際에 固非常法所得拘者어늘 豈不綽綽然有餘裕哉리오하시니 是可見其爲蚳鼃者는 臣道也요 其自爲者는 師道也니 是非齊人所能知者矣니라

맹자 가라사대 "저 齊나라 사람이 어찌 나를 알리오? 내가 듣건대 관리의 직책을 맡은 자는 마땅히 그 직무를 다해야 하니, 만일 人君이 그를 제재制裁하여 그 직무를 다할 수 없으면 곧 떠날 뿐이다. 진언進言

의 책무가 있는 자는 마땅히 그 말을 다해야 하니, 만일 人君이 이를 위배하여 그 말을 행할 수 없으면 곧 떠날 뿐이다. 저 그 진퇴가 모두 구차함을 용납하지 않는 것은 人臣의 의리가 마땅히 이와 같다. 이제 내가 齊나라에 있으며 이미 관리의 직책도 맡지 않았고 또한 진언의 책무도 없다. 내가 나아가고 물러날 때 본디 상법常法에 구애받을 것이 없으니, 어찌 작작연綽綽然하게 여유가 있지 않으리오?"

이는 그 지와를 위한 것은 신도臣道요, 그 스스로를 위한 것은 사도師道임을 알 수 있으니, 이는 齊나라 사람이 능히 알 수 있는 것이 아니다.

주해

● 惡(어찌 오) 寄(맡을 기)

[4·6]

孟子ㅣ爲卿於齊하사 出弔於滕하실새 王이 使蓋大夫王驩으로 爲輔行이러시니 王驩이 朝暮見이어늘 反齊滕之路토록 未嘗與之言行事也하시다

맹자께서 제나라에서 객경客卿이 되어 등滕나라에 나아가 조문을 할 때, 王이 합蓋 땅의 大夫인 왕환王驩을 부사副使로 삼았다.
왕환王驩이 아침저녁으로 맹자를 뵈었으나, 제齊나라와 등滕나라를 다녀올 때까지 일찍이 그와 더불어 사신의 일에 대해 말씀하지 않으셨다.

蓋는 齊下邑也라 王驩은 王嬖臣也라 輔行은 副使也라 反은 往而還也라 行事는 使事也라

'합蓋'은 齊나라의 하읍下邑이다. '왕환王驩'은 왕의 폐신嬖臣이다. '보행輔行'은 부사副使이다. '반反'은 갔다 돌아옴이다. '행사行事'는 사신使臣에 관한 일이다.

주해

- 卿(경) : 객경客卿. 곧 작록을 받지 않은 신분을 말한다.
  "卿, 客卿, 未受祿者."(四書補註備旨)
- 嬖臣(폐신) : 왕의 총애를 받는 신하. '총신寵臣'과 같다. 嬖(사랑할 폐) 寵(사랑할 총)
  《史記》 卷7, 〈項羽本紀〉에 나온다. "瑕丘申陽者, 張耳嬖臣也." 瑕(티 하)
  漢나라 환관桓寬의 《염철론鹽鐵論·論儒》에도 나온다. "孔子適衛, 因嬖臣彌子瑕以見衛夫人."
- 滕(나라이름 등) 蓋(땅이름 합) 驩(기뻐할 환)

【備旨】

> 昔에 孟子在齊하사 雖不受祿이나 實爲客卿이러니 遇滕國有喪하여 爲王出吊於滕하니 盖假孟子以爲重也라 王이 使蓋邑大夫王驩으로 攝卿以輔行이러니 王驩이 朝暮見孟子어늘 由往而反乎齊滕之路토록 孟子ㅣ竟未嘗少假顏色하여 與之言出使所行之事也하시니 盖以王驩으로 非可與言之人이라 故로 孟子ㅣ不與言耳시니라

전에 맹자께서 齊나라에 계실 때 비록 녹祿을 받지 않았으나 실제로

는 객경客卿의 신분에 있었다. 그 때 등滕나라가 상喪을 당하여 제나라 왕을 대신해서 滕나라에 나아가 조문을 하니 대개 맹자를 빌어 그 일을 중하게 여긴 것이다.

제나라 왕이 합읍蓋邑의 대부 왕환王驩으로 하여금 客卿을 보좌하여 부사副使로 다녀오게 하였다. 왕환이 아침저녁으로 맹자를 뵈었는데, 제나라에서 滕나라로 돌아오기까지 맹자께서 끝내 그와 더불어 출사出使하여 사신에 관한 일을 말하지 않음으로써 조금도 그의 체면을 세워주지 않으셨다.

이는 대개 왕환이 더불어 말을 할 만한 사람이 못된다고 여겼기 때문에 맹자께서 말하지 않으신 것이다.

주해

- 攝(섭) : 보좌하다. 돕다. 攝(보좌할 섭)
  《詩·大雅·旣醉》에 "朋友攸攝."라고 했고,《左傳·襄公31年》 條에 "攝, 佐也."라고 했다. 攸(바 유)
- 假顔色(가안색) : 상대방의 체면을 세워주다.

公孫丑曰 齊卿之位 不爲小矣며 齊滕之路ㅣ不爲近矣로되 反之而未嘗與言行事는 何也잇고 曰 夫旣或治之어니 予何言哉리오

공손추가 가로되 "제나라에서 경卿의 지위는 작지 않습니다. 제나라에서 등나라까지의 거리가 가깝지 않은데, 다녀오도록 일찍이 그와 더불어 사신에 관한 일을 말씀하지 않으신 것은 무엇 때문입니까?" (맹자) 가라사대 "이미 어떤 자가 사신의 일을 다 처리했거늘 내가 무슨 말을 하리오?"

王驩이 蓋攝卿以行이라 故로 曰齊卿이라
夫旣或治之는 言有司已治之矣라
孟子之待小人에 不惡而嚴이 如此시니라

왕환王驩이 대개 객경客卿을 보좌하여 갔기 때문에 '제경齊卿'이라 말한 것이다.

무릇 '이미 어떤 자가 그 일을 처리했다'는 것은 유사有司가 이미 처리했다는 말이다.

맹자께서 소인을 대하는 것이 미워하지 않으면서도 엄격함이 이와 같으셨다.

주해

● 或治之 : 혹자(有司)가 사신의 일을 처리하다.
"或指有司. 治之指行事."(四書補註備旨)
남헌장씨南軒張氏가 말했다. "孟子雖爲卿而實賓師也, 則夫禮文制數固可付之於有司. 是王驩雖曰輔行, 然齊王之意, 特欲藉孟子以爲重有司之事, 不敢以煩."(大全註疏)

【備旨】

公孫丑ㅣ疑而問曰 凡人或勢分相隔하며 或周旋不久면 則言有不能盡者어니와 王驩은 大夫로 攝卿位以佐夫子하니 其位不爲小矣며 自齊至滕二國之境이 其路不爲近矣어늘 乃自往至反 而未嘗與之言所行之使事는 其故何也잇고

孟子ㅣ難以明言이라 姑托辭而曉之曰 我與彼奉命而出하니 若事有不治면 與共議可也로되 今出使儀文禮節을 彼有司ㅣ旣已治之하여 而得其宜矣니 予又何言之有哉아

공손추가 의아하게 여겨 물어 가로되 "무릇 사람이 혹 권세와 지위가 서로 차이가 나거나, 혹 교제한지 오래되지 않으면 말로 다할 수 없는 경우가 있습니다. 하지만 왕환王驩 大夫는 객경客卿의 자리를 도와서 夫子를 보좌하니 그 지위가 작지 않습니다. 또한 제나라에서 滕나라까지 두 나라의 국경 길이 가깝지 않는데, 가면서부어 돌아올 때까지 그와 더불어 처리해야 할 사사使事에 대해 말씀하지 않으신 것은 무엇 때문입니까?"

맹자께서 명확하게 말하기가 난처해서 잠시 핑계를 대어 깨우쳐 가라사대 "나와 저 왕환은 명을 받들어 간 것이니, 만약 일을 잘 처리하지 못하면 더불어 같이 의논함이 마땅하다. 그러나 이제 출사出使와 의문儀文과 예절禮節을 저 유사有司가 이미 잘 처리하여 그 마땅함을 얻었으니, 내가 또 무슨 말을 하겠는가?"

주해

- 託辭(탁사) : 핑계거리를 찾다. 구실을 찾다.
  宋나라 문천상文天祥의 《自序》에 나온다. "予謂此北反間也, 否則托辭以逐客也." 逐(쫓을 축)
- 勢分(세분) : 권세와 지위.
  宋나라 하탄何坦의 《西疇常言·應世》에 나온다. "凡居人上, 有勢分之臨, 惟以恕存心, 乃可以容下." 疇(밭두둑 주)
- 周旋(주선) : 교왕交往하다. 교제응수交際應酬하다.
  《朱子語類》 卷136에 나온다. "王導爲相, 只周旋人過一生. 嘗有座客二十餘人, 逐一稱贊."

[4·7]

孟子ㅣ自齊葬於魯하시고 反於齊하실새 止於嬴이러시니
充虞ㅣ請曰 前日에 不知虞之不肖하사 使虞敦匠事어시늘 嚴하여 虞ㅣ不敢請하니 今願竊有請也하노니 木若以美然하더이다

맹자께서 제齊나라로부터 노魯나라에 가서 어머니의 장례를 지내고 제나라로 돌아오실 때, 영읍嬴邑에 도착하여 유숙하셨다.
충우充虞가 청하여 가로되 "전에 저의 불초不肖함을 알지 못하시고 저에게 관을 만드는 일을 맡기셨습니다. 당시에는 일이 시급하여 제가 감히 청하지 못했는데, 이제 원컨대 가르침을 청하나니 관목棺木이 너무 아름다운 것 같았습니다."

孟子ㅣ仕於齊에 喪母하고 歸葬於魯하시니라 嬴은 齊南邑이라 充虞는 孟子弟子니 嘗董治作棺之事者也라 嚴은 急也라 木은 棺木也라 以는 已通하니 以美는 太美也라

맹자 齊나라에서 벼슬할 때 어머니 상을 당하여 노魯나라로 돌아가 장례를 치르셨다. '영嬴'은 제나라 남쪽의 읍邑이다. '충우充虞'는 맹자의 제자이니, 일찍이 관을 만드는 일을 감독하여 다스리던 자이다. '엄嚴'은 시급함이다. '목木'은 관목棺木이다. '이以'는 이已와 통하니 '이미以美'는 너무 아름답다는 뜻이다.

주해

- 止(지) : 유숙하다. 머무르다.
- 前日(전일) : 치상治喪하던 날.
- 敦(돈) : 감독하다. 敦(감독할 돈)
- 董治(동치) : 감독하고 관리하다. '동리董理'와 같다. 董(감독할 동)

【備旨】

> 昔에 孟子爲卿於齊에 有母之喪할새 乃自齊而歸하사 葬其母於魯하시고 及喪畢而反於齊하실새 未至國都 而止於齊之嬴邑이러시니 充虞ㅣ請而問曰 前日에 夫子ㅣ不知虞無治事之才하시고 使虞敦治匠事어시늘 當時喪事嚴急하여 雖有疑於心 而不敢請이러니 今喪事畢矣라 虞ㅣ願竊有請也하노니 彼向者所用之木이 似若太美者然하더이다
> 蓋隱然有惜物儉親之意나 而不知孝子欲盡之心者矣라

전에 맹자께서 齊나라에서 객경客卿이 되었는데 어머니의 상喪을 당하여 이에 제나라로부터 돌아가 노나라에서 장례를 치렀다. 喪을 마치고 제나라로 돌아오는데 국도國都에 이르지 못하고 제나라의 영읍嬴邑에서 유숙하였다.

충우充虞가 청하여 물어 가로되 "전에 夫子께서 제가 일처리하는 재주가 없다는 것을 모르시고 저에게 관을 만드는 일을 감독하게 하셨습니다. 당시에는 상사喪事가 너무 시급하여 비록 마음에 의심이 있었으나 감히 청하지 못했습니다. 이제 상사喪事가 끝났으니, 제가 원컨대 청하고자 합니다. 지난 번에 사용한 관목棺木이 너무 아름다운 것 같았습니다."

대개 은연중에 물건을 아끼고 어버이 喪을 검소하게 치르고자 한 뜻이 있었으나, 효자가 어버이 喪에 도리를 다하고자 하는 마음은 알지 못한 것이다.

曰 古者에 棺槨이 無度하더니 中古에 棺이 七寸이요 槨을 稱之하여 自天子達於庶人하니 非直爲觀美也라 然後에 盡於人心이니라

가라사대 "상고시대에는 관곽棺槨에 대한 법도가 없더니 중고시대에 비로소 관棺을 칠촌으로 하였고, '곽槨'도 이에 걸맞게 하였다. 천자로부터 서인에 이르기까지 다만 보기에 아름답게 할 뿐만 아니라 그렇게 한 후에야 효자의 마음을 다하기 때문이니라."

度는 厚薄尺寸也라 中古는 周公制禮時也라 槨稱之는 與棺相稱也라

欲其堅厚久遠이요 非特爲人觀視之美而已니라

'도度'는 두껍고 얇은 치수이다. '중고中古'는 주공周公이 예禮를 제정할 때이다. '곽칭지槨稱之'는 '관棺'과 서로 걸맞게 한다는 것이다.

견고하여 오래가게 하고자 한 것이요, 다만 남이 보기에 아름답게 할 뿐만이 아니다.

주해

● 古(고) : 상고시대上古時代를 말한다.
"古指上古未制禮時說. 此句只引起中古通行之制."(四書補註備旨)

● 盡於人心 : 효자의 마음을 다하다.

"盡人心是滿足人子報本之心."(四書補註備旨)

경원보씨慶源輔氏가 말했다. "人子之喪親, 所以爲之棺槨者, 蓋欲其堅厚以歷久遠而已, 非是欲爲人觀視之美也. 蓋必如此然後, 於人心爲盡耳. 盡於人心此一句, 須當自體之. 若後世之厚葬, 却只是欲爲人觀美之故也."(大全註疏)

【備旨】

孟子ㅣ曉之曰 吾用木之美者는 亦有見於古制하니 且上古之時에 棺槨이 無尺寸之度하더니 至於中古而周公制禮하여 棺止用七寸이요 而外棺之槨을 稱之하여 其制也ㅣ上自天子로 下達於庶人히 皆得用之하니 蓋欲其堅厚久遠이요 非直爲人觀視之美而已也라 必如是而後에 足以盡人子報本之心耳니 然則前日之木은 稽之古制而合이요 反之吾心而安이니 又何嫌於過美哉리오

맹자께서 깨우쳐 가라사대 "내가 아름다운 관목棺木을 쓰는 것은 또한 고제古制에 보이기 때문이다. 상고시대에는 관곽棺槨의 치수에 대한 법도가 없었는데, 중고시대에 이르러 주공周公이 예禮를 제정하여 관棺은 다만 칠촌을 쓰고 외관外棺의 곽槨을 이것에 걸맞게 한 것이다.

이 제도는 위로 天子로부터 아래로 서인에 이르기까지 모두 사용할 수 있으니, 대개 그 견고하게 해서 오래갈 수 있도록 하고자 한 것이요, 다만 남들이 보기에 아름답게 할 뿐만이 아니다.

반드시 이와 같이 한 후에 자식이 근본에 보답하는 마음을 다할 뿐이다. 그러므로 이전의 관목棺木은 고제古制를 상고함에 알맞고, 내 마음에 돌이켜 보면 편안하니, 또한 어찌 지나치게 아름답다고 해서 꺼려하겠는가?"

不得이란 不可以爲悅이며 無財란 不可以爲悅이니 得之爲有財하여는 古之人이 皆用之하니 吾何爲獨不然이리오

"법제에 따라 할 수 없으면 마음으로 기뻐할 수가 없으며, 재력이 없으면 마음으로 기뻐할 수가 없다. 법으로도 할 수 있고 또한 재력이 있어서 할 수 있다면, 옛 사람들도 모두 이렇게 했을 것이니, 내가 어찌 홀로 그렇게 하지 않으리오?"

不得은 謂法制所不當得이라 得之爲有財는 言得之而又爲有財也라 或曰爲는 當作而라

'부득不得'은 법제에 따라 할 수 없는 경우를 말한다. '得之爲有財'는 법제에도 맞고 또 재력도 있다는 말이다. 혹자가 가로되 "'위爲'字는 마땅히 '이而'字가 되어야 한다"라고 하였다.

주해

- 不得(부득) : 법제法制에 제한되어 할 수 없는 경우를 말한다.
  "不得是限於法制而不得爲."(四書補註備旨)
- 無財(무재) : 재력이 없어 할 수 없는 경우를 말한다.
  "無財是限於財力而不能爲."(四書補註備旨)

【備旨】

使禮法不得爲 則限於分이니 固不可以盡其心而爲悅也요 卽禮法得爲 而無財用이면 則限於力하여 亦不可以盡其心而爲悅也라

若得之禮制하고 而又爲有財하여는 此正人子可以爲悅之時라 古之人이 皆用之而從厚하니 吾何爲獨不然哉리오 棺槨之美는 亦猶行古之道也니라

가사 예법으로 할 수 없으면 분수에 제한되는 것이니, 진실로 가히 그 마음을 다하여 기뻐할 수 없다. 곧 예법으로 할 수 있으나 쓸 수 있는 재력이 없으면 힘에 제한되는 것이니 또한 가히 그 마음을 다하여 기뻐할 수가 없다.

만약 예제禮制에도 할 수 있고 또 재력도 있다면, 이는 바로 사람의 자식으로서 가히 기뻐할 수 있는 때이다. 이런 경우에는 옛 사람들도 모두 좋은 관목棺木을 써서 후하게 했을 것이니, 내가 어찌 홀로 그렇게 하지 않으리오? 관곽棺槨의 아름다움도 또한 여전히 옛 道를 행한 것이다.

且比化者하여 無使土親膚면 於人心에 獨無恔乎아

"또한 죽은 자를 위하여 흙이 부모의 살갗에 닿지 않게 하면, 사람의 마음에 어찌 흡족하지 않으리오?"

比는 猶爲也라 化者는 死者也라 恔는 快也라
言爲死者하여 不使土近其肌膚면 於人子之心에 豈不快然無所恨乎아

'비比'는 '위爲'와 같다. '화자化者'는 죽은 자이다. '효恔'는 쾌족快足한 것이다.
"죽은 자를 위하여 흙이 부모의 살갗에 닿지 않게 하면, 사람의 자식된 자의 마음에 어찌 쾌연히 한恨이 되는 바가 없어지지 않겠는가?" 라고 말한 것이다.

주해

- 恔(효) : 쾌족快足하다. 恔(쾌할 효)
  "快是快足無限意."(四書補註備旨)
- 獨(어찌 독)

【備旨】

> **且夫事死如生은 親子一體라 木之堅厚久遠은 實爲化而死者하여 無使土近其肌膚면 則死者以安하고 而生者以慰하여 於人子之心에 獨無恔然而無遺恨乎아 此其所以爲悅이며 此其所以盡於人心也니라**

또한 무릇 죽은 사람을 산 사람처럼 섬기는 것은 어버이와 자식이 한 몸이기 때문이다. 관목棺木이 견고하고 오래가는 것을 쓰는 이유는 실은 化하여 죽은 자를 위하여 흙이 그 살갗에 닿지 않도록 하기 위한 것이다. 그러면 죽은 자는 편안하고 산 자도 위로가 되니, 사람의 자식된 자의 마음에 어찌 쾌연히 여한이 없어지지 않겠는가? 이것이 그 기뻐하는 바이며, 이것이 그 사람의 마음을 다하는 바이다.

吾는 聞之也호니 君子는 不以天下儉其親이니라

"내가 들으니 '君子는 천하를 위하여 그 어버이에게 검박儉薄하게 대하지 않는다' 고 하였느니라."

送終之禮에 所當得爲而不自盡이면 是는 爲天下愛惜此物하여 而薄於吾親也라

송종送終의 禮에 마땅히 할 수 있는데도 스스로 다하지 않으면, 이는 천하를 위하여 이 물건을 아껴서 내 어버이에게 야박野薄하게 대하는 것이다.

주해

- 儉(검) : '검박儉薄'. 곧 너무 겸손하여 야박한 경우를 말한다. '儉'은 '박薄'과 같다. 儉(엷을 검)

【備旨】

向使得盡其心 而不自盡이면 則是爲天下하여 愛惜此物而薄於吾親矣라 吾는 聞之也니 君子는 不以天下儉其親이라하니 蓋親爲重 則物爲輕也라 然則吾之治喪은 亦求不儉於親耳니 豈失之太美哉리오

가사 그 마음을 다할 수 있는데도 스스로 다하지 아니하면 곧 이는 천하를 위하여 이 물건을 아껴 내 어버이에게 야박野薄하게 대하는 것이다.

내가 들으니 '君子는 천하를 위하여 그 어버이께 검박儉薄하게 대하지 않는다'고 하니, 대개 어버이가 중하면 물건은 가벼운 것이다. 그러므로 내가 아름다운 관목棺木을 사용한 것은 또한 어버이에게 검박하지 않기 위한 것이니, 어찌 너무 아름다운 것이 잘못이겠는가?

[4·8]

沈同이 以其私問曰 燕可伐與잇고

孟子曰 可하니라 子噲도 不得與人燕이며 子之도 不得受燕於子噲니 有仕於此어든 而子ㅣ悅之하여 不告於王而私與之吾子之祿爵이어든 夫士也ㅣ亦無王命而私受之於子則可乎아 何以異於是리오

심동沈同이 그 사사로이 물어 가로되 "연燕나라를 칠 수 있습니까?" 맹자 가라사대 "가능하다. 자쾌子噲도 연燕나라를 남에게 줄 수 없으며, 자지子之도 연나라를 자쾌子噲에게 받을 수 없다. 여기에 벼슬하는 자가 있는데, 그대가 그를 좋아하여 왕에게 알리지도 않고 사사로이 그대의 봉록과 작위를 주었고, 그 선비 또한 왕명도 없이 사사로이 그대에게 봉록과 작위를 받았다면 옳은 일인가? 어찌 이것과 다르리오?"

沈同은 齊臣이라 以私問는 非王命也라 子噲子之는 事見前篇이라 諸侯土地人民은 受之天子하여 傳之先君하니 私以與人則與者受者 皆有罪也라 仕는 爲官也요 士는 卽從仕之人也라

'심동沈同'은 齊나라의 신하이다. 사사로이 물은 것은 왕명이 아니다. 자쾌子噲와 자지子之에 관한 일은 전편(〈梁惠王下〉)에 보인다.

제후諸侯의 토지와 백성은 천자에게서 받아 선군先君이 전해준 것이니, 사사로이 남에게 주면 곧 주는 자와 받는 자가 모두 죄가 있다.

'사仕'는 벼슬하는 것이요, '사士'는 곧 벼슬에 종사하는 사람이다.

주해

● 子噲(자쾌) : 연燕나라 왕. 噲(시원할 쾌)

【備旨】

昔에 燕君臣이 以國相授受 而國內大亂이어늘 齊人이 未伐燕之始에 沈同이 不由王命하고 以其私意 而問於孟子曰 以燕國論之댄 有可伐之道與잇가

孟子ㅣ據理答曰 燕國可伐也니 何以言之오 彼諸侯土地人民은 受之天子하여 傳之先君하니 在子噲爲君者도 不得慕遜位之風 而私與人以燕이며 在子之爲臣者도 不得效受禪之迹 而私受燕於子噲니 如有求仕者於此 而子ㅣ悅之하여 以吾子之祿爵으로 爲子所私有也라하여 乃不告於王 而私以與之어든 夫士也ㅣ亦以子之祿爵으로 爲子所得專也라하여 亦無王命 而私受祿爵於子면 則可乎

아 吾知其不可也ㅣ必矣라 彼以土地로 私相授受者ㅣ亦何以異於以祿爵으로 私相授受者哉리오 此燕之所以可伐也니라

전에 연燕나라 군신君臣이 나라를 서로 주고받아 국내가 크게 혼란에 빠지자, 齊人이 아직 연나라를 정벌하기 전에 심동沈同이 왕명으로 말미암지 않고 그 사사로운 뜻으로 맹자에게 물어 가로되 "연나라를 논하건대 칠 수 있는 방법이 있습니까?"

맹자께서 이치에 따라 대답하여 가라사대 "연나라를 칠 수 있으니 무엇으로 말하리오? 저 제후들의 토지와 백성은 천자에게서 받아 선군先君이 전해준 것이니 人君이 된 자쾌도 손위遜位의 풍습을 흠모하여 사사로이 남에게 연나라를 줄 수 없으며, 신하가 된 자지子之도 선양의 자취를 본받아 사사로이 자쾌에게서 연나라를 받아서는 안된다.

만약 여기에 벼슬을 구하는 사람이 있는데, 그대가 좋아하여 그대의 봉록과 작위爵位를 그대의 사유물로 여겨 이에 왕에게 알리지도 않고 사사로이 주었으며, 저 선비 또한 그대의 봉록과 작위를 그대의 전유물로 여겨 또한 왕명도 없이 사사로이 봉록과 작위를 그대에게 받았다면 곧 이것이 옳은 일이겠는가?

나는 그것이 반드시 옳지 않다는 것을 안다. 저들이 토지를 사사롭게 서로 주고받는 것이 또한 어찌 봉록과 작위를 사사롭게 서로 주고받는 것과 다르겠는가? 이것이 바로 연나라의 칠 수 있는 이유이니라."

주해

● 遜位(손위) : 양위讓位하다. 遜 (사양할 손)
《史記·太史公自序》에 나온다. "唐堯遜位, 虞舜不台."

齊人이 伐燕이어늘 或이 問曰 勸齊伐燕이라하니 有諸잇가

曰 未也라 沈同이 問燕可伐與아하여늘 吾ㅣ應之曰 可라호니 彼然而伐之也로다 彼如曰 孰可以伐之오하면 則將應之曰 爲天吏 則可以伐之라호리라 今有殺人者어든 或이 問之曰 人可殺與아하면 則將應之曰 可라호리니 彼如曰 孰可以殺之오하면 則將應之曰 爲士師 則可以殺之라호리라 今에 以燕伐燕이어니 何爲勸之哉리오

齊나라에서 연燕나라를 치거늘, 혹자가 물어 가로되 "齊나라가 燕나라를 치도록 권하셨다고 하는데 이러한 일이 있었습니까?"

(맹자) 가라사대 "아니다. 심동沈同이 '연燕나라를 칠 수 있습니까?' 라고 하니, 내 응답하기를 '가능하다.'고 하니, 저들이 그렇게 하여 친 것이다. 저들이 만약 '누가 칠 수 있습니까?' 라고 물었다면, 곧 장차 응답하기를 '천리天吏가 되면 곧 칠 수 있다' 고 했을 것이다. 이제 사람을 죽인 자가 있는데, 혹자가 묻기를 '사람을 죽일 수 있습니까?' 라고 하면, 곧 장차 응답하길 '가능하다' 고 할 것이다. 저들이 만약 묻기를 '누가 죽일 수 있습니까?' 라고 하면, 곧 장차 응답하길 '사사士師가 되면 곧 죽일 수 있다' 고 했을 것이다. 지금 연燕나라와 똑같이 포학한 제齊나라가 연燕나라를 치는데 내가 어찌 권하였겠는가?"

天吏는 解見上篇이라

言齊無道가 與燕無異하니 如以燕伐燕也라 史記에 亦謂孟子勸齊伐燕이라하니 蓋傳聞此說之誤니라

楊氏曰 燕固可伐矣라 故로 孟子曰可라하니 使齊王이 能誅其君弔其民이면 何不可之有리오 乃殺其父兄하고 虜其子弟而後에 燕人畔之어늘 乃以是로 歸咎孟子之言則誤矣니라

'천리天吏'는 해석이 상편(公孫丑上)에 나온다.

제齊나라의 무도無道함이 연燕나라와 다름이 없기 때문에 燕나라로 燕나라를 치는 것 같다고 말한 것이다.

《史記》에 또한 "맹자가 齊나라에게 燕나라를 치도록 권하였다"고 했으니, 대개 이 말을 잘못 전해들은 것이다.

楊氏(楊時) 가로되 "燕나라는 진실로 칠 수 있었다. 그러므로 맹자가 '가능하다'고 말한 것이다. 설사 齊나라 왕이 燕나라 왕을 죽이고 燕나라 백성들을 위로하였다면 어찌 불가함이 있었겠는가? 그런데 그 父兄들을 죽이고 그 子弟들을 포로로 삼은 후에 燕나라 사람들이 배반하였다. 이 때문에 허물을 맹자의 말씀으로 돌린다면 잘못된 것이다."

주해

- 齊人(제인) : 여기서는 齊나라의 군신君臣을 말한다.
- 天吏(천리) : 여기서는 천명을 받들어 행하는 人君을 말한다.
  "天吏是奉行天命之君."(四書補註備旨)
- 士師(사사) : 여기서는 군왕의 명을 받들어 행하는 사람을 말한다.
  "士師是奉行君命之人."(四書補註備旨)
- 以燕伐燕 : 연燕나라와 같이 포학한 제齊나라가 燕나라를 치다.
  "以燕指齊之暴虐言. 伐燕指燕之暴虐言."(四書補註備旨)

【備旨】

齊人이 得孟子可伐之言 而遂伐燕이어늘 或人이 因而問曰 夫子ㅣ勸齊伐燕이라하니 有諸잇가
孟子ㅣ答之曰 我未嘗勸之也노니 彼謂我勸之者ㅣ亦有由矣라 昔에 沈同이 嘗私問於予曰 燕可伐與아하니 固未必其爲齊謀也라 吾應之曰 可伐이라하니 亦未嘗爲齊謀也어늘 豈意彼之君臣이 遂然吾言而伐之也리오 惜乎라 彼之復問하고 吾亦未嘗盡其說耳로다 彼如復問曰 孰可以伐之오하면 則將應之曰 必奉行天命하여 爲天吏면는 則可以正其罪而伐之라하리라
如今有無故而殺人者어든 或問之曰 此殺人之人을 其罪可殺與아하면 則將應之曰 殺人者死하니 其罪有可殺也라하리라 彼如復問曰 孰可以殺之오하면 則將應之曰 必奉行國法하여 爲士師者면 則可以案其罪而殺之라하리라
夫燕固無道요 而齊ㅣ亦未爲有道어늘 今에 以齊伐燕은 是以燕伐燕也어니 吾何爲勸之乎리오

齊나라의 군신君臣들이 맹자가 燕나라를 칠 수 있다는 말을 듣고 마침내 燕나라를 치자, 어떤 사람이 인하여 물어 가로되 "夫子께서 齊나라가 燕나라를 치도록 권하셨다고 하는데 그런 일이 있었습니까?"

맹자께서 답하여 가라사대 "내가 권한 적은 없는데, 저들이 내가 권했다고 말하는 것은 또한 이유가 있을 것이다.

전에 심동沈同이 일찍이 나에게 사사로이 묻기를 '燕나라를 칠 수 있습니까?'라고 하니, 본디 반드시 그 齊나라를 위해서 도모한 것은 아

니었다. 그래서 내가 대답하길 '칠 수가 있다'고 했으니, 또한 일찍이 齊나라를 위해서 도모한 것이 아니었다. 그런데 어찌 저 제나라의 君臣들이 마침내 내 말을 옳다고 여기고 燕나라를 칠 줄 알았으리오? 애석하도다! 저들이 너에게 다시 묻지를 않았고, 나 또한 일찍이 그 말을 다하지 못했을 뿐이로다. 저들이 만약 다시 묻기를 '누가 칠 수 있습니까?'라고 했다면, 곧 장차 응하여 말하기를 '반드시 천명天命을 받들고 행하여 천리天吏가 된 자라면 燕나라의 죄를 바로잡기 위해 칠 수 있다'고 했을 것이다.

만약 지금 아무 이유도 없이 사람을 죽인 자가 있는데, 어떤 자가 묻기를 '사람을 죽인 이런 자를 죽일 수 있습니까?'라고 한다면, 장차 응하여 말하기를 '사람을 죽인 자는 죽여야 하니, 그 죄가 죽일 만하다'고 할 것이다. 저들이 만약 다시 묻기를 '누가 죽일 수가 있습니까?'라고 한다면, 곧 장차 응하여 말하기를 '반드시 국법國法을 받들어 행하여 사사士師가 된 자라면 곧 그 죄를 감안勘案하여 죽일 수 있다'고 했을 것이다.

무릇 燕나라가 본디 무도無道하고, 齊나라 또한 道가 있다고 할 수 없다. 이제 齊나라가 燕나라를 치니 이는 燕나라로 燕나라를 치는 것과 같거늘, 내가 어찌 燕나라를 치도록 권하였으리오?"

[4·9]

燕人이 畔이어늘
王曰 吾 甚慚於孟子하노라.

燕나라 사람들이 齊나라를 배반하거늘,
왕이 가로되 "내가 맹자에게 심히 부끄럽도다."

齊破燕後二年에 燕人이 共立太子平爲王하니라

齊나라가 燕나라를 격파한 후 2년 만에 燕나라 사람들이 太子 평平을 함께 세워 왕으로 삼았다.

주해

● 畔(반) : 齊나라를 배반하다. '반叛'과 같다.

【備旨】

齊取燕後에 燕人이 共立太子平하여 爲王 而畔於齊焉하니 王이 始悟曰 吾不用孟子之言하여 以至於此하니 吾甚慙於孟子라하니 此正羞惡之善心也라

齊나라가 燕나라를 취한 뒤에 燕나라 사람들이 함께 太子 평平을 세워 왕으로 삼아 齊나라에 배반하였다.

齊나라 왕이 비로소 깨닫고 가로되 "내가 맹자의 말씀을 듣지 않아서 이 지경에 이르렀으니, 내가 맹자에게 심히 부끄럽도다."라고 하니, 이는 바로 부끄러워 할 줄 아는 선심善心이다.

陳賈曰 王無患焉하쇼서 王이 自以爲與周公孰仁且智잇고

王曰 惡라 是何言也오

曰 周公이 使管叔監殷이어시늘 管叔이 以殷

畔하니 知而使之면 是ㅣ不仁也요 不知而使之면 是ㅣ不智也니 仁智는 周公도 未之盡也시니 而況於王乎잇가 賈ㅣ請見而解之호리이다

진가陳賈가 가로되 "왕께서는 근심하지 마소서. 왕께서는 스스로 주공周公과 더불어 누가 더 어질고 지혜롭다고 생각하십니까?"
왕이 가로되 "아! 이것이 무슨 말인고?"
가로되 "주공周公이 관숙管叔에게 은殷나라를 감독하도록 하였는데, 관숙이 오히려 殷나라 유민들을 이끌고 배반하였습니다. 만일 주공이 이를 알고 시켰다면 이는 어질지 못한 것이요, 모르고 시켰다면 이는 지혜롭지 못한 것입니다. 인仁과 지智는 주공도 다하지 못했거늘 하물며 왕에 있어서랴! 제가 청컨대 맹자를 뵙고 해명하겠습니다."

陳賈는 齊大夫也라 管叔은 名鮮이니 武王弟요 周公兄也라 武王이 勝商殺紂하고 立紂子武庚하고 而使管叔與弟蔡叔霍叔으로 監其國이러니 武王崩하고 成王幼하여 周公攝政한대 管叔이 與武庚畔이어늘 周公이 討而誅之하니라

'진가陳賈'는 齊나라 大夫이다. '관숙管叔'은 이름이 선鮮이니 무왕武王의 아우요, 주공周公의 형이다.

武王이 상商나라를 싸워 이겨 주왕紂王을 죽이고, 주왕紂王의 아들 무경武庚을 세운 다음, 관숙과 아우 채숙蔡叔 곽숙霍叔으로 하여금 그 나라를 감독하게 하였다. 그런데 무왕이 죽고 성왕成王이 아직 어려서 주공이 섭정攝政을 하였는데, 관숙이 무경과 함께 배반하자 주공이 그들을 토벌하여 죽였다.

주해

- 患(환) : 근심하다. '우憂'와 같다.
- 紂(사람이름 주) 蔡(거북 채) 霍(빠를 곽)

【備旨】

何陳賈不能將順其美리오하고 乃爲之辭曰 王無以慙於孟子爲患焉하소서 王自諒以爲與周公이 果孰仁且智잇고 王以其擬己太高하여 乃驚歎曰 惡라 子ㅣ以我比周公하니 是何言之過也오
陳賈ㅣ乃據周公之事以慰之曰 周公이 使其兄管叔으로 監守紂子武庚於殷이어시늘 而管叔이 流言하여 卒與武庚以殷畔하니 使周公이 知管叔將畔而故使之면 是陷其兄於死니 不仁之甚也요 使不知管叔將畔而誤使之면 是無先見之明이니 不智之甚也라 非不仁卽不智니 仁智는 卽周公도 未之能盡也시니 而況於王之不及於周公者乎잇가 賈ㅣ請見孟子하여 爲王解其慙可也리니 王何患哉아

어찌 진가陳賈가 능히 그 아름다움에 순순히 따르지 못하는가?

진가가 이에 齊나라 왕을 위하여 말하여 가로되 "왕께서는 맹자에게 부끄럽다고 근심하지 마소서. 왕께서 스스로 헤아리건대 주공周公과 더불어 과연 누가 더 어질고 지혜롭다고 생각하십니까?"

왕이 자신를 너무 높게 비교하자 이에 경탄驚歎하여 가로되 "아! 그대가 나를 주공에 비교하니 얼마나 지나친 말인가?"

진가가 이에 주공의 일에 근거해서 왕을 위로하여 가로되 "주공이 그의 형 관숙管叔에게 주왕紂王의 아들 무경武庚을 은殷나라에서 감독하

며 지키게 하였습니다. 그런데 관숙이 유언비어流言蜚語를 퍼뜨려 마침내 무경과 함께 殷나라 유민들을 이끌고 배반하였습니다. 가사 주공이 관숙이 장차 배반할 것을 알고 고의로 시켰다면 이는 그 형을 사지死地로 빠뜨린 것이니 불인不仁함이 심한 것이요, 가사 관숙이 장차 배반할 것을 알지 못하고 잘못 시켰다면 이는 선견지명先見之明이 없는 것이니 부지不智함이 심한 것입니다. 이는 어질지 못하다면 곧 지혜롭지 못한 것입니다. 인仁과 지智는 주공도 능히 다할 수 없거늘 하물며 왕께서 주공에게 미치지 못함에 있어서랴! 제가 청컨대 맹자를 뵙고 왕을 위하여 그 부끄러움을 해명하는 것이 옳으니, 왕께서는 어찌 근심하리오?"

주해

- 將順(장순) : 뜻을 받들어 순종하다.
  《孝經·事君》에 나온다. "將順其美, 匡救其惡, 故上下能相親也." 匡(바로잡을 광)
  《朱子語類》 卷89에도 나온다. "可惜無好宰相將順, 成此一大事."

見孟子問曰 周公은 何人也잇고
曰 古聖人也시니라.
曰 使管叔監殷이어시늘 管叔이 以殷畔也라하니 有諸잇가
曰 然하다
曰 周公이 知其將畔而使之與잇가

曰 不知也시니라.
然則聖人도 且有過與잇가
曰 周公은 弟也요 管叔은 兄也니 周公之過ㅣ
不亦宜乎아

(陳賈가) 맹자를 뵙고 물어 가로되 "주공周公은 어떤 분입니까?"
가라사대 "옛 성인聖人이시다."
가로되 "관숙管叔에게 은殷나라를 감독하게 하였는데, 관숙이 은나라 유민들을 이끌고 배반하였다고 하니, 이런 일이 있었습니까?"
가라사대 "그런 일이 있었다."
가로되 "주공은 관숙이 장차 배반할 것을 알고 시켰습니까?"
가라사대 "알지 못하셨다."
"그렇다면 성인도 또한 과실이 있는 것입니까?"
가라사대 "주공은 아우요 관숙은 형이니, 주공에게 허물이 있는 것이 또한 마땅하지 아니한가?"

言周公은 乃管叔之弟요 管叔은 乃周公之兄이니 然則周公이 不知管叔之將畔而使之하시니 其過有所不免矣라
或曰 周公之處管叔이 不如舜之處象은 何也오
游氏曰 象之惡은 已著하고 而其志不過富貴而已라 故로 舜得以是而全之어니와 若管叔之惡則未著하고 而其志其才ㅣ皆非象比也니 周公이 詎忍逆探其兄之惡而棄之耶아 周公愛兄은 宜無不盡者하니 管叔之事는 聖人之不幸也라 舜誠信而喜象하시고 周公은 誠信而任管叔하시니 此는天理人倫之至니 其用心이 一也니라

주공周公은 곧 관숙管叔의 아우요, 관숙은 주공의 형이다. 그렇다면 주공은 관숙이 장차 배반할 것을 알지 못하고 시킨 것이니, 그 잘못을 면하지 못할 바가 있다는 말이다.

혹자가 가로되 "주공이 관숙을 처우하는 것이 순舜이 상象을 처우하는 것만 같지 못하니 무엇 때문인가?"

游氏(游酢) 가로되 "상象의 악惡은 이미 드러났고, 그 뜻이 부귀에 불과할 따름이다. 그러므로 舜이 이것으로 온전하게 해줄 수 있었다. 관숙의 惡과 같은 경우는 아직 드러나지 않았고, 그 뜻과 그 재주가 모두 상象이 비할 바가 아니다. 주공이 어찌 차마 형의 악을 미리 예측하여 그를 버렸겠는가? 주공이 형을 사랑함은 마땅히 다하지 않음이 없었을 것이니, 관숙의 일은 성인의 불행인 것이다.

순舜은 진실로 믿으면서 상象을 기쁘게 해주었고, 주공은 진실로 믿으면서 관숙에게 맡긴 것이다. 이는 천리天理와 인륜人倫이 지극한 것이니, 그 용심用心은 한가지이다."

주해

- 逆探(역탐) : 사전에 탐지하다. '예측豫測'과 같다.
  《資治通鑒·漢武帝太始三年論》에 나온다. "是以奸人逆探上意, 知其奇愛少子欲以爲嗣, 遂有危皇後、太子之心." 嗣(이을 사)
  정자程子가 말했다. "象憂亦憂, 象喜亦喜. 大理人情, 於是爲至. 舜之於象, 周公之於管叔, 其用心一也. 夫管叔未嘗有惡也. 使周公逆知其將畔, 果何心哉? 惟管叔之畔, 非周公所能知, 則其過有所不免矣. 故孟子曰, 周公之過, 不亦宜乎?"(大全註疏)
- 詎(어찌 거) 棄(버릴 기)

【備旨】

陳賈ㅣ遂見孟子 而問曰 古有周公하니 果何如人也잇고
孟子曰 古之聖人也시니라
陳賈ㅣ又曰 周公이 使管叔監殷이어시늘 管叔以殷畔也라하니 果有諸否乎아
孟子曰 誠有此事也니라
陳賈ㅣ又曰 周公이 果知其將畔하고 而故使之監殷與잇가
孟子曰 周公이 不知其將畔也니라
賈ㅣ遂詰之曰 然則聖人은 爲聰明之盡者어늘 且有不智之過與잇가
孟子曰 周公은 管叔之弟也요 管叔은 周公之兄也니 弟之愛兄이 宜無不至라 自不忍逆探其惡 而誠信以任之하니 然則周公之過는 乃天理人情ㅣ所不能免者니 其過也ㅣ不亦宜乎아 殆與常人之不宜有過而過者로 異矣라

진가陳賈가 마침내 맹자를 뵙고 물어 가로되 "옛날에 주공周公이 계셨으니, 과연 어떤 분이었습니까?"

맹자 가라사대 "옛 성인이시다."

진가가 또 물어 가로되 "주공이 관숙管叔에게 은殷나라를 감독하게 하였는데, 관숙이 殷나라 백성들을 이끌고 배반하였다고 하니 과연 이런 일이 있었습니까?"

맹자 가라사대 "진실로 이러한 일이 있었다."

진가가 또 가로되 "주공은 과연 관숙이 장차 배반할 줄을 알고, 고의로 그에게 殷나라를 감독하게 한 것입니까?"

맹자 가라사대 "주공은 관숙이 장차 배반할 줄을 알지 못하셨다."

진가가 마침내 힐난詰難하여 가로되 "그렇다면 성인은 지극히 총명한 사람이거늘, 또한 지혜롭지 못한 허물이 있는 것입니까?"

맹자 가라사대 "주공은 관숙의 아우요, 관숙은 주공의 형이다. 아우가 형을 사랑함이 마땅히 지극하지 않음이 없어서, 스스로 차마 그 악을 예측하지 못한 것이다. 그러므로 주공의 허물은 곧 천리天理와 인정人情으로 능히 면하지 못할 바이니, 그 허물이 또한 마땅하지 아니한가? 이는 대개 보통사람들의 허물이 있어서는 안 된다는 허물과는 다른 것이다."

주해

● 詰(힐문할 힐) 殆(거의 태)

且古之君子는 過則改之러니 今之君子는 過則順之로다 古之君子는 其過也ㅣ如日月之食이라 民皆見之하고 及其更也하여는 民皆仰之러니 今之君子는 豈徒順之리오 又從爲之辭로다

"또한 옛 君子는 허물이 있으면 곧 고쳤는데, 지금의 君子는 허물이 있으면 곧 따라가는구나. 옛 君子는 그 허물이 마치 해와 달의 일식日蝕이나 월식月蝕과 같아서 백성들이 모두 볼 수가 있었다. 그러다가 옛 君子가 허물을 고치게 되면 백성들이 모두 우러러 보았다. 지금의 君子는 어찌 한갓 허물을 따르기만 하리오? 또한 좇아 변명을 하는구나."

順은 猶遂也라 更은 改也라 辭는 辯也라

更之면 則無損於明이라 故로 民仰之하고 順而爲之辭면 則其過ㅣ愈深矣니 責賈ㅣ不能勉其君以遷善改過하고 而敎之以遂非文過也시니라

林氏曰 齊王이 慚於孟子하니 蓋羞惡之心이 有不能自已者니 使其臣有能因是心而將順之면 則義不可勝用矣어늘 而陳賈는 鄙夫라 方且爲之曲爲辯說하여 而沮其遷善改過之心하고 長其飾非拒諫之惡이라 故로 孟子ㅣ深責之하시니라 然이나 此書記事散出하여 而無先後之次라 故로 其說을 必參考而後通이니 若以第二篇十章十一章으로 置於前章之後此章之前이면 則孟子之意ㅣ不待論說而自明矣리라

'순順'은 따르는 것과 같다. '경更'은 고치는 것이다. '사辭'는 변명함이다.

허물을 고치면 밝음에 손상이 없기 때문에 백성들이 우러러 보며, 허물을 따르고 변명을 하면 그 허물이 더욱 깊어진다. 진가陳賈가 능히 그 인군人君을 개과천선改過遷善하도록 권면하지 못하고, 잘못을 따르고 허물을 은폐하도록 가르치니 이를 꾸짖은 것이다.

林氏(林之奇) 가로되 "제齊나라 왕이 맹자에게 부끄러워하니, 대개 수오지심羞惡之心을 능히 스스로 그칠 수 없는 것이다. 그러므로 가사 그 신하가 능히 이 마음으로 인하여 뜻을 받들어 순종하는 자가 있었다면, 곧 의義를 이루 다 쓸 수 없었을 것이다. 그러나 진가陳賈는 비부鄙夫이기 때문에 또다시 제왕을 위해 왜곡歪曲되게 변명을 하여 그 개과천선改過遷善하려는 마음을 막았으며, 그 잘못을 은폐하고 간언을 물리치려는 악惡을 자라게 하였다. 그러므로 맹자께서 깊이 꾸짖은 것이다.

그러나 이 책에 기록된 일들은 산만하게 나와서 선후의 차례가 없다. 그러므로 그 說을 반드시 참고한 후에야 통하게 된다. 만약 제2편의 10章과 11章을 앞 章의 뒤와 이 章의 앞에 두면, 곧 맹자의 뜻이 논설論說을 기다리지 않아도 저절로 드러나게 될 것이다."

주해

- 順(순) : 따르다. '수遂'와 같다. 遂(따를 수)
  "順是遂其非不改"(四書補註備旨)
- 遂非文過(수비문과) : 잘못을 따르고 허물을 은폐하다.
  한漢나라 순열荀悅의 《漢紀·昭帝紀》에 나온다. "遂非文過, 知而不改."
  《呂氏春秋·심응審應》에도 나온다. "公子食我之辯, 適足以飾非遂過." 이에 대해 고유高誘의 註에 "飾好其非, 遂成其過."라고 했다.
- 方且(방차) : 게다가. 또다시. '상차尙且'와 같다.
  《孟子·滕文公上》에 나온다. "〈魯頌〉 曰 '戎狄是膺, 荊舒是懲.' 周公方且膺之, 子是之學, 亦爲不善變矣."
- 慚 (부끄러울 참) 沮(막을 저)

【備旨】

> 且人之處過ㅣ亦有古今之不同焉이라 古之君子는 雖未嘗無過나 過則知而改之러니 今之君子는 亦未嘗無過나 過則順而從之로다
> 古之君子는 其過也ㅣ爲天下所共知하여 如日月之食이라 無所掩覆하여 民皆得而見之하고 及其更而改也하여는 如日月之復이라 無損於明하여 民皆得而仰之라 今之君子는 豈徒順其過 而不之改哉리오 又從曲爲之辭說하여 以文其過하니 則其過ㅣ愈深矣라

自愛者는 固當以古人自處하고 而愛人者는 亦不當以今人處人矣라 陳賈之言은 本欲借周公之過하여 以解齊王之慙하니 是乃爲君文過하되 而不知其陷君於有過也라 故로 孟子ㅣ正言以斥之시니라

또한 사람이 허물을 대처하는 방법도 고금古今이 같지 않다. 옛 君子는 비록 일찍이 허물이 없지 않으나, 허물이 있으면 허물을 알고서 고쳤다. 하지만 지금의 君子는 또한 일찍이 허물이 없지 않으나, 허물이 있으면 허물에 순응하여 따르고 만다.

옛 君子는 그 허물이 천하 사람들이 모두 아는 바가 되어 마치 해와 달의 일식日蝕이나 월식月蝕과 같아서 가리고 덮을 수가 없으며 백성들이 모두 볼 수가 있다. 그러다가 그 허물을 고쳐서 바꾸게 되면, 마치 해와 달이 본모습을 회복하는 것 같아서 밝음에 손상이 없고 백성들이 모두 우러러보게 된다.

지금의 君子는 어찌 한갓 그 허물을 따르며 고치지 않을 뿐이리오? 또 왜곡하고 변명을 하며 그 허물을 은폐하니 그 허물이 더욱 심해진다. 그러므로 스스로를 사랑하는 자는 진실로 마땅히 옛 君子로써 자처하고, 남을 사랑하는 자는 또한 마땅히 지금의 君子로써 남을 대하지 말아야 한다.

진가陳賈의 말은 본디 주공周公의 허물을 빌어 제왕齊王의 부끄러움을 해명하려고 한 것이다. 그러나 이는 人君을 위하여 허물을 은폐하려고 한 것이니, 그 人君을 허물에 빠뜨린다는 사실을 알지 못한 것이다. 그러므로 맹자께서 말을 바로잡아 그를 물리치신 것이다.

[4·10]

孟子ㅣ致爲臣而歸하실새

맹자께서 신하의 자리를 내놓고 돌아가실 적에

孟子ㅣ久於齊而道不行이라 故로 去也시니라

맹자께서 제齊나라에 오래 머물러 있었으나, 道가 행해지지 않았기 때문에 떠나가신 것이다.

주해

- 致爲臣 : 신하의 자리를 人君에게 돌려보내다. '치致'는 '송치送致'의 뜻이다. 致(보낼 치)
  "致送致. 致位臣, 送還其臣位於君也."(四書補註備旨)

【備旨】

> 昔에 孟子在齊는 爲行道計也러니 乃久於齊而道不行이라 故로 還爲客卿之臣位而歸라

옛날 맹자께서 齊나라에 머무른 것은 道를 행하기 위한 계획이었다. 그러나 齊나라에 오래 머무르도록 道가 행해지지 않았기 때문에 객경客卿의 자리를 돌려주고 돌아가신 것이다.

王이 就見孟子曰 前日에 願見而不可得이라가 得侍하여는 同朝ㅣ甚喜러니 今又棄寡人而歸하시니 不識케이다 可以繼此而得見乎잇가
對曰不敢請耳이언정 固所願也니이다

왕이 나아가 맹자를 뵙고 가로되 "전에 뵙고자 했으나 뵙지를 못하다가, 나중에 모시게 되어서 조정의 신하들이 모두 기뻐하였습니다. 이제 또 과인을 버리고 돌아가신다니, 알지 못하겠습니다. 계속해서 뵐 수 있겠습니까?"
대답하여 가라사대 "감히 청하지는 못할지언정, 진실로 원하는 바입니다."

주해

● 同朝(동조) : 조정에서 함께 정사政事를 돌보는 신하.
漢나라 유향劉向의 《說苑·修文》에 나온다. "大夫三月而葬, 同朝畢至."
"同朝指同朝之臣."(四書補註備旨)

【備旨】

王이 就館而見孟子曰 前日에 夫子ㅣ未至齊에 寡人이 思欲一見而不可得이러니 幸而夫子ㅣ至齊하여 寡人이 因得侍於夫子하니 不惟寡人喜之요 而同朝諸臣이 皆甚喜也라 今又以寡人不足有爲로 棄之而歸하시니 雖夫子高尙之志를 已不可回나 而寡人願見之心은 自不容已니 不識케이다 夫子ㅣ肯不終絶하여 可以繼此之後하여 而使

寡人得見否乎잇가
孟子ㅣ對曰 繼見之期는 臣不敢請耳이나 然이나 見王은 固臣之所願也니 豈忍於一去而遂忘哉리오

왕이 객사客舍에 나아가 맹자를 뵙고 가로되 "전에 夫子께서 齊나라에 오지 않았을 때, 과인이 사모하여 한 번 뵙고자 하였으나 뵐 수가 없었습니다. 다행히 夫子께서 齊나라에 오셔서 과인이 夫子를 모시게 되었으니, 다만 과인만 기뻐할 뿐만 아니라 조정의 모든 신하들이 매우 기뻐하였습니다.

그런데 이제 또 과인이 큰일을 행할 수 없다고 하여 버리고 돌아가시니, 비록 夫子의 고상高尙한 뜻을 이미 돌이킬 수는 없으나 과인이 뵙기를 원하는 마음은 스스로 그칠 수가 없습니다. 알지 못하겠습니다. 夫子께서 기꺼이 끝내 끊지 아니하고 계속해서 과인이 뵐 수 있겠습니까?"

맹자께서 대답하여 가라사대 "계속하여 뵙기를 기대하는 것은 신이 감히 청하지 못할 뿐입니다. 그러나 왕을 뵙는 것은 진실로 臣이 원하는 바이니, 어찌 차마 한번 떠나고 끝내 잊을 수 있겠습니까?"

주해

● 有爲(유위) : 작위作爲하는 바가 있다. 기대감이 있다. 곧 사업상의 성취를 말한다.
《易·계사상繫辭上》에 나온다. "是以君子將有爲也."
宋나라 소식蘇軾의 《學士院試孔子先進論》에 나온다. "君子之欲有爲於天下, 莫重乎其始進也."

他日에 王이 謂時子曰 我欲中國而授孟子室하고 養弟子以萬鍾하여 使諸大夫國人으로 皆有所矜式하노니 子ㅣ盍爲我言之리오

다른 날 왕이 시자時子에게 일러 가로되 "내가 나라 안에 맹자에게 집을 주고, 만종萬鍾의 곡식으로 제자를 길러 모든 大夫와 백성들이 맹자를 공경하여 법으로 삼게 하고자 하니, 그대는 어찌 나를 위하여 맹자에게 말해주지 아니한가?"

時子는 齊臣也라 中國은 當國之中也라 萬鍾은 穀祿之數也라 鍾은 量名이니 受六斛四斗라 矜은 敬也요 式은 法也라 盍은 何不也라

'시자時子'는 齊나라의 신하이다. '중국中國'은 나라의 중앙에 해당된다. '만종萬鍾'은 곡록穀祿의 수數이다. '종鍾'은 용량의 명칭이니, 육휘사두六斛四斗를 담는다. '긍矜'은 공경함이요, '식式'은 법으로 삼는다는 뜻이다. '합盍'은 '하불何不'의 뜻이다.

주해

● 斛(곡) : 용량의 단위. 곧 열 말(十斗)에 해당한다. 斛(휘 곡)

【備旨】

至他日하여 齊王이 以孟子欲去而未決於去로 乃謂時子曰 我欲當齊國之中而授孟子以居室之隆하고 養其從游

之弟子호대 以萬鍾之祿하여 使上而諸大夫와 下而國人으로 皆師其有道之範 而有所矜式하노니 孟子ㅣ縱不爲寡人留나 獨不爲諸大夫國人留乎아 子ㅣ盍爲我言於孟子而使勿去也리오하니라

다른 날 제왕齊王이 맹자께서 떠나려는데 아직 떠나지 않았기 때문에, 이에 시자時子에게 일러 가로되 "내가 齊나라의 중심에 맹자에게 거대한 거처를 마련해주고, 만종萬鍾의 곡록穀祿으로 그 따르는 제자들을 기르게 하여, 위로 여러 大夫들과 아래로 백성들이 모두 그 모범이 되는 도덕군자를 스승으로 삼아 공경하며 법으로 삼게 만들려고 한다.

그렇게 하면 맹자가 비록 과인을 위해 머물지는 않으나, 다만 여러 大夫들과 백성들을 위해 머물지 않겠는가? 그대는 어찌 나를 위하여 맹자에게 말하여 떠나지 못하게 하지 않는가?"

주해

- 有道之範 : 도덕을 갖추어 본보기로 삼을 만한 사람. '有道'는 상대방에 대한 존칭으로, 학문과 도덕을 갖춘 사람을 말한다.
  《禮記·禮器》에 나온다. "昔先王尙有德, 尊有道."
- 縱(비록 종)

時子ㅣ因陳子而以告孟子어늘 陳子ㅣ以時子之言으로告孟子한대

시자時子가 진자陳子에게 부탁해서 맹자께 전하도록 하니, 진자陳子가 시자時子의 말을 맹자에게 고하였다.

陳子는 卽陳臻也라

'진자陳子'는 곧 진진陳臻이다.

주해

- 因(인) : 의탁하다. 부탁하다.
  "因是依託意. 告是告以齊王之言"(四書補註備旨)
- 臻(이를 진)

【備旨】

時子ㅣ奉王命而未敢以自達하고 於是에 因陳子而以齊王之言으로 告孟子하니 蓋託以師弟之情也라
陳子는 但知傳君之命하고 而不知其不可留하여 遂以時子之言으로 告孟子하여 以達其願留之意焉이라

시자時子가 왕명을 받들었으나 감히 스스로 전달하지 못하고, 이에 진자臻子에게 부탁하여 제왕齊王의 말을 맹자에게 고하게 하니, 대개 사제師弟간의 정에 부탁한 것이다.

진자는 다만 왕의 명을 전달할 줄만 알고, 맹자께서 머물 수 없다는 점은 알지 못하였다. 그래서 마침내 시자의 말을 맹자께 고하여 그 머물기를 원한다는 뜻을 전하였다.

孟子曰 然하다 夫時子ㅣ惡知其不可也리오 如使予欲富인댄 辭十萬而受萬이 是爲欲富乎아

맹자 가라사대 "그렇구나. 무릇 시자時子가 어찌 그것이 불가不可함을 알리오? 가사 내가 부유하고자 하는데 십 만종의 봉록俸祿은 사양하고 만종萬鍾을 받는다면 이것이 부유하고자 하는 것이리오?"

孟子ㅣ旣以道不行而去면 則其義不可以復留어늘 而時子不知하니 則又有難顯言者라 故로 但言設使我欲富인댄 則我前日爲卿에 嘗辭十萬之祿이러니 今乃受此萬鍾之饋는 是我雖欲富라도 亦不爲此也라하니라

맹자께서 이미 道가 행해지지 않아 떠나기로 했다면 그 義가 다시 머물 수 없는 것이다. 하지만 시자時子가 이를 알지 못하니 다시 말로 드러내기 어려운 점이 있다.

그러므로 다만 "설사 내가 부유하고자 한다면 곧 내가 전에 객경客卿이 되었을 때 일찍이 십만종의 봉록도 사양하였는데, 이제 이 만종의 선물을 받는 일은 내가 비록 부유하고자 해도 또한 이런 일은 하지 않겠다"고 말한 것이다.

주해

● 然(연) : 별다른 뜻 없이 대응하는 말.
《禮記·단궁檀弓》에 나온다. "有子曰, 然, 然則夫子有爲言之也."
《論語·양화陽貨》에도 나온다. "然, 有是言也."
"然是信時子述王之言."(四書補註備旨)

● 如使(여사) : 가사. 예를 들어.
《孟子·告子上》에 나온다. "如使人之所欲莫甚于生, 則凡可以得生者何不

用也."

● 慶源輔氏가 말했다. "齊王告時子是就人欲中計較. 孟子之意, 道合則從, 不合則去, 惡用是多端爲哉?"(大全註疏)

● 饋(보낼 궤)

【備旨】

孟子ㅣ答之曰 時子ㅣ以王命留我하니 斯言이 誠然矣라 夫時子ㅣ惡知其當去而不可以復留也리오 苟於是而復留焉이면 則是予欲富矣니 如使予欲富인댄 則我前日爲卿에 嘗辭十萬之祿이러니 而今乃受此萬鍾之饋는 是爲欲富者ㅣ竟如是乎아 況我本非欲富者也인저

맹자께서 답하여 가라사대 "시자時子가 왕명으로 나를 머물게 하니 이 말이 진실로 그러하구나. 무릇 시자가 어찌 그 마땅히 떠나야 하고 다시 머물 수 없다는 것을 알겠는가?

만일 여기에서 다시 머문다면 곧 이는 내가 부유하고자 한 것이다. 가사 내가 부유하고자 하였다면 곧 내가 전에 객경客卿이 되었을 때 일찍이 십만종의 봉록도 사양하였는데, 이제 곧 이 만종의 선물을 받는다는 것은 이는 부유하고자 하는 자가 마침내 이와 같이 하리오? 하물며 나는 본디 부유하기를 바라는 자가 아님에랴!

주해

● 誠然(성연) : 확실히 그렇다.
唐나라 유종원柳宗元의 《非國語下·韓宣子憂貧》에 나온다. " 叔向言貧之可以安, 則誠然. 其 言欒書之德, 則悖而不信." 欒(가름대 란) 悖(어그러질 패)

季孫이 曰異哉라 子叔疑여 使己爲政호대 不用則亦已矣어늘 又使其子弟爲卿하니 人亦孰不欲富貴리오마는 而獨於富貴之中에 有私龍斷焉이라하니라

"계손系孫이 가로되 "괴이하도다, 자숙의子叔疑여! 자신으로 하여금 정사政事를 펴지 못하게 하여 등용되지 못했으면 또한 그만이거니와, 다시 그 자제子弟로 하여금 경대부卿大夫가 되게 하였구나. 사람이 또한 누가 부귀를 원하지 않으리오마는, 홀로 부귀의 한가운데서 사사로이 농단壟斷함이 있도다' 라고 하였다."

此는 孟子ㅣ引季孫之語也라 季孫子叔疑는 不知何時人이라

龍斷은 岡壟之斷而高也니 義見下文하니라

蓋子叔疑者ㅣ嘗不用 而使其子弟爲卿한대 季孫이 譏其旣不得於此하고 而又欲求得於彼하니 如下文賤丈夫ㅣ登龍斷者之所爲也라

孟子ㅣ引此하여 以明道旣不行이요 復受其祿이면 則無以異此矣니라

이는 맹자께서 계손系孫의 말을 인용한 것이다. 계손과 자숙의子叔疑가 어느 때 사람인지는 알 수 없다.

'농단壟斷'은 언덕이 끊겨 높은 곳이니, 뜻이 下文에 보인다.

대개 자숙의란 자가 일찍이 등용되지 못하여 그 자제를 경으로 삼게 하였는데, 계손이 그가 이미 여기에서 얻지 못하다가 다시 저기에서 얻기를 구하고자 하니, 마치 下文에 나오는 천한 장부가 농단壟斷에

올라서서 하는 짓과 같다고 기롱한 것이다.

맹자께서 이를 인용하여 道가 이미 행해지지 못하는데, 다시 그 봉록을 받는다면 곧 이와 다를 바가 없음을 밝힌 것이다.

주해

● 龍斷(농단) : '농단壟斷'과 같다. 언덕이 끊어져 높은 곳을 말한다. 壟(언덕 롱) 岡(언덕 강)

"龍壟同. 壟斷是地之絶頂高處, 影專富貴說."(四書補註備旨)

● 獨(독) : 홀로. 곧 자숙의子叔疑를 말한다.

"獨指叔疑."(四書補註備旨)

【備旨】

昔에 季孫嘗譏子叔疑曰 怪異哉라 子叔疑之爲人也여 使己得位爲政에 至不見用則亦已矣어늘 然이나 又惟恐其富貴之失也하여 又多方營求하여 使其子弟繼己而爲卿하니 夫人情에 亦孰不欲富貴리오마는 而子叔疑ㅣ獨於富貴之中에 不得於此而求得於彼하여 有私據之龍斷焉하니 不亦甚可異哉리오하니라

옛날 계손系孫이 일찍이 자숙의子叔疑를 기롱譏弄하여 가로되 "괴이하도다, 자숙의의 사람됨이여! 자신으로 하여금 지위를 얻어 정사政事를 펴다가 쓰이지 않게 되면 또한 그쳐야 한다. 그러나 또 그 부귀를 잃을까 두려워하며, 또 다방면으로 이익을 구하여 그 자제子弟로 하여금 자신의 뒤를 이어 경대부卿大夫가 되게 하였구나.

무릇 인정人情에 또한 누가 부귀를 싫어하리오마는 자숙의가 홀로 부귀의 한가운데서 여기에서 얻지 못하면 저기에서 얻기를 구하여 사

사롭게 농단壟斷을 하니, 또한 심히 괴이하지 않으리오?"라고 하였다.

주해

● 營求(영구) : 추구하다. 찾다.

古之爲市者ㅣ以其所有로 易其所無者어든 有司者ㅣ治之耳러니 有賤丈夫焉하니 必求龍斷而登之하여 以左右望而罔市利어늘 人皆以爲賤故로 從而征之하니 征商이 自此賤丈夫始矣니라

"옛날에 장사를 하는 자는 자신이 가진 것으로 자신에게 없는 것을 바꾸었는데, 유사有司는 이를 다스릴 뿐이었다. 그런데 천한 장부丈夫가 있어 반드시 끊어진 언덕배기를 찾아 그 곳에 올라 좌우를 살핀 다음에 시장의 이익을 그물질 하니, 사람들이 모두 그를 천하게 여겼다. 그러므로 좇아서 그에게 세금을 거두었는데, 상인에게 세금을 거둔 것은 이 천한 丈夫로부터 시작되었다."

孟子ㅣ釋龍斷之說이 如此하시니라

治之는 謂治其爭訟이라 左右望者는 欲得此而又取彼也라 罔은 謂罔羅取之也라 從而征之는 謂人惡其專利라 故로 就征其稅하니 後世緣此하여 遂征商人也니라

程子曰 齊王所以處孟子者ㅣ未爲不可요 孟子ㅣ亦非不肯爲國人矜式者언마난 但齊王이 實非欲尊孟子요 乃欲以利誘之라

故로 孟子ㅣ拒而不受하시니라

맹자께서 농단壟斷의 말을 해석함이 이와 같으셨다.

'치지治之'는 그 쟁송爭訟을 다스린다는 말이다. '좌우를 바라본다(左右望)'는 것은 여기에서 얻고 또 저기에서 취하고자 한 것이다. '망罔'은 망라하여 취하는 것이다. '좇아서 세금을 부과한다(從而征)'는 것은 사람들이 그가 이익을 독점하는 것을 싫어해서 나아가 그에게 세금을 부과하니, 후세에 이를 따라서 마침내 상인들에게 세금을 부과하게 되었다는 말이다.

程子 가로되 "제齊나라 왕이 맹자를 처우하는 바가 불가한 것이 아니며, 맹자 또한 백성들에게 공경하고 본받는 것을 싫어한 것은 아니었다. 다만 齊나라 왕이 진실로 맹자를 존경하고자 한 것이 아니며, 이에 이익으로써 맹자를 유혹한 것이다. 그러므로 맹자께서 거절하고 받지 않으신 것이다.

주해

- 易(역) : 교역하다.
- 有司(유사) : 시장을 관리하는 벼슬아치. '시관市官'과 같다.
- 治(치) : 물가를 균등하게 하고 시장의 다툼을 다스리다.
  "治是平其物價, 息其爭訟."(四書補註備旨)
- 賤丈夫(천장부) : 비천한 성년 남자. '천賤'은 '비비卑鄙'의 뜻이다.
  鄙(비루할 비)
  "賤是可鄙意. 丈夫是男子之類."(四書補註備旨)
- 左右望(좌우망) : 좌우로 살피다. '좌고우면左顧右眄'과 같다.
  眄(곁눈질할 면)

【備旨】

吾ㅣ嘗由季孫之譏求龍斷之說하여 而乃知若人之可賤也니 何也오 古之爲市者ㅣ不過以其所有之物로 貿易其所無之物이요 未始罔其利也라 故로 爲有司者之官이 惟平其物價하여 以治其市之爭訟耳이요 未始征其貨也러니 有賤丈夫者ㅣ出焉하여 必求罔壟之斷而登之於上하여 以左右顧望 而欲得於此하고 又取於彼하여 盡罔羅市中之利하여 胥致之於己焉하니 人皆惡有專利하여 鄙之以爲賤故로 從而征其貨以抑之하니 後世에 遂緣此法以征商하니 是征商之法이 自此賤丈夫爲之始矣라
龍斷之說이 如此하니 季孫所以譏叔疑也어늘 今我旣辭十萬之祿하고 復受萬鍾之養이면 是亦子叔疑所爲니 安知天下不龍斷我耶아 此予之所以不可留也니 時子ㅣ其知之否아

내 일찍이 계손季孫이 농단壟斷을 구하는 說을 기롱한 것으로 말미암아 이에 이런 사람이 천하다는 것을 알았으니 그것이 무엇인가?

옛날에 장사하는 자는 자신이 가지고 있는 물건으로 자신에게 없는 물건을 바꾸는 것에 지나지 않았으니, 처음에는 그 이익을 그물질하지 못하였다. 그러므로 유사有司를 맡은 관원은 다만 그 물가를 고르게 하여 시장의 쟁송爭訟을 다스렸을 뿐이니, 처음에는 그 재화에 세금을 거두지 않았다.

그런데 천한 장부丈夫가 나와서 반드시 끊어진 언덕배기를 찾아 위로 올라가 좌우를 돌아보면서 여기에서 얻고 또 저기에서 취하고자

하여 시중市中의 이익을 모두 망라하여 자신에게 가져오게 하였다. 그러자 사람들이 모두 그가 이익을 독점하는 것을 싫어하며 그를 비루하고 천하게 여겼다. 나아가 좇아서 그 재화에 세금을 거두어 이를 억제하니, 후세에 마침내 이 법에 따라 상인에게 세금을 거두게 되었다. 이처럼 상인에게 세금을 거두는 법은 이 천한 丈夫의 행위로부터 시작되었다.

농단壟斷의 說이 이와 같으니, 계손이 숙의叔疑를 기롱譏弄한 것이다. 이제 내가 이미 십만 종의 봉록을 사양하고 다시 만종의 봉양을 받는다면, 이는 또한 자숙의가 하는 짓이니, 어찌 천하가 나를 농단하지 않는다는 것을 알겠는가? 이것이 내가 제나라에 머물 수 없는 이유이니, 시자時子가 이를 알겠는가?

주해

- 胥(모두 서)

【4·11】

孟子ㅣ去齊하실새 宿於晝러시니

맹자께서 제齊나라를 떠나면서 주晝 땅에 유숙하셨다.

晝는 齊西南近邑也라

'주晝'는 齊나라 서남쪽에 가까운 읍이다.

【備旨】

孟子ㅣ以道不行而去齊나 然이나 不忍遽去故로 遲留而宿於齊之晝邑하시니 其囑望之意ㅣ至矣시니라

맹자께서 道가 행해지지 못하여 齊나라를 떠나려고 하였다. 그러나 차마 갑자기 떠날 수가 없어서 지체하며 齊나라의 주읍晝邑에 유숙하셨으니, 그 기대하는 뜻이 지극하셨다.

주해

- 囑望(촉망) : 기대하다. 당부하다. '기망期望'과 같다. 囑(부탁할 촉)
- 遲留(지류) : 머무르다. 지체하다. '두류逗留'와 같다. 遲(더딜 지) 逗(머무를 두)

  漢나라 왕충王充의 《論衡·狀留》에 나온다. "賢儒遲留, 皆有狀故."

  唐나라 한유韓愈의 《別知賦》에도 나온다. "倚郭郛而掩涕, 空盡日以遲留."

  郛(외성 부)

有欲爲王留行者ㅣ坐而言이어늘 不應하시고 隱几而臥하신대

제齊나라 왕을 위하여 맹자를 만류하고자 하는 어떤 자가 앉아서 말하거늘, 맹자께서 대답하지 않고 안석案席에 의지하여 누우신대,

隱은 憑也라 客坐而言이어늘 孟子ㅣ不應而臥也라

‘은隱’은 의지함이다. 손님이 앉아서 말하니, 맹자께서 응하지 않고 누운 것이다.

주해

● 隱几(은궤) : 안석에 기대다. ‘궤几’는 ‘석궤席几’이다. 隱(기댈 은. 의지하다)

【備旨】

時有自欲爲王 留孟子之行者ㅣ坐而言其所以留之之意하니 夫不奉王命而爲之留行이면 是名爲愛賢이나 而適所以輕賢也라 故로 孟子不應하고 隱几而臥하여 示不欲聞其言하고 而亦不欲接其人也시니라

그 때 스스로 齊나라 왕을 위하여 맹자의 행차를 만류하려는 자가 앉아서 그 만류하는 뜻을 말하였다. 무릇 왕명을 받들지 않고 왕을 위하여 떠나는 것을 만류했다면, 이는 명분상 현자를 사랑한 것이나 다만 현자를 경시한 것이다.

그러므로 맹자께서 대답하지 않고 책상에 기대어 누워서 그 말을 듣고 싶지 않다는 뜻을 보이시고, 또한 그 사람을 접견하고 싶지 않음을 보이신 것이다.

주해

● 適(다만 적)

客이 不悅曰 弟子ㅣ齊宿而後敢言이어늘 夫子ㅣ臥而不聽하시니 請勿復敢見矣로리이다 曰 坐하라 我ㅣ明語子호리라 昔者에 魯繆公이 無人乎子思之側則不能安子思하고 泄柳 申詳이 無人乎繆公之側則不能安其身이러니라

객客이 기뻐하지 아니하며 가로되 "저는 재계齋戒하고 하룻밤을 잔 후에 감히 말씀드리거늘 夫子께서 누워서 듣지 않으시니, 청컨대 다시 감히 뵙지 못하겠습니다."
(맹자) 가라사대 "앉아라! 내 분명히 그대에게 말하리라. 옛날에 노나라 목공繆公은 자사子思의 곁에 사람이 없으면 子思를 편히 머물게 할 수 없었으며, 설류泄柳와 신상申詳은 목공의 곁에 사람이 없으면 자신들의 몸이 편안할 수 없었다."

齊宿은 齊戒越宿也라 繆公이 尊禮子思하되 常使人候伺道達誠意於其側하여 乃能安而留之也라 泄柳는 魯人이요 申詳은 子張之子也니 繆公尊之ㅣ不如子思나 然이나 二子ㅣ義不苟容하여 非有賢者ㅣ在其君之左右하여 維持調護之면 則亦不能安其身矣니라

'재숙齋宿'은 재계齋戒하고 하룻밤을 자는 것이다.

목공繆公이 자사子思를 높이 예우하되 항상 사람을 시켜서 자신의 성의誠意가 자사의 곁에 전달되어 이에 능히 편하게 머물고 있는지를 살피게 하였다.

'설류泄柳'는 노魯나라 사람이요, '신상申詳'은 子張의 아들이다. 목공繆

公이 그들을 존중함이 자사子思에게 한 것만은 못하였으나, 그러나 두 사람은 의로워서 구차하게 남에게 영합하지 않았다. 또한 어진 이가 그 人君의 좌우에서 가르치며 보좌하지 않으면 또한 그 몸을 편안하게 여기지 못하였다.

주해

- 弟子(제자) : 여기에서는 맹자의 행차를 만류하는 사람의 자칭이다.
- 齋宿(재숙) : 제사나 전례典禮를 행하기 하루 전에 재계齋戒하고 홀로 자면서 경건함을 표하는 일. 齋(재계할 재)
  漢나라 가의賈誼의 《新書·春秋》에 나온다. "齋宿而請於廟曰 '孤實不佞, 不能尊道, 吾罪一.'" 佞(아첨할 녕)
- 繆公(목공) : 魯나라 왕. 이름은 현顯이다. '목繆'은 '목穆'과 같다.
- 候伺(후사) : 기다리다. 살피다. 候(시중들 후) 伺(엿볼 사)
- 道達(도달) : 설명하다. 표달表達하다.
  唐나라 배형裴鉶의 《傳奇·裴航》에 나온다. "言詞問接, 帷帳昵洽. 航雖親切, 無計道達而會面焉." 昵(친할 닐) 洽(합할 흡)
- 調護(조호) : 가르치며 보좌하다.
  《史記·留侯世家》에 나온다. "上曰 煩公幸卒調護太子."

【備旨】

留行之客이 乃不悅而言曰 弟子ㅣ以夫子不可苟留也라 必齋戒越宿而後敢言하나니 其誠敬如此하여 冀夫子之聽之也어늘 今夫子ㅣ乃臥而不聽하시니 自此以後는 聽勿復敢來見矣로이다
孟子曰 坐하라 我明言以語子호리라 昔者에 魯繆公이 尊禮子思하되 若無人伺候於子思之側而道達其誠意면 則子思ㅣ必去하여 不能安而留之矣요

泄柳申詳二子는 義不苟容하여 若無人在乎繆公之側하여 維持調護면 則公之禮意或衰하여 二子ㅣ必去하여 不能安其身而留之也니라

맹자의 행차를 만류하는 객이 이에 불쾌하게 여기며 말하여 가로되 "제가 夫子를 구차하게 머물게 할 수가 없어서, 반드시 재계하고 하룻밤을 잔 후에 감히 말씀드립니다. 그 정성과 공경을 이와 같이 하며 夫子께서 들어주시기를 기대하였습니다. 그런데 지금 夫子께서는 누워서 듣지도 않으시니, 이후로는 청컨대 다시는 감히 찾아 뵙지 못하겠습니다."

맹자 가라사대 "앉아라. 내 분명히 그대에게 말하리라. 옛날 魯나라 목공繆公이 자사子思를 높이 예우하되, 만약 子思의 곁에서 시중을 들며 그 성의를 전달할 사람이 없었다면, 子思가 반드시 떠나버려 편히 머물게 할 수 없었을 것이다.

설류泄柳와 신상申詳 두 사람은 의로워서 구차히 남에게 영합하지 못했으니, 만약 목공繆公의 곁에 가르치고 보좌해줄 사람이 없었다면 公의 예의禮意가 혹 쇠하여 두 사람은 반드시 떠나버려 그 몸이 편안하게 머물지 못했을 것이다.

子ㅣ爲長者慮而不及子思하니 子ㅣ絶長者乎아 長者絶子乎아

"그대가 장자長者를 위하여 염려하되 자사子思에게 미치지 못하니, 그대가 장자長者를 끊은 것인가? 장자長者가 그대를 끊은 것인가?"

長者는 孟子自稱也라 言齊王이 不使子來어늘 而子ㅣ自欲爲王留我하니 是는 所以爲我謀者ㅣ不及繆公留子思之事하니 而先絶我也라 我之臥而不應이 豈爲先絶子乎아

'장자長者'는 맹자 자칭이다.

"齊나라 왕이 그대를 시켜 오게 한 것이 아니거늘, 그대가 스스로 왕을 위하여 나를 만류하고자 한 것이다. 이는 나를 위해 도모한 것이 목공繆公이 子思를 만류한 일에 미치지 못하니 먼저 나를 끊은 것이다. 내가 누워서 대답하지 않은 것이 어찌 먼저 그대를 끊은 것이리오?"라고 말한 것이다.

주해

● 不及子思 : 자사子思에게 미치지 못하다. 곧 목공繆公이 子思를 만류한 일에 미치지 못한다는 뜻이다.

【備旨】

夫留三子之禮ㅣ雖不同이나 而其意ㅣ皆出於繆公也라 今齊王이 不使子來나 而子ㅣ自欲爲王留我하니 是子之所以爲長者慮로되 而不及繆公留子思之事矣라 夫不以子思待我어든 則子留我者ㅣ適以拒我也니 豈非先絶長者乎아 則我之臥 而不應者宜也니 豈爲長者先絶子乎아 子ㅣ亦可以自反 而不必有所不悅矣리라

무릇 세 사람을 머물게 하는 예禮가 비록 같지 않으나, 그 뜻은 모두 목공繆公에게서 나온 것이다.

이제 제齊나라 왕이 그대를 시켜 오게 한 것이 아니라 그대 스스로

왕을 위하여 나를 만류하고자 한 것이다. 이는 그대가 장자長者를 위하여 염려하는 것이나, 목공繆公이 자사子思를 머물게 한 일에는 미치지 못한다.

무릇 子思로써 나를 대접하지 않았다면 곧 그대가 나를 만류하는 것은 다만 나를 거절하는 것이니, 어찌 먼저 長者를 끊은 것이 아닌가? 내가 누워서 다답하지 않은 것이 마땅하니, 어찌 長者가 먼저 그대를 끊은 것인가?

그대가 또한 가히 스스로 돌이켜보면 반드시 불쾌하게 여길 바가 있지 않을 것이니라.

[4·12]

孟子ㅣ去齊하실새

尹士ㅣ語人曰 不識王之不可以爲湯武則是ㅣ不明也요 識其不可요 然且至則是ㅣ干澤也니 千里而見王하여 不遇故로 去호되 三宿而後出晝하니 是何濡滯也요 士則玆不悅하노라

맹자께서 齊나라를 떠나셨다.

윤사尹士가 사람들에게 말하여 가로되 "제나라 왕이 가히 탕왕湯王과 무왕武王이 될 수 없다는 것을 알지 못했다면 이는 현명하지 못한 것이요, 그 될 수 없다는 것을 알고 齊나라에 왔다면 이는 은택을 구하기 위한 것이다.

천 리 먼 길을 찾아와 왕을 뵈었다가, 道가 행해지지 못하여 떠나되 주晝 땅에서 사흘을 묵은 후에 떠났으니 이 얼마나 오래 머문 것인가? 나는 곧 이를 기뻐하지 않노라."

尹士는 齊人也라 干은 求也라 澤은 恩澤也라 濡滯는 遲留也라

'윤사尹士'는 齊나라 사람이다. '간干'은 구함이다. '택澤'은 은택이다. '유체濡滯'는 오래 머무는 것이다.

주해

- 干澤(간택) : 작은 은택을 구하다. 干(구할 간)
  "干澤是求些小恩澤以自潤."(四書補註備旨)
- 濡滯(유체) : 머무르다. 지체하다. 濡(지체할 유) 滯(머무를 체)
  조기趙岐의 注에 "濡滯, 淹久也."라고 했다. 淹(머무를 엄)
- 不遇故去 : 道가 행해지지 못하기 때문에 떠나다.
  "不遇指道不行. 故去因道不行之故而去."(四書補註備旨)

【備旨】

孟子ㅣ旣去齊而遲遲其行하니 有齊人尹士者ㅣ述其去就之迹하여 語於人曰 去取는 乃士之大節이니 甚不可苟也라 使孟子始焉에 不識齊王之不可爲湯武면 則是無擇君之智하여 而失之不明也요 若識其不可以爲湯武나 然且至於齊면 則是有希寵之私하여 而籍此以干求恩澤也라 向之不遠千里而見王은 則固果於來矣러니 今不遇於王而故로 去하되 亦宜速於去矣어늘 乃待三越宿而後出晝하니 是何依違於進退之間而濡滯也오 士則因玆濡滯一節 而有所不悅於心焉하노라

맹자께서 이미 제나라를 떠나기로 하셨는데 그 행차가 느릿느릿 더디었다. 그러지 齊나라의 윤사尹士라는 자가 맹자의 거취去就의 자취를 기술하며 사람들에게 말하기를 "거취去就는 곧 선비의 대절大節이니 심히 구차할 수가 없다. 가사 맹자가 처음에 제왕齊王이 탕왕湯王이나 무왕武王이 될 수 없음을 알지 못했다면, 이는 人君을 가리는 지혜가 없는 것이니 현명하지 못한 과실이다. 만약 제왕齊王이 탕왕이나 무왕이 될 수 없음을 알고서도 齊나라에 왔다면, 이는 은총을 바라는 사사로움이 있어 이를 빌어 은택을 구하려는 것이다.

전에 불원천리하고 왕을 뵈러 온 것은 진실로 과감하게 찾아온 것이다. 그러나 이제 제나라 왕에게서 道가 행해질 수 없기 때문에 떠나려고 하는데, 이 또한 신속하게 떠났어야 했다. 하지만 사흘 밤을 기다린 후에 주읍晝邑을 떠났으니, 이 어찌 진퇴의 사이에서 머뭇거리며 오래 지체한 것인가? 나는 곧 이렇게 오래 지체하는 것 때문에 마음속에 유쾌하지 못한 바가 있다.

주해

- 去就(거취) : 떠나거나 다가오는 것. 곧 관직을 맡거나 관직을 사양하는 것을 의미한다.
  《莊子·秋水》에 나온다. "寧於禍福, 謹於去就."
  진晉나라 황보밀皇甫謐의 《〈高士傳〉 序》에도 나온다. "身不屈於王公, 名不耗於終始, 自堯至魏, 凡九十餘人, 雖執節若夷齊, 去就若兩龔, 皆不錄也."謐(고요할 밀) 龔(공손할 공)
- 依違(의위) : 머뭇거리며 결정하지 못하다. '지의遲疑'와 같다.
  漢나라 유향劉向의 《九歎·離世》에 나온다. "餘思舊邦, 心依違兮."

高子ㅣ以告한대

고자高子가 이 말을 맹자께 고하였다.

高子는 亦齊人이니 孟子弟子也라

'고자高子' 또한 齊나라 사람이니, 맹자의 제자이다.

【備旨】

高子ㅣ述尹士所譏之言하여 以告孟子라

고자高子가 윤사尹士가 기롱譏弄한 말을 서술하여 맹자에게 말한 것이다.

曰 夫尹士ㅣ惡知予哉리오 千里而見王은 是予所欲也니 不遇故로 去ㅣ 豈予所欲哉리오 予不得已也로라

가라사대 "윤사尹士가 어찌 나를 알리오? 천리 밖에서 찾아와 왕을 만난 것은 이는 내가 하고자 한 바이다. 道가 행해질 수 없기 때문에 떠난 것이 어찌 내가 하고자 해서 그런 것이리오? 내가 부득이해서 그런 것이니라."

見王은 欲以行道也니 今道不行이라 故로 不得已而去요 非本欲如此也라

왕을 만난 것은 道를 행하고자 한 것이다. 이제 道가 행해지지 않기 때문에 부득이하게 떠나는 것이요, 본래 이와 같이 떠나고자 한 것이 아니다.

주해

● 所欲(소욕) : 道를 행하여 세상을 구하다.
"所欲指行道濟時言."(四書補註備旨)

【備旨】

孟子曰 尹士ㅣ惡知予之心哉리오 予之千里而見王은 非敢逆料王之不足爲湯武 而徒爲干澤計也라 意者컨대 得行其道 而佐王爲湯武之業이 是予所欲也어늘 今以道之不行而不遇故로 去ㅣ豈予本心之所欲哉아 特以義所當去에 予固有大不得已者存也니 此予所以三宿而出晝耳라

맹자 가라사대 "윤사尹士가 어찌 내 마음을 알리오? 내가 불원천리하고 왕을 만난 것은 감히 濟나라 왕이 탕왕이나 무왕이 될 수 없다는 것을 미리 헤아려서 다만 은택을 구하기 위한 계책으로 삼은 것이 아니다. 생각하건대 그 道를 행하여 왕을 도와 탕왕과 무왕의 왕업을 이루는 것, 이것이 내 하고자 하는 바이다.

이제 道가 행해지지 않고 때를 만나지 못하여 떠나가니, 이것이 어

찌 내 本心에서 하고자 하는 것이리오? 다만 의로써 마땅히 떠나야 할 바에 내 진실로 크게 부득이한 것이 남아 있으니, 이것이 바로 내가 사흘을 머물렀다가 주읍晝邑를 떠난 이유이니라."

주해

● 逆料(역료) : 미리 헤아리다. 예측하다.
제갈량諸葛亮의 《후출사표後出師表》에 나온다. "凡事如此, 難可逆料."

予ㅣ三宿而出晝호되 於予心에 猶以爲速하노니 王庶幾改之니 王如改諸시면 則必反予시리라

"내가 사흘을 유숙하고 주읍晝邑을 떠났으나, 내 마음에는 오히려 빠르다고 생각하였다. 왕이 태도를 바꾸시기를 바란 것이니, 왕이 만약 태도를 바꿨다면 반드시 나를 되돌렸을 것이다."

所改는 必指一事而言이라 然이나 今不可考矣라

'고칠 바(所改)'는 필시 한 가지 일을 가리켜 말한 것이나, 그러나 지금은 상고할 수 없다.

주해

● 所改(소개) : 이익을 추구하는 마음을 바꾸는 일.
"改是改其功利之習."(四書補註備旨)

【備旨】

予ㅣ三宿而出晝하니 在尹士固以爲濡滯矣어니와 於予心視之엔 則猶以爲速하나니 盖人孰無過리오 過則必改니 我之於王에 亦庶幾望其能改過也라 王如能知其失而改諸면 則必追之於晝而反予也리니 吾道ㅣ豈終不行乎아 故로 予猶以爲速也노라

내가 사흘을 유숙하고 주읍晝邑을 떠났으니, 윤사尹士의 입장에서는 진실로 오래 머물었다고 여겼을 것이다. 그러나 내 마음으로 보면 오히려 빠르다고 여겼다.

대개 사람에게 누가 허물이 없겠는가? 허물이 있으면 곧 반드시 고쳐야 한다. 나는 왕에게 또한 그가 능히 개과천선改過遷善하기를 기대하였다.

왕이 만약 능히 그 잘못을 알고 이를 고칠 수 있었다면, 반드시 주읍晝邑까지 좇아와서 나를 되돌렸을 것이니, 내 道가 어찌 끝내 행해지지 않았겠는가? 그러므로 내가 오히려 빨리 떠났다고 여긴 것이다.

夫出晝而王不予追也하실새 予然後浩然有歸志호니 予雖然이나 豈舍王哉리오 王由足用爲善하시리니 王如用予시면 則豈徒齊民安이리오 天下之民이 擧安하리니 王庶幾改之를 予日望之하노라

"주읍晝邑을 나섰으나 왕이 나를 쫓아오지 아니하니, 내가 그러한 뒤에 호연浩然히 돌아갈 뜻을 가진 것이다. 내 비록 그러하나 어찌 王을 버리리오? 왕이 여전히 善을 행할 수 있다. 왕이 만약 나를 등용하시면 어찌 한갓 제齊나라 백성들만 편안하리오? 천하의 백성들이 모두 편안하리니, 왕이 마음을 고치시기를 나는 날마다 바라노라!"

浩然은 如水之流不可止也라

楊氏曰 齊王은 天資朴實하여 如好勇 好貨 好色 好世俗之樂을 皆以直告而不隱於孟子라 故로 足以爲善이니 若乃其心不然而謬爲大言以欺人이면 是人은 終不可與入堯舜之道矣리니 何善之能爲리오

'호연浩然'은 마치 물이 흘러 멈출 수 없는 것과 같다.

楊氏(楊時) 가로되 "제齊나라 왕은 타고난 바탕이 질박하고 성실하여, 용기를 좋아하고, 재물을 좋아하고, 여색을 좋아하고, 세속의 음악을 좋아한다는 것들을 모두 정직하게 말하며 맹자에게 숨기지 않았다.

그러므로 충분히 善을 행할 수 있다. 만약 그 마음이 그렇지 않고 거짓되게 큰 소리로 사람을 속인다면, 이런 사람은 끝내 더불어 요순堯舜의 道에 들어갈 수 없으니 어찌 善을 행할 수 있겠는가?"

주해

- 浩然(호연) : 여기서는 돌아갈 뜻을 용기있게 결단한다는 뜻이다.
  "浩然是歸志勇決意."(四書補註備旨)
- 由(유) : 오히려. 여전히. '유猶'와 같다. 由(오히려 유)
- 擧安(거안) : 모두 편안하다. '거擧'는 '개皆'와 같다. 擧(모두 거)
  "擧, 皆也. 天下擧安是能成湯武之業."(四書補註備旨)
- 謬(거짓 류)

【備旨】

夫旣出晝 而王猶不予追也하니 則知王之果不反予矣라 予然後에 浩然長往하여 而有歸志焉하니 但予之歸志ㅣ 雖然已決이나 而其心이 豈忍舍王哉리오
盖王之天資樸實하여 由足用之以濟世安民而爲善也리니 使王如有志於爲善而用予以輔之시면 則豈徒齊民賴以安이리오 卽天下之民이 亦擧安而與湯武之業으로 不殊矣리니 此所以歸志雖決이나 猶謂王庶幾能改已往之失이니 而予猶日望王之能反予也라 是予身出晝之後 而其心은 卽千里見王之心也라 其不得已如此하니 又何嫌於濡滯耶아

이미 주읍晝邑을 떠났으나 왕은 여전히 나를 뒤쫓아 오지 않으니, 왕에게 과연 나를 되돌아오게 할 마음이 없음을 알 수 있다. 내가 그런 후에 호연浩然히 멀리 떠나 돌아갈 뜻을 둔 것이다. 다만 비록 내가 돌아갈 뜻을 이미 결정하였으나, 그 마음이 어찌 차마 왕을 버리겠는가?

대개 왕의 타고난 자질이 질박하고 성실하여, 여전히 세상을 구하고 백성을 편안케 하여 善을 행할 수 있을 것이다. 가사 왕이 만약 善을 행하는데 뜻을 두어 나를 등용하여 보좌하도록 한다면, 이것이 어찌 다만 齊나라 백성들만 힘입어서 편안하리오? 곧 천하의 백성들이 또한 모두 편안하여 탕왕과 무왕이 이룬 왕업王業과 더불어 차이가 없을 것이다. 이것이 바로 내가 돌아갈 뜻이 비록 결정되었으나 여전히 왕이 지나간 잘못을 고칠 수 있기를 바란다고 말한 이유이니, 나는 여전히 왕께서 나를 돌아오게 할 수 있기를 날마다 바란다.

이는 내 몸이 주읍晝邑을 떠난 후에도 그 마음은 곧 천리를 멀다 않

고 왕을 찾아와 만났던 마음인 것이다. 그 부득이하게 떠난 마음이 이와 같으니, 또 어찌 오래 머무르는 것을 꺼려하리오?

予豈若是小丈夫然哉라 諫於其君而不受則怒하여 悻悻然見於其面하여 去則窮日之力而後에 宿哉리오

"내 어찌 이 소장부小丈夫와 같이 그렇게 하리오? 그 人君에게 간하다가 받아들여지지 않으면 노하여 행행연悻悻然하게 그 얼굴빛에 나타나며, 떠나면 곧 하루 종일 갈 수 있는 힘을 다한 후에야 유숙하리오?"

悻悻는 怒意也라 窮은 盡也라

'행행悻悻'은 성내는 뜻이다. '궁窮'은 다함이다.

주해

- 悻悻(행행) : 화가 나서 실의失意한 모양. 悻(성낼 행)
- 窮日之力 : 하룻동안 갈 힘을 다 쏟다.
  "窮一日之力, 言去之速而無回顧意."(四書補註備旨) 顧(돌아볼 고)

【備旨】

夫子之民生在念 而故主情深하니 豈若是小丈夫然哉리오 諫於其君 而君或不受 則心懷忿怒하여 倖倖然見於顏

面 而且悻然一去하여 必窮盡一日馳驅之力而後止宿하여 全無愛君愛民之念者哉리오 然則濡滯之名을 我寧受之而已니 尹士ㅣ惡知之乎아

나는 민생民生을 염두에 두고 있으며 고주故主(제왕齊王)는 情이 깊으니, 어찌 이런 소장부小丈夫와 같이 그렇게 하리오?

인군人君에게 간하다가 人君이 혹 받아들이지 아니하면 곧 마음에 분노를 품고 행행연悻悻然하게 안면에 나타내며, 또 개연恝然히 한 번 떠나면 반드시 하루종일 달릴 수 있는 힘을 다한 후에야 멈춰서 유숙하며, 전혀 人君을 사랑하고 백성을 근심하는 생각이 없이 하겠는가? 그러므로 오래 머무른다는 소문을 내가 차라리 받아들일 뿐이니, 윤사尹士가 어찌 이를 알리오?

주해

- 恝然(개연) : 관심없는 모양. 냉담한 모양. 恝(근심없을 개)
  宋나라 신기질辛棄疾의 《취옹조醉翁操》 詞序에 나온다. "又念先之與余遊八年, 日從事詩酒間, 意相得歡甚, 於其別也, 何獨能恝然."

尹士ㅣ聞之曰 士는 誠小人也로다

윤사尹士가 이 말을 전해 듣고 가로되 "나는 진실로 소인小人이로다."

此章은 見聖賢行道濟時 汲汲之本心과 愛君澤民 惓惓之餘意니라

李氏曰 於此에 見君子ㅣ憂則違之之情이요 而荷蕢者ㅣ所以爲果也니라

이 장章은 道를 행하고 세상을 구제하려는 성현의 급급汲汲한 본심과 人君을 사랑하고 백성들에게 은혜를 입히려고 권권惓惓해 하는 남은 뜻을 나타낸 것이다.

李氏(李旭) 가로되 "여기에서 君子가 근심스러우면 곧 떠나가는 마음과, 삼태기를 멘 자가 과단果斷한 이유를 알 수 있다."

주해

● 汲汲(급급) : 쉬지않고 노력하는 모양.
《한서漢書》 卷87, 〈양웅전상揚雄傳上〉에 나온다. "不汲汲於富貴, 不戚戚於貧賤."

● 惓惓(권권) : 간절하게 생각하는 모양. 惓(삼갈 권)
《魏書·律曆志上》에 나온다. "恐一朝先犬馬, 竟無絲發之益, 使律法長絶, 遺恨沒世, 是以慺慺惓惓, 不敢忘怠." 慺(정성스러울 루)

● 憂則違之(우즉위지) : 근심스러우면 버리고 떠나가다. 違(떠날 위)
《周易·乾卦·文言傳》에 나온다. "樂則行之, 憂則違之, 確乎其不可拔, 潛龍也."

● 荷蕢者, 所以爲果也 : 삼태기를 멘 자가 과단한 이유. 荷(멜 하) 蕢(삼태기 궤)
《論語·憲問》에 나온다. "子擊磬於衛, 有荷蕢而過孔氏之門者ㅣ曰有心哉, 擊磬乎. 旣而曰鄙哉. 硜硜乎, 莫己知也, 斯已而已矣, 深則厲, 淺則揭. 子曰果哉, 未之難矣." 磬(경쇠 경) 硜(돌소리 갱)
朱子가 말했다. "孟子與荷簣者, 皆是憂則違之. 但荷簣者果於去, 不若孟子之遲遲吾行. 蓋得時行道者, 聖人之本心. 不遇而去者, 聖人之不得已. 此與孔子去魯之心同. 蓋聖賢憂世濟時之誠心, 非若荷簣之果於去也."(大全註疏)

【備旨】

尹士ㅣ聞之하고 自悟其失曰 士果小人也라하니 但知去就之際를 不可不明이니 焉知君子惓惓不釋用心이 一至此哉아

윤사尹士가 이 말을 듣고 스스로 그 잘못을 깨닫고 가로되 "나는 과연 소인小人이로다"라고 하였다.

윤사는 다만 거취를 결정할 때를 분명히 하지 않을 수 없다는 것만 알 뿐이니, 어찌 君子의 간절히 생각하며 놓지 못하는 마음 씀씀이가 한결같이 여기에 이른 것을 알리오?

[4·13]

孟子ㅣ去齊하실새 充虞ㅣ路問曰 夫子ㅣ若有不豫色然하시이다 前日에 虞ㅣ聞諸夫子호니 曰君子는 不怨天하며 不尤人이라호이다

맹자께서 제齊나라를 떠나실 때, 충우充虞가 길에서 물어 가로되 "夫子께서는 마치 기쁘지 않은 기색이 있으십니다. 전에 제가 夫子께 들었는데, 말씀하시길 '君子는 하늘을 원망하지 않으며, 사람을 탓하지 않는다' 고 하셨습니다."

路問은 於路中問也라 豫는 悅也라 尤는 過也라

此二句는 實孔子之言이니 蓋孟子嘗稱之以教人耳니라

‘노문路問’은 길에서 물은 것이다. ‘예豫’는 기뻐함이다. ‘우尤’는 허물함이다.

이 두 구절은 사실은 孔子의 말씀이니, 대개 맹자께서 일찍이 이 말을 설명하여 사람들을 가르치셨을 뿐이다.

주해

- 不怨天, 不尤人 : 하늘을 원망하지 않고, 사람을 탓하지 않다. 《論語·憲問》편에 나온다.
- 稱(설명할 칭)

【備旨】

孟子ㅣ去齊하실새 蓋不能無憂違之情者러니 充虞ㅣ路中問曰 夫子ㅣ出晝以來로 若有不豫悅之色者然하니 豈以吾道之窮 而慨於中耶아 前日虞ㅣ嘗聞諸夫子하니 曰君子는 不得於天而不怨天하며 不合於人而不尤人이라하시니 卽前日之言으로 觀之컨대 夫子ㅣ宜俯仰自適하여 卽有不得不合而無不豫也어시늘 今夫子ㅣ何爲而有不豫之色哉아

맹자께서 齊나라를 떠나실 때 대개 근심스러워 떠나는 마음이 없을 수 없었다.

이 때 충우充虞가 길에서 물어 가로되 “夫子께서 주읍晝邑을 떠난 후 마치 기쁘지 않는 기색이 있으신 것 같으니, 어찌 우리의 道가 궁하다고 해서 마음에 슬퍼하십니까?

전에 제가 일찍이 夫子께 들었는데, 말씀하시길 ‘君子는 하늘의 뜻을 얻지 못해도 하늘을 원망하지 않으며, 사람의 뜻에 부합되지 못해

도 사람을 탓하지 아니한다'고 하셨습니다. 전에 하신 말씀에 나아가 살피건대 夫子께서는 마땅히 행동거지가 유유자적하여 곧 얻지 못하고 부합되지 못해도 기뻐하지 않음이 없어야 하시거늘, 이제 夫子께서는 무엇 때문에 기뻐하지 않는 기색이 있습니까?"

주해

- 俯仰(부앙) : 고개 숙여 아래를 굽어보고, 고개 들어 위를 우러러보다. 곧 행동거지行動擧止를 말한다.
  《史記·범저채택열전范雎蔡澤列傳》에 나온다. "範雎恐, 未敢言內, 先言外事, 以觀秦王之俯仰." 雎(물수리 저)

曰 彼一時며 此一時也니라

가라사대 "전에도 한 때이며, 이번에도 한 때이니라."

彼는 前日이요 此는 今日이라

'피彼'는 이전이요, '차此'는 오늘이다.

주해

- 彼(피) : 전에 맹자가 제자들에게 강학講學할 때를 말한다.
  "彼指講學時言"(四書補註備旨)
- 此(차) : 이번에 齊나라에서 道가 행해지지 못한 때를 말한다.
  "此指不遇於齊言."(四書補註備旨)
  신안진씨新安陳氏가 말했다. "前日言不怨尤之時, 與今日所遇之時不同."(大全註疏)

【備旨】

孟子ㅣ答之曰 彼前日不怨尤之言 固一修身講學時也요 此今日所遭之會는 又一斯道將廢時也라 天雖不敢怨이나 而安得不悲乎天命이며 人雖不敢尤나 而安得不憫乎人窮이리오 此予之未免有不豫也니 子ㅣ安得執前日之言하여 以律吾今日所處耶아

맹자께서 답하여 가라사대 "저 지난날에 하늘을 원망하지 않고 남을 탓하지 않는다는 말은 본디 수신修身하고 강학講學할 때의 말이요, 이 오늘날에 처한 만남은 또 하나의 우리 道가 장차 폐하려는 때이다.

하늘을 비록 감히 원망하지 않으나 어찌 천명天命을 슬퍼하지 않을 수 있으며, 사람을 비록 감히 탓하지 않으나 어찌 인궁人窮을 근심하지 않을 수 있으리오?

이것이 내가 기뻐하지 않음을 면치 못하는 이유이니, 그대가 어찌 전에 한 말을 가지고 오늘날 내가 처한 바를 비교하려는가?"

주해

- 人窮(인궁) : 사람의 처지가 곤궁함. '인궁지단人窮志短'.
  明나라 풍몽초凌蒙初의 《초각박안경기初刻拍案驚奇》 卷15에 나온다. "又道是人窮志短, 李生聽了這句話, 便認爲眞."

五百年에 必有王者丨興하나니 其間에 必有名世者니라

"오백 년마다 반드시 천명天命을 받은 성인聖人이 나타나게 되며, 그 사이에 반드시 성인을 보좌할 사람이 나오게 되느니라."

自堯舜至湯과 自湯至文武가 皆五百餘年而聖人出하니라 名世는 謂其人德業聞望이 可名於一世者丨爲之輔佐니 若皐陶稷契伊尹萊朱太公望散宜生之屬이라

요순堯舜으로부터 탕왕湯王에 이르기까지, 탕왕으로부터 문왕文王과 무왕武王에 이르기까지 모두 오백 여 년만에 성인이 출현하였다.

'명세名世'는 그 사람의 덕업德業과 명망名望이 일세에 이름이 날만한 자가 성인을 위해 보좌하는 것을 말하니, 고요皐陶·직稷·설契·이윤伊尹·내주萊朱·태공망太公望·산의생散宜生 등과 같은 사람이다.

주해

- 王者興 : 천명을 받은 성인이 천자의 자리에 오르다. '왕자王者'는 천명을 받은 성인을 말한다. '흥興'은 출현하여 천자의 자리에 오르는 것을 말한다. "王者是聖人受天命者. 興是起而在天子之位."(四書補註備旨)
- 聞望(문망) : 명망名望.
  진晉나라 갈홍葛洪의 《抱朴子·百里》에 나온다. "或父兄貴重, 而子弟以聞望見選."

【備旨】

且子ㅣ亦知此一時之不能無不豫乎아 古聖王之作에 遲速久遠이 不能一致나 大約五百年則氣運復還하고 貞元會合하여 必有王者ㅣ受命而興이나 然이나 王者ㅣ不能獨治라 其間必有德業聞望이 可名於一世者ㅣ以爲王者之左하니 蓋明良相遇ㅣ率有常期는 自古然矣라

또한 그대 역시 이 한 때에 기쁨이 없지 않을 수 없다는 사실을 알고 있는가? 옛날 성왕聖王이 출현하는데 더디고 빠르고 오래 지속되는 것이 일치할 수는 없다. 하지만 대략 오백년이 되면 곧 기운이 다시 돌아와 정원貞元의 순정純正한 기운이 만나게 되어서 반드시 聖人이 천명을 받아 출현하게 된다.

그러나 聖王이 홀로 다스릴 수가 없으니, 그 사이에 반드시 덕업德業과 명망名望이 일세에 이름난 자가 나타나 聖王을 보좌하게 된다.

대개 현명한 인군人君과 어진 신하가 서로 만나는데 대략 일정한 기한이 있는 것이 옛날부터 그러하였다.

주해

● 貞元(정원) : 원래《易·乾》卦에 나오며, '순정純正'의 뜻이다. 또한 '元亨利貞'으로 春夏秋冬에 비유하기 때문에 '貞元'은 또한 시령時令의 주기가 다시 시작되고 天道와 人事가 바뀌는 것을 의미한다.
《易·乾》괘에 나온다. "元亨利貞." 이에 대해 고형高亨의 注에 "乾, 卦名, 天也. 元, 善也. 亨, 美也. 利, 利物也. 貞, 正也. 天有善美利物貞正之德……《文言》謂君子亦有此德."라고 했다.
明나라 장거정張居正의《賀冬至表》에 나온다. "紀貞元而應度, 按時令以承禧."

● 明良(명량) : 현명한 군주와 충성스럽고 어진 신하.
《書·益稷》에 나온다. "元首明哉, 股肱良哉, 庶事康哉!" 股(넓적다리 고) 肱(팔뚝 굉)
촉蜀나라 제갈량諸葛亮의 《便宜十六策·고출考黜》 편에도 나온다. "進用賢良, 退去貪懦, 明良上下, 企及國理." 黜 (물리칠 출) 懦(나약할 나)
● 率(대개 솔)

由周而來로 七百有餘歲矣니 以其數則過矣요 以其時考之則可矣니라

"주周나라로부터 내려와 칠백 여 년이니, 그 연수年數로 보면 이미 지났고, 그 시세時勢로 상고하면 가능하다."

周는 謂文武之間이라 數는 謂五百年之期라 時는 謂亂極思治하여 可以有爲之日이라 於是而不得一有所爲하니 此孟子所以不能無不豫也니라

'주周'는 문왕과 무왕의 사이를 말한다. '수數'는 오백 년의 주기를 말한다. '시時'는 혼란이 극에 달하면 치세治世를 생각하여 훌륭한 일을 성취할 수 있는 날을 말한다. 이 때에 이르기까지 한 번도 작위作爲한 적이 없었으니, 이것이 바로 맹자께서 기쁨이 없지 않을 수 없는 이유이다.

주해

● 由周而來 : 주周나라 이래. 곧 문왕과 무왕으로부터 맹자가 살던 당시까지를 말한다.

【備旨】

而何今之不然也오 由周文武而來로 王者不作이 七百有餘歲矣니 以其五百年數計之則 已過其數矣오 以其當今之時考之 則亂極思治하여 正可以有爲之日矣라 於此而不得有爲以立名世之業하니 此吾所以不能無不豫也라

지금이 어찌 그렇지 않으리오? 주周나라의 문왕과 무왕 이래로 성왕聖王이 나오지 않은 지 이미 칠백 여 년이다. 그 오백의 연수年數로 계산해보면 이미 그 연수年數가 지났으며, 그 지금의 시세時勢로 상고해보면 혼란이 극에 달하여 치세를 생각하니 바로 일을 성취할 수 있는 날이다. 지금까지 일을 성취하여 명세名世의 대업大業을 세울 수가 없었으니, 이것이 바로 내가 기쁨이 없을 수 없는 이유이니라.

夫天이 未欲平治天下也시니 如欲平治天下인댄 當今之世하여 舍我요 其誰也리오 吾何爲不豫哉리오

"하늘이 천하를 태평하게 다스리려고 하지 않으시니, 만약 천하를 태평하게 다스리려고 한다면 지금 세상에서 나를 버리고 그 누가 있으리오? 그러니 내가 어찌 기뻐하지 않겠는가?"

言當此之時하여 而使我不遇於齊하시니 是ㅣ天未欲平治天下也라 然이나 天意는 未可知요 而其具又在我하니 我何爲不豫

哉리오

然則孟子ㅣ雖若有不豫然者나 而實未嘗不豫也시니 蓋聖賢憂世之志와 樂天之誠이 有並行而不悖者를 於此見矣니라

'이 때를 당하여 나로 하여금 齊나라에서 道를 행하지 못하게 하시니, 이는 하늘이 아직도 천하를 태평하게 다스리려고 하지 않는 것이다. 그러나 하늘의 뜻은 알 수가 없으며, 그 道가 또한 나에게 있으니, 내가 어찌 기뻐하지 않으리오?'라는 말이다.

그러므로 맹자께서 비록 기뻐하지 않음이 있는 듯 하나, 사실은 일찍이 기뻐하지 않은 적이 없었다. 대개 성현이 세상을 근심하는 뜻과 천리天理를 즐기는 정성이 병행하여 어긋나지 않음을 여기에서 알 수 있다.

주해

● 具(구) : 천하를 태평하게 다스릴 수 있는 道를 말한다.
신안진씨新安陳氏가 말했다. "天意或欲平治天下, 亦未可知. 其具謂能平治天下之道也."(大全註疏)

【備旨】

夫當此數過時可之時하여 而使我不遇於齊하시니 是天之未欲平治天下也라 如天意一轉而欲平治天下인댄 則當今之世하여 懷名世之具者ㅣ舍我요 其誰屬也리오 夫天意는 未可知니 則治平固有日 而其具又在我라 則大行必有時에 吾惟聽命於天하여 而安意以待之耳라 吾ㅣ雖外若不豫나 而實則何不豫之有哉리오

이 연수年數는 지나고 시세時勢는 가능한 때를 당하여, 나로 하여금 齊나라에서 道를 펴지 못하게 하시니, 이는 하늘이 아직도 천하를 평치平治하고자 하지 않는 것이다.

만약 하늘의 뜻이 한번 돌아 천하를 평치平治하고자 한다면, 당금의 세상에 명세名世의 道를 갖춘 자가 나를 제외하고 그 누가 있으리오?

하늘의 뜻은 알 수 없으니 진실로 치국평천하治國平天下를 이룰 날이 있으며, 그 道는 또한 나에게 있다. 대행大行에는 반드시 때가 있으니, 나는 오직 하늘로부터 명命을 듣고 마음을 편안히 하여 이를 기다릴 뿐이다. 내가 비록 겉으로 기뻐하지 않은 것 같으나, 사실은 어찌 기뻐하지 않을 수 있으리오?

[4·14]

孟子ㅣ去齊居休러시니

公孫丑ㅣ問曰 仕而不受祿이 古之道乎잇가

맹자께서 齊나라를 떠나 휴休 땅에 머무르셨다.

공손추가 물어 가로되 "벼슬을 하고 봉록俸祿을 받지 않는 것이 옛날의 道입니까?"

休는 地名이라

'휴休'는 지명이다.

주해

- 休(휴) : 齊나라 경내境內의 지명이다.

염약거閻若璩의 《사서석지四書釋地》에 나온다. "故城在今滕縣北五十里, 距孟子家若百里."

【備旨】

孟子雖爲齊卿이나 未嘗受祿하여 以明其志在行道요 不爲利祿計也러니 及孟子去齊居休에 公孫丑ㅣ從而問曰 居人之位則當食人之祿이어늘 今夫子ㅣ旣仕於齊하시고 而又不受其祿하시니 豈古之道ㅣ固有然乎잇가

맹자께서 비록 齊나라의 객경客卿이 되셨으나, 일찍이 봉록을 받지 아니하여 그 뜻이 道를 행하는데 있고 이록利祿을 위한 계책이 아님을 밝혔다.

맹자께서 齊나라를 떠나 휴休 땅에 머무르게 되자, 공손추가 좇아 물어 가로되 "남이 마련해 준 벼슬자리에 있게 되면, 마땅히 그 사람의 봉록을 먹어야 하거늘, 이제 夫子께서 이미 제나라에서 벼슬을 하셨고 또한 그 봉록을 받지도 않으셨으니, 어찌 옛날의 道에 진실로 그런 일이 있겠습니까?"

曰 非也라 於崇에 吾ㅣ得見王하고 退而有去志호니 不欲變故로 不受也호라

가라사대 "아니다. 숭崇 땅에서 내가 왕을 만나 뵙고 물러나와 떠나려는 뜻을 가졌는데, 떠나고자 하는 마음을 바꾸지 않기 위해 봉록을 받지 않은 것이니라."

崇은 亦地名이라
孟子ㅣ始見齊王에 必有所不合이라 故로 有去志하시니라
變은 謂變其去志라

'숭崇'은 또한 지명이다.

맹자께서 처음 齊나라 왕을 만났을 때 필시 부합되지 않는 바가 있었을 것이다. 그러므로 떠나려는 뜻을 둔 것이다.

'변變'은 그 떠나려는 뜻을 바꾸는 것을 말한다.

주해

● 신안진씨新安陳氏가 말했다. "道不行於齊, 其幾已先見乎此."(四書補註備旨)

【備旨】

孟子ㅣ以其志告之曰 先王制祿은 所以養士之廉이니 仕不受祿은 非古之道也니라 吾之所以不受祿者ㅣ蓋有故焉하니 思昔於崇之地에 吾始得見王하고 已知其不能用我也라 退而卽有去志矣니 惟不欲變其去志 故로 不受其祿也라 不然코 去志已決 而復受其祿이면 不將苟祿乎리오

맹자께서 그 뜻을 고하여 가라사대 "선왕先王이 봉록을 제정한 것은 선비의 청렴을 기르기 위한 것이니, 벼슬한 사람이 봉록을 받지 않는 것은 옛날의 道가 아니다. 내가 봉록을 받지 않은 것은 대개 연고가 있다.

생각건대 전에 숭崇 땅에서 내가 처음 왕을 만나 뵙고 이미 왕이 나

를 등용할 수 없음을 알았다. 그래서 물러나 곧 떠나려는 뜻을 두었으니, 오직 그 떠나려는 뜻을 바꾸지 않기 위하여 그 봉록을 받지 않은 것이다.

그렇지 않고 떠나려는 뜻을 이미 결정하고 다시 그 봉록을 받는다면 장차 구차한 봉록이 아니리오?"

주해

● 苟祿(구록) : 관리가 크게 하는 일 없이 봉록만 받는 일.
金나라 왕약허王若虛의 〈門山縣吏隱堂記〉에 나온다. "吏隱之說, 始於誰乎? 首陽爲拙, 柱下爲工, 小山林而大朝市, 好奇之士往往擧爲美談, 而尸位苟祿者遂因以借口."

繼而有師命이라 不可以請이언정 久於齊는 非我志也니라

"이어서 사명師命이 있었기 때문에 떠나는 것을 청할 수가 없었다. 齊나라에 오래 머문 것은 나의 뜻이 아니었노라."

師命은 師旅之命也라 國旣被兵하니 難請去也라
孔氏曰 仕而受祿은 禮也오 不受齊祿은 義也라 義之所在에는 禮有時而變이어늘 公孫丑 欲以一端裁之하니 不亦誤乎아

'사명師命'은 사려師旅의 명이다. 나라가 이미 병란을 입었으니 떠나기를 청하기가 어려웠던 것이다.

孔氏(孔文仲) 가로되 "벼슬하고 봉록을 받는 것은 예禮요, 齊나라의 봉

록을 받지 않은 것은 의義이다. 義가 있는 곳에 禮는 때로 변할 수가 있다. 공손추가 한 가지 실마리만 가지고 재단裁斷하려고 했으니 또한 잘못이 아니리오?"

주해

- 師命(사명) : '師旅之命'. 師(군대 사)
  신안진씨新安陳氏가 말했다. "恐只是因師旅之事而戒嚴耳."(大全註疏)
- 경원보씨慶源輔氏가 말했다. "禮則有常, 義則有權. 如君命召不俟駕, 禮也. 有不召之臣, 便是義. 孔氏謂仕而受祿, 禮也. 不受齊祿, 義也. 說得自好."(大全註疏)

【備旨】

> 然이나 不速於去者는 何也오 盖吾見王之後로 齊繼而有師旅之命이라 夫國旣被兵하여 上下戒嚴하니 於情於理에 俱不可以請去라 是久於齊者는 迫於不得已요 非我之初志然也라 夫見王之初 而去志ㅣ已決호되 在齊之久 而去志ㅣ不變이라 我之不受齊祿者ㅣ此耳어늘 豈可以古道例之哉리오

그러나 齊나라를 빨리 떠나지 않은 것은 무엇 때문인가?

대개 내가 왕을 만나 뵌 후 齊나라가 계속하여 사려師旅의 명이 있었다. 나라가 이미 병란兵亂을 입어 상하가 계엄戒嚴하니, 정리情理와 도리道理상 모두 떠나겠다고 청할 수가 없었다.

그러므로 齊나라에 오래 머문 것은 일이 급박하여 어쩔 도리가 없었던 것이지, 애초에 나의 뜻이 그랬던 것은 아니었다.

왕을 처음 만나고 나서 이미 떠나려는 뜻을 결정하였으며, 齊나라에 오래 머무르면서도 떠나려는 뜻을 바꾸지 않았다. 내가 齊나라의 봉록을 받지 않은 것은 이 점 뿐이니, 어찌 옛날의 道로써 예例를 삼으리오?

주해

- 迫於不得(박어부득) : 일이 급하게 닥쳐와서 어쩔 도리가 없다. '박어迫於'는 '~ 때문에 할 수 없이'의 뜻이다. 迫(닥칠 박)

索 引

ㄴ

ㄷ

ㅁ

ㅅ

ㅇ

ㅈ

ㅊ

ㅋ

ㅌ

ㅍ

ㅎ